人力资源管理概论

李贵卿 主编

科学出版社
北京

内 容 简 介

"人力资源管理概论"课程是工商管理类专业的一门专业基础课，教材由人力资源管理导论、人力资源战略与规划、工作分析、员工招聘与甄选、员工培训管理、职业生涯管理、绩效管理、薪酬设计与福利管理等内容构成。教材有利于"亲验式""参与式""互动式"等教学方法的使用，能满足新文科建设背景下的混合课堂教学要求。本书立足于人力资源管理前沿的理论与实践、聚焦中国人力资源管理实践，遵循本土化应用导向，有利于适应人力资源管理课堂教学中高阶性、创新性、挑战度的"两性一度"要求。

本书适合工商管理、企业管理、人力资源管理、市场营销、会计学、财务管理、物流管理、电子商务、旅游管理等专业的专科生、本科生和相关管理类研究生学习使用。

图书在版编目（CIP）数据

人力资源管理概论/李贵卿主编. —北京：科学出版社，2023.1
ISBN 978-7-03-070703-1

Ⅰ.①人… Ⅱ.①李… Ⅲ.①人力资源管理–高等学校–教材 Ⅳ.①F241

中国版本图书馆 CIP 数据核字（2021）第 238164 号

责任编辑：方小丽 / 责任校对：樊雅琼
责任印制：赵 博 / 封面设计：蓝正设计

科学出版社 出版
北京东黄城根北街 16 号
邮政编码：100717
http://www.sciencep.com

中煤（北京）印务有限公司印刷
科学出版社发行 各地新华书店经销

*

2023 年 1 月第 一 版 开本：787×1092 1/16
2025 年 5 月第四次印刷 印张：18 1/4
字数：427 000
定价：48.00 元
（如有印装质量问题，我社负责调换）

前　言

党的二十大报告指出："我们要坚持教育优先发展、科技自立自强、人才引领驱动，加快建设教育强国、科技强国、人才强国，坚持为党育人、为国育才，全面提高人才自主培养质量，着力造就拔尖创新人才，聚天下英才而用之。"教材是教学内容的主要载体，是教学的重要依据、培养人才的重要保障。在优秀教材的编写道路上，我们一直在努力。

"人力资源管理概论"课程是工商管理类专业的一门专业基础课程，面向工商管理、企业管理、人力资源管理、市场营销、会计学、财务管理、旅游管理、物流管理、电子商务等专业开设，具有应用范围广、辐射性强的特点。但是目前的人力资源管理课程缺乏适应现代网络课程、慕课、公开课等多资源、多形态、多目标的教材资源。要促进现有教材适应线上线下教学、混合式教学等新型教学改革实践，这给《人力资源管理概论》教材的编写提出了新的要求，本书力争积极探索，以适应新形势下教材建设的需要。

（1）课程体系方面。建设既能传承人力资源管理"核心职能"，也能适应当下人力资源管理"实践需求"，更能引领人力资源管理"未来发展"的创新性人力资源管理课程体系。编写系统化的适应新时代、新要求的"人力资源管理概论"课程体系，使教学内容具有前沿性和前瞻性。逐渐适应数字化时代人力资源管理的教学需要。本次教材编写将优化和提升人力资源管理导论、人力资源战略与规划、工作分析、员工招聘与甄选、员工培训管理、职业生涯管理、绩效管理、薪酬设计与福利管理等内容，适度增加数字化人力资源管理的相关内容。本次教材编写，尽量收集国内外人力资源管理理论与方法的最新成果，并对面向未来、面向最新需求进行前瞻性的介绍。

（2）教材运用方面。建设既能满足教师授课需求，也能满足学生学习需求，更能满足师生互动"管理需求"的人力资源管理教学实践体系。编写和提供具有人力资源管理实践性和本土性的教材教学内容。发达国家在人力资源管理理论与方法方面有许多内容值得我们学习、引进和借鉴；但人力资源管理是一门解决问题导向的理论与实践相结合的课程，人力资源与一个国家的经济社会发展密切相关，中国在改革开放和赶超创新进程中，也需要我们讲好中国故事，实践中国管理。习近平总书记在中国共产党第二十次全国代表大会的报告中指出，"教育是国之大计、党之大计。培养什么人、怎样培养人、为谁培养人是教育的根本问题。育人的根本在于立德"，[1]这为教材编写指明了方向。人力资源管理导论课程教材应该具有育道德、建观念、传知识、培技能四项功能，育道德

---

[1] http://www.gov.cn/zhuanti/zggcddescqgdbdh/sybgqw.htm[2022-10-25]。

方面应该培养体现社会主义核心价值体系的"劳模精神""工匠精神""创新精神";建观念方面应该树立"德才兼备""爱岗敬业""忠于职守"的人才管理理念;传知识和培技能方面要把"选人""用人""留人""育人"的系统理论与方法科学化,适应中国现代社会发展需求,满足现阶段中国管理类人才教育培养需求。在课程内容编写的过程中,也尽量落实人力资源管理课程的思政相关内容。

（3）课堂实践方面。移动互联时代的课堂教学实践发生了根本性变化,结合人力资源管理课程实践性强的特点,编写重视"亲验式"教学和"参与式"教学的人力资源管理课程教学内容与方法,提升学生课堂参与度,提升教材的高阶性、创新性、挑战度。随着互联网移动互联技术的快速发展,充分利用手机等移动终端工具管理授课和学生学习,促进混合式教学改革和线上线下资源的利用,以及有效使用慕课和各类网络公开课资源,有利于老师实现混合式教学、开展对分课堂教学,促进开展人力资源管理"交互式"学习。

本书在编写过程中遵循以下原则。

（1）体现人力资源管理的最新研究成果。本书尽量收集人力资源管理相关理论与实践方面的最新进展,虽然由于篇幅限制无法详尽介绍,但也按照人力资源管理课程教学中的"两性一度"标准,从内容上确保"高阶性、创新性、挑战度"。

（2）突出数字化人力资源管理的一些新趋势。本书在人力资源管理的重要职能方面,突出互联网背景下行业运用的特点。比如,在员工招聘与甄选章节撰写了网络招聘的发展趋势,在员工培训管理章节撰写了互联网背景下的培训新实践,在绩效管理章节撰写了基于移动互联的绩效管理模式,最大限度地适应当前深受移动互联技术、大数据和人工智能等影响的人力资源管理环境。

（3）注重本土化的应用化导向。发达国家在人力资源管理学科研究与实践方面比我国起步早,有一些理论与方法值得借鉴。我国是社会主义国家,有着中华优秀传统文化的滋养,在人力资源管理方面有着丰富的实践经验,需要在传承中创新。人力资源管理是一门实践性很强的应用型学科,学习是为了应用,以解决我国管理实践面临的实际问题,因此,我们的教材必须密切联系中国实际,遵循本土化应用导向。

本书编写过程中,李贵卿担任主编,文革、陈蓉、刘宇担任副主编,向征、杨帆、庞君、任竞斐、涂振洲、孙艳玲、刘霜等参与编写。总体框架设计由李贵卿完成,全书共分为八章,第一章（人力资源管理导论）由李贵卿编写;第二章（人力资源战略与规划）由李贵卿、涂振洲、任竞斐、孙艳玲和刘霜等编写;第三章（工作分析）由文革编写;第四章（员工招聘与甄选）由陈蓉编写;第五章（员工培训管理）由向征编写;第六章（职业生涯管理）由刘宇编写;第七章（绩效管理）由杨帆编写;第八章（薪酬设计与福利管理）由庞君编写;祖霞与王华也参与了教材建设与对分教学方法改革等研究。

本书得到国家社会科学基金项目"人工智能时代人机合作行为特征对企业人力资源管理体系的影响研究"（批准号:19BGL123）,以及成都信息工程大学本科质量工程《人力资源管理》立体化教材建设项目（批准号:BKJX2019124）的资助。

在编写过程中,我们参阅和借鉴了大量的相关书籍和论文,在此谨向这些书籍和论文的作者表示最诚挚的谢意。本书中引用的文献标注若有遗漏,还望海涵。由于作者知识和经验的不足，疏漏在所难免，恳切希望使用者提出批评和建议，使本书不断充实和完善。

李贵卿

2023 年 11 月

目 录

第一章 人力资源管理导论···1
　第一节 人力资源管理的内涵及其特征···2
　第二节 人力资源管理部门的职能··10
　第三节 人力资源管理者的角色···14
　第四节 新时期影响人力资源管理的环境因素··17
第二章 人力资源战略与规划··24
　第一节 企业战略与人力资源战略··25
　第二节 人力资源战略规划···30
　第三节 人力资源规划过程···36
　第四节 人力资源规划的编制··47
第三章 工作分析···57
　第一节 工作分析的基础知识··58
　第二节 工作分析的原则与作用···62
　第三节 工作分析的常用方法··67
　第四节 工作分析的流程··79
第四章 员工招聘与甄选··90
　第一节 员工招聘··91
　第二节 员工招聘的渠道··98
　第三节 甄选与测评的方法···102
　第四节 招聘评估··118
　第五节 网络招聘的发展趋势··120
第五章 员工培训管理···127
　第一节 员工培训概述···128
　第二节 员工培训体系的构建···132
　第三节 员工培训方案实施与效果评估···138
　第四节 员工入职培训管理··148
　第五节 互联网背景下的培训新实践··154
第六章 职业生涯管理···162
　第一节 职业生涯管理概述··163

第二节　职业生涯发展各阶段的个人职业生涯规划与管理……………………169
　　第三节　组织职业生涯管理……………………………………………………………182
　　第四节　工作-家庭平衡管理…………………………………………………………188
　　第五节　员工援助计划…………………………………………………………………193
第七章　绩效管理…………………………………………………………………………………198
　　第一节　绩效与绩效管理概述…………………………………………………………199
　　第二节　绩效管理过程…………………………………………………………………207
　　第三节　绩效考核指标体系……………………………………………………………217
　　第四节　绩效考核的方法………………………………………………………………225
　　第五节　基于移动互联的绩效管理模式………………………………………………232
第八章　薪酬设计与福利管理……………………………………………………………………242
　　第一节　薪酬的基本内涵与影响因素…………………………………………………243
　　第二节　薪酬设计的基本理论与方法…………………………………………………246
　　第三节　企业工资制度及其设计方法…………………………………………………254
　　第四节　员工奖励计划…………………………………………………………………261
　　第五节　员工福利体系…………………………………………………………………267
参考文献……………………………………………………………………………………………279

第一章 人力资源管理导论

【本章学习目标】

目标 1：阐释人力资源、人力资源管理、战略性人力资源管理等的内涵与特征。
目标 2：掌握人力资源管理部门的主要职能。
目标 3：了解新型人力资源管理者的特征。
目标 4：分析新时期影响企业人力资源管理的环境因素。

【引导案例 1-1】

选择一个专业

李红是中西部一所大型大学工商管理学院二年级的学生。作为一名优秀学生，李红还没有完全确定自己应该选哪个专业，他考虑了把管理作为专业，但这个领域并不能令他兴奋，它显得太笼统了。

李红在管理方面所修的第一门课程确实吸引了他，然而，这主要是因为讲这门课程的教授循循善诱。李红决定跟这位教授讨论一下自己进退两难的困境。于是进行了以下的交谈。

李红：老师，我想请教您有关如何选择学习专业的问题，现在我真是不知道该做什么。

教授：我觉得你是在作一项重要的决策，并且你所关心的事情是有道理的，你在工商管理学院学习了多少门课程？

李红：一门您讲授的管理学、一门基础营销课程和一门统计学课程。我确知我不愿意把统计学作为专业。

教授：把人力资源管理作为专业怎么样？

李红：我认为不行，它基本上是一项事务性工作，真的不会有什么前途。

教授：打住，李红，我想我最好告诉你一些更多的关于人力资源管理的情况。

问题：你想介绍人力资源管理的什么最新情况，才可能有助于说服李红把人力资源管理作为专业呢？

【正文内容】

21 世纪是全球化、市场化、信息化的世纪，是知识主宰的世纪。在新经济条件下，人力资源是最重要的资源，人力资源管理也必然要发生相应的变化。

"人力资源"（human resources，HR）最早由彼得·德鲁克于1954年在《管理的实践》中提出，他认为人力资源拥有其他资源不具备的素质，即"协调能力、融合能力、判断力和想象力"。1958年怀特·巴克在《人力资源功能》中首次将人力资源管理（human resource management，HRM）作为企业管理的一项职能，认为人力资源管理职能对于企业经营管理的成功，与生产、营销、财务等职能一样重要。人力资源管理学作为一门独立的学科体系，作为现代工商管理整个系统中的一个重要组成部分，大约出现于20世纪60年代中后期，它研究如何最有效、最合理地管理和激励企业所拥有的最宝贵资源——其员工的才能与热情，从而实现企业的既定目标，使其经济效益和社会效益最大化。成功的企业特别擅长将不同类型的人聚集起来完成一个共同目标，这就是人力资源管理的实质。

人力资源管理通过运用现代化的科学方法，对与一定物力相结合的人力进行合理的培训、组织和调配，使人力、物力经常保持最佳比例，同时对人的思想、心理和行为进行恰当的协调和控制，充分发挥人的主观能动性，使事得其人，人尽其才，人事相宜，以实现组织目标。

企业人力资源管理是根据企业发展战略的要求，有计划地对人力资源进行合理配置，通过对企业员工的招聘、培训、使用、考核、激励、调整等一系列过程，调动员工的积极性，激发员工的潜能，为企业创造价值，给企业带来效益。要确保企业战略目标的实现，就要做好企业的一系列人力资源政策及相应的管理活动。这些活动主要包括企业人力资源战略的制定、员工的招募与选拔、培训与开发、绩效管理、薪酬管理、员工流动管理、员工关系管理、员工安全与健康管理等。

进入21世纪，我们需要了解互联网、大数据、人工智能等新技术对人力资源管理产生的影响，如网络招聘、在线评估、远程培训等，体会新技术赋能下的人力资源管理对企业成功产生的重要性。

第一节　人力资源管理的内涵及其特征

一、人力资源的内涵及其相关特征

人力资源最一般的含义是：智力正常的人都是人力资源。人力资源的数量指具有劳动能力的人口数量，人力资源的质量指劳动者个体和整体的健康水平、知识水平、技能水平。此处具有劳动能力的人，不是泛指一切具有脑力和体力的人，而是指一个国家或区域能独立参与社会劳动，推动整个经济和社会发展的人。

（一）人力资源的分类

人力资源可分为宏观的人力资源和微观的人力资源。

1. 宏观的人力资源

宏观的人力资源指能够推动特定社会系统发展进步并达成其目标的该系统的人们的能力的总和。宏观人力资源具有以下特征。

1）归属性

人力资源总是归属于某个国家、某个地区等的。

2）可用性

人力资源应当对其归属的社会系统的发展和目标实现具有价值。

3）综合能力

包括人力资源的智力、体力、情绪智力、整合能力等。

宏观的人力资源更多用于人口学、社会学、经济学。

2. 微观的人力资源

微观的人力资源特指一定时期内组织中的人所拥有的能推动其持续发展，达成其组织目标的成员能力的总和。本书主要从微观层面研究人力资源，特别是从企业层面研究人力资源。

1）归属性

微观的人力资源总是归属于某个企业、某个组织等的。

2）可用性

人力资源应当为其归属的企业或组织所用，且对价值创造起贡献作用。

3）综合能力

包括人力资源的体力、智力、知识、技能等方面。

微观的人力资源更多用于工商管理学、企业管理学、人力资源管理学等。

（二）人力资源的特征

1. 人力资源具有双重性

人力资源既有生产性，又有消费性。

1）生产性

人力资源的生产性指人力资源是物质财富的创造者，且人力资源的利用需要一定的外在条件。例如，人力资源必须与物质资源、知识资源、信息资源、资金资源等相结合，有相应的活动条件和足够的空间、时间，才能加以利用。

2）消费性

人力资源的消费性指人力资源的保持和维护需要消费一定的物质财富。人们从出生起就需要消费各种物质,满足衣食住行的需要,满足教育和发展的需要;但只有人们就业或创业后,才能创造财富。

人力资源的消费性是无条件的,而生产性是有条件的。人力资源的生产性和消费性是相辅相成的,生产性能够创造物质财富,为人类或组织的生存和发展提供条件,消费性则能够保障人力资源的维持和发展。同时消费性也是人力资源本身生产和再生产的条件。

2. 人力资源的能动性

人力资源的能动性是指人力资源是体力与智力的结合,具有主观能动性,具有不断开发的潜力,主要表现在以下几点。

第一,人类具有意识,因此人们可以有效地对自身活动做出选择,以适应自身与外界环境的变化。

第二,人们在生产活动中处于主体地位,是支配其他资源的主导因素。

第三,人力资源具有自我开发性,在工作生产活动中,人们一方面要消耗自身的脑力和体力,而另一方面通过合理的行为,使自己得到补偿、更新和发展。非人力资源不具有这种特性。

第四,人力资源在活动过程中是可以被激励的,即通过提高人们的工作能力和工作动机,从而提高工作效率。

3. 人力资源开发的持续性

人力资源开发的持续性是指人力资源是可以不断开发的资源,它不像物质资源那样,形成最终产品之后就无法继续开发了。开发的持续性意味着,不仅人力资源的使用过程是开发的过程,而且对人力资源进行的培训、积累、创造也是开发的过程,人力资源是可以多次进行开发的资源。对个人而言,在其职业生涯结束之前,其所拥有的人力资源都是可持续开发的资源。

4. 人力资源的时效性

人力资源的时效性是指人力资源如果长期不用,就会荒废和退化。许多研究表明,人在工作中时,所掌握的知识技能如果得不到运用和发挥,就会导致其积极性的消退和知识技能的下降,造成心理压力。

5. 人力资源的社会性

由于每个人都生活在一定的社会环境中,不可避免会受到社会文化的影响,形成特有的价值观念和行为方式,既可能与企业所倡导的文化价值一致,也可能相互冲突。这就增加了人力资源管理的复杂性和艰难性。

6. 人力资源的整合性

人力资源最善于把各种优势、各种能力、各种资源有效地整合,使其发挥最大效能,最有利于满足人们的需求,最有利于实现目标,最可能产生创新创造。

二、人力资源管理

（一）人力资源管理的内涵

学者对人力资源管理的定义有所不同：诺伊等（2018）认为，人力资源管理是对员工行为、态度及绩效产生影响的各种政策、管理实践及制度的总称。许多公司把人力资源管理视为一种"涉及人的管理实践"。几种重要的人力资源管理实践包括：职位分析与设计、确定人力资源需求（人力资源规划）、吸引潜在的员工（招募）、挑选新员工（甄选）、教会员工如何完成工作及如何为未来做好准备（培训与开发）、为员工提供报酬（薪酬管理）、对员工的工作绩效进行评价（绩效管理），以及营造一种积极的工作环境（员工关系）。德斯勒（2017）认为人力资源管理是一个获取、培训、评价员工，以及向员工支付薪酬的过程，同时也是一个关注劳资关系、健康和安全及公平等方面问题的过程。拜厄斯和鲁（2017）认为人力资源管理包括那些旨在提供和协调组织中的人力资源的各种活动。伊万切维奇等（2011）认为人力资源管理是组织中的一项执行职能，利用人力资源可以实现组织的目标。

本书认为，人力资源管理可以分为宏观人力资源管理与微观人力资源管理。

宏观人力资源管理指对社会整体的人力资源进行规划与调整，投资教育培训、提升健康水平、优化职业能力、改善人力资源结构与质量，使之适合社会再生产的需要，保证社会经济的运行与发展。

微观人力资源管理指通过对企事业组织的人和事的管理，处理人与人之间的关系，人与事的配合；根据组织发展战略的要求，有计划地对人力资源进行招聘、配置、培训、使用、考核、激励、调整等一系列过程，充分发挥人力资源的潜能，为组织创造价值，为组织带来效益。

人力资源管理是在组织战略指导下，预测组织人力资源需求并做出人力资源规划，通过招聘与甄选、培训与发展、绩效考核和薪酬福利等管理形式对组织内外相关人力资源进行有效运用，满足组织当前及未来发展的需要，保证组织目标实现与成员发展最大化的一系列活动的总称。

由于人力资源管理专业隶属于工商管理一级学科下的企业管理二级学科，本书聚焦于企业中的人力资源管理。进入 21 世纪以来，越来越多的中国企业认识到人力资源管理是企业管理的一项核心职能。人力资源管理职能包含的内容越来越多，现已成为企业日程计划中不可或缺的一部分。人力资源管理的普及与不断发展有许多原因，如不断增加的竞争压力促使企业重视人在企业发展中的作用等。为了使个人目标与组织目标更清晰地联系在一起，组织重建及授权使企业将任务合理安排到组织基层等。大多数学者认为，人力资源管理既要考虑组织目标的实现，又要考虑员工个人的发展，强调在实现组织目标的同时实现个人的全面发展。人力资源管理需要建立一个框架，来指导、跟踪和激励个人的绩效。

（二）学习人力资源管理的意义

1. 专业人才培养的视角

从专业人才培养的视角，人力资源管理专业定位于培养德、智、体、美、劳全面发展，具有社会责任感、公共意识和创新精神，适应社会经济发展要求，具有人文精神与科学素养，熟练掌握人力资源管理理论、方法与技术，具备全球视野、信息技术应用能力、压力承受能力和良好团队沟通协作能力，面向高新技术企业从事人力资源管理及相关管理工作，并成长为职业经理人或人力资源管理专业人士的应用型、复合型、创新型高级专门人才。

2. 管理者的视角

从管理者的视角：①需要设计更合理的组织结构、更科学的人员配备；②需要培养更高效、更有归属感的下属；③需要追寻更成功、更有领导魅力的上司；④需要更广阔的自我发展空间；⑤需要更高的绩效水平和更多的社会贡献；⑥需要更好的工作—生活质量及人际关系；⑦需要更幸福的人生。

3. 员工的视角

从员工的视角：①需要明确自己的事业焦点；②需要理解自己在组织中负责什么、有什么权利，确保权利和义务对等；③需要了解自己能获得什么支持；④需要掌握促进组织与个人发展所需的技术；⑤需要不断调适自己的目标；⑥需要合理的工作回报；⑦需要制定自身的发展策略。

（三）现代人力资源管理与传统人事管理

现代人力资源管理是对传统人事管理的发展，它的立场和角度完全不同于人事管理，传统人事管理以"事"为中心，只见"事"，不见"人"，强调对"事"的控制和管理，其管理的形式和目的是"控制人"，将员工视为负担和成本；而现代人力资源管理以"人"为核心，管理的根本出发点是"着眼于人"，强调对人的开发和激励，管理的形式是民主和参与式管理。表 1-1 梳理了人力资源管理与人事管理的区别。

表 1-1 人力资源管理与人事管理的区别

项目	人力资源管理	人事管理
管理视角	视员工为第一资源和资产	视员工为负担和成本
管理目的	实现组织和员工的共同利益	实现组织目标
管理活动	重视培训开发	重使用，轻开发
管理地位	战略层	执行层
角色定位	效益中心	成本中心
管理模式	以人为中心	以事为中心
管理方式	强调民主和参与	命令式、控制式

资料来源：刘善仕和王雁飞（2015）

（四）人力资源管理的特征

1. 行动导向

有效的人力资源管理是行动导向的，而不是简单地记录一些书面的程序与规则。虽然人力资源管理使用了记录、规则和政策的方式，但更加强调行动，强调解决雇用问题以帮助实现组织的目标，促进员工的发展及提高员工满意度。

2. 员工导向

在可能的情况下，人力资源管理重视每一位员工，并为员工提供服务和职业发展计划以满足员工的发展需求。

3. 全球导向

人力资源是一项全球导向的职能或活动。高效和持续的人力资源管理正在全球各地实施。

4. 未来导向

有效的人力资源管理实践是通过为组织提供有能力和有良好动机的员工，以帮助组织实现未来的目标。因此，人力资源需要被融入组织的长期战略规划之中。

5. 战略导向

有效的人力资源管理实践应为组织战略提供支持。例如，如果中国企业计划向美国和欧洲市场扩张，那么人力资源管理就必须计划雇用具有与之相匹配的语言、文化、国际经营技能和经验等能力的员工。

（五）战略性人力资源管理

安索夫（2010）在《战略管理》一书中认为，"战略管理是企业高层管理者为保证企业的持续生存和发展，通过对企业外部环境与内部条件的分析，对企业全部经营活动所进行的根本性和长远性的规划与指导"。相对于传统人力资源管理，战略性人力资源管理定位于支持企业战略管理前提下的人力资源管理活动。战略性人力资源管理是根据组织战略发展和个人职业发展的需要，系统地对人力资源及其相关活动进行部署、计划和管理，形成组织竞争优势并支撑组织战略目标实现，是组织战略不可或缺的有机组成部分。

战略性人力资源管理理念视人力为资源，认为人力资源是一切资源中最宝贵的资源。认为企业的发展与员工职业能力的发展是相互依赖的，企业鼓励员工不断地提高职业能力以增强企业的核心竞争力，而重视人的职业能力必须先重视人本身，把人力提升到资本的高度，一方面通过投资人力资本形成企业的核心竞争力，另一方面，人力作为资本要素要参与企业价值的分配。

战略性人力资源管理认为开发人力资源可以为企业创造价值，企业应该为员工提供一个有利于价值发挥的公平环境，给员工提供必要的资源，在赋予员工责任的同时进行相应的授权，保证员工在充分的授权内开展自己的工作，并通过制定科学有效的激励机制来调动员工的积极性，在对员工能力、行为特征和绩效进行公平评价的基础上给予相应的物质激励和精神激励，激发员工在实现自我价值的基础上为企业创造价值。

高层管理者需要制定公司的整体战略，同时为公司的各个业务单元制定竞争战略。接着，再由各个部门经理制定本部门的职能战略，以支持公司的业务单元战略和整体战略。市场营销部门负责制定市场营销战略，生产部门负责制定生产战略，人力资源管理部门或人力资源部门负责制定人力资源管理战略。

1. 战略性人力资源管理的内涵

每一家公司都需要确保本公司的各项人力资源管理政策和各种人力资源管理活动能够与组织的总体战略目标相吻合。

战略性人力资源管理的基本理念是：在制定人力资源管理政策和安排各种人力资源管理活动时，管理者的出发点应当是帮助公司获得为实现其战略目标所需的那些员工技能和行为。

首先，管理者需要制定战略规划和目标。其次，管理者需要回答这样一个问题："为了实现这些规划和目标，我们需要哪些员工技能和行为？"最后，管理者还需要回答："我们需要实施哪些招募、甄选、培训及其他人力资源管理政策和实践，才能使我们获得需要的那些员工技能和行为？"管理者通常将这些特定的人力资源管理政策和实践称为人力资源管理战略。

管理层明白，人力资源管理团队制定了新的人力资源管理战略，即用来解决下述几个方面问题的具体的人力资源管理政策和实践：如何减少生产人员的数量？需要招募多少广告人员和销售人员及怎样招募？应当实施哪些新的培训和开发项目？如何向新员工支付报酬？

2. 战略性人力资源管理的特征

1）什么是战略性人力资源管理

拥有这些人力资源是企业获得竞争优势的源泉。战略性人力资源是指在企业的人力资源系统中，具有某些或某种特别知识（能力和技能），或者拥有某些核心知识或关键知识，处于企业经营管理系统的重要或关键岗位上的那些人力资源，相对于一般性人力资源而言，被称为战略性人力资源，具有某种程度的专用性和不可替代性。

2）人力资源管理的系统性

企业为了获得可持续竞争优势而部署的人力资源管理政策、实践，以及方法、手段等构成了一种战略系统。

3）人力资源管理的契合性

包括纵向契合与横向契合。"纵向契合"即人力资源管理必须与企业的发展战略契合；"横向契合"即整个人力资源管理系统各组成部分或要素相互之间的契合。

4）人力资源管理的目标导向性

战略性人力资源管理通过组织建构，将人力资源管理置于组织经营系统中，促进组织绩效最大化。

3. 战略性人力资源管理系统的十大职能模块

文跃然等（2018）在《人力资源管理学习精要：基于人工智能的方法》中将人力资源管理系统分为十大职能模块，内容如下。

1）战略规划系统

第一，理解企业发展战略及策略目标，分析业务状况与组织框架，确认人力资源的战略、目标、原则、政策。

第二，人力资源现状盘点，主要是识别人力资源的现状与战略问题，分析人力资源现状与未来战略需求的差异。

第三，进行人力资源的供给与需求预测，发现人力资源的供求缺口。

第四，设计人力资源战略性问题的系统解决方案，调整人力资源管理系统的业务职能，为实现人力资源战略规划的落地进行政策和制度安排，并制定具体措施及行动计划。

第五，对人力资源战略规划的实施情况进行实时的评估与控制，以保证人力资源规划按预定计划实施或及时调整人力资源规划，以适应组织与战略发展需要。

2）职位管理系统

第一，对企业业务结构、组织结构与流程的深刻认识与理解。

第二，设计和构建职能、职类、职种体系。

第三，设计和构建职位体系。

3）胜任能力系统

胜任能力系统不同于传统意义上的胜任力模型，传统的胜任力模型关注的是单一岗位的胜任能力，而胜任能力系统则关注的是企业的全面胜任能力建设。

4）招募与配置系统

招募与配置系统成为企业人力资源管理系统中一个重要的组成部分，关系到企业是否能够招聘到合适的人员并能否对他们进行合理的配置。

5）绩效管理系统

绩效管理是一个过程，即首先明确企业要做什么（目标和计划），然后找到衡量工作做得好坏的指标与标准并进行监测（构建指标与标准体系并进行监督），通过管理者与被管理者之间的互动沟通，将目标责任层层传递（辅导、沟通），发现做得好的（绩效考核），进行奖励（奖励机制），让其继续保持，或者做得更好，能够完成更高的目标。

6）薪酬管理系统

第一，薪资策略保持与企业人力资源战略、企业经营目标的一致性，提升薪酬管理的战略管理能力。

第二，通过科学的薪酬决定实现薪酬分配的内部公平。

第三，确定合适的薪酬水平。

第四，形成企业内部合适的薪酬差异。

第五，设计多元的薪酬激励要素与薪酬结构。

第六，正确处理短期激励与长期激励的矛盾，当期收入与预期收入的矛盾、货币收入与非货币收入的矛盾、固定收入与非固定收入的矛盾，即期支付与延期支付的矛盾、团队薪酬与个人薪酬的矛盾。

第七，建立分层、分类的薪酬管理体系，进行工资动态调整。

第八，确定职业经理人的薪酬及高层管理团队的薪酬与激励。

第九，使薪酬的机制与制度设计做到程序公平。

第十，薪酬制度与管理体系设计做到合法依存。

7）培训开发系统

第一，了解和掌握公司的战略发展及员工的能力和素质状态。

第二，根据员工的潜能特点及组织需求，帮助员工制订职业发展与个人能力开发计划。

第三，培训实施过程管理。

第四，对培训开发效果进行评估。

8）再配置与退出系统

第一，人员竞聘上岗制度。

第二，末位淘汰制度。

第三，人员退出机制。

9）员工关系管理系统

员工关系管理的基本内容包括劳动关系（传统的签合同、解决劳资纠纷）管理、员工人际关系管理、沟通管理、员工情况管理、企业文化建设、服务与支持（包括为员工提供有关国家法律、公司政策、个人身心等方面的咨询服务，协助员工平衡工作与生活）、员工关系管理培训（包括组织员工进行人际交往、沟通技巧等方面的培训）。

10）知识与信息管理系统

第一，知识的获取。

第二，知识的共享。

第三，知识的应用。

第四，知识的创新。

第二节 人力资源管理部门的职能

一、国内外对人力资源管理职能的认定

人力资源管理部门的基本职能是为组织中的其他部门在所有的人力资源事务上提供支持。这样，绝大多数人力资源管理部门起着传统的参谋角色及咨询角色的作用。除此之外，人力资源部门通常负责组织与协调招聘和培训，保管人事记录，在管理层、员工

和政府之间进行联络，以及对安全方案进行协调等。因此，实现组织的人力资源目标需要人力资源管理部门和其他运营经理之间紧密协调配合。

（一）美国人力资源协会对人力资源管理职能的划分

美国人力资源管理协会（The Society for Human Resource Management，SHRM）的人力资源管理职能所包含的活动见表 1-2。

表 1-2　SHRM 的人力资源管理职能所包含的活动

职能	主要活动
人力资源规划、招募和选择	进行工作分析以确定组织内特定工作的具体要求 预测组织为实现其目标对所需人力资源的需求 制订和实施满足这些要求的计划 招募员工实现组织目标 选择和雇用填补组织内具体职位的人力资源
人力资源开发	员工上岗引导和培训 设计和实施组织成长方案 在组织内部建立有效的工作团队 设计员工个人绩效评估系统 帮助员工制订职业生涯规划
薪酬和福利	设计和实施针对所有员工的报偿和福利制度 确保报偿和福利公正、一致
安全和健康	设计和实现确保员工安全和健康的方案 对影响工作绩效的员工提供帮助
劳资关系	协调员工、工会与雇主之间的关系 设计惩罚和抱怨处理系统
人力资源研究	建立人力资源信息库 设计和实施员工沟通系统

（二）中国学术界普遍认可的企业人力资源管理部门六大职能模块

中国学术界普遍认为，人力资源管理包括人力资源规划、招聘与配置、培训与开发、绩效管理、薪酬与福利管理、劳动关系管理等六大职能模块，具体内容如表 1-3 所示。

表 1-3　人力资源管理的六大职能模块

职能	主要活动
人力资源规划	●组织机构的设置　　●企业组织结构的调整与分析 ●企业人员供给需求分析　●企业人力资源制度的制定 ●人力资源管理费用预算的编制与执行
招聘与配置	●招聘需求分析　　●工作分析和胜任能力分析 ●招聘程序和策略　●招聘渠道分析与选择 ●招聘实施　　　　●特殊政策与应变方案 ●离职面谈　　　　●减少员工流失的措施

续表

职能	主要活动
培训与开发	●理论学习　　　　　　　●项目评估 ●调查与评估　　　　　　●培训与发展 ●需求评估与培训　　　　●培训建议的构成 ●培训、发展与员工教育　●培训项目的设计 ●开发管理与企业领导，开发自己和他人 ●项目管理：项目开发与管理惯例
绩效管理	●绩效管理准备阶段　　　●实施阶段 ●考评阶段　　　　　　　●总结阶段 ●应用开发阶段　　　　　●绩效管理的面谈 ●绩效改进的方法　　　　●行为导向型考评方法 ●结果导向型考评方法
薪酬与福利管理	●薪酬 ●构建全面的薪酬体系（岗位评价与薪酬等级、薪酬调查、薪酬计划、薪酬结构、薪酬制度的制定、薪酬制度的调整、人工成本核算） ●福利和其他薪酬问题（福利保险管理、企业福利项目的设计、企业补充养老保险和补充医疗保险的设计） ●评估绩效和提供反馈
劳动关系管理	●《中华人民共和国劳动法》　●《中华人民共和国劳动合同法》 ●劳动关系与劳务关系　　　●企业激励和协调 ●劳资谈判和调解　　　　　●工会化和集体谈判

虽然人力资源管理部门对于这些领域中的职能负有责任，但是人力资源管理中的许多任务却是由员工的直接上级或者组织内部或外部的其他人来完成的。不同企业的组织规模、员工队伍特征、行业特点及管理价值观会有所不同，因此，没有任何两家企业的人力资源管理部门会扮演完全相同的角色。在一些企业中，人力资源部门可能会承担全部的人力资源管理职能；而在另一些企业中，人力资源部门则需要与其他部门的管理者共同扮演人力资源管理者的角色并共担相应的职能。在有些企业中，人力资源部门会积极主动地向企业高层管理人员提供建议；而在其他一些企业里，人力资源部门会在高层管理人员做出管理决策之后，根据公司的战略和要求来实施员工配置、培训及薪酬等方面的管理活动。人力资源管理既涉及选择使用哪些备选方案，同时也涉及在使用这些备选方案时可能需要实施的各种活动。本书后面的章节会对每种职能进行更为详细的阐述。

二、人力资源管理部门角色的变革

尤里西（Ulrich）在 *HR Champions* 一书中提出了人力资源部门的四角色模型，从"战略-操作"和"制度-人员"两个维度划分了人力资源部门应该充当战略伙伴、变革推动者、管理专家和员工支持者四个角色（图1-1）。

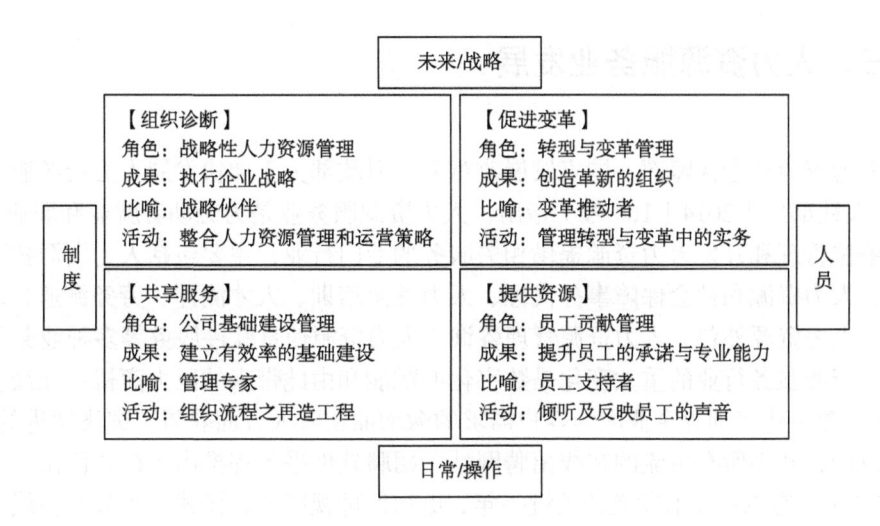

```
                         未来/战略

      ┌─────────────────────┬─────────────────────┐
      │ 【组织诊断】         │ 【促进变革】         │
      │ 角色：战略性人力资源管理 │ 角色：转型与变革管理  │
      │ 成果：执行企业战略    │ 成果：创造革新的组织  │
      │ 比喻：战略伙伴       │ 比喻：变革推动者     │
 制度 │ 活动：整合人力资源管理和运营策略 │ 活动：管理转型与变革中的实务 │ 人员
      ├─────────────────────┼─────────────────────┤
      │ 【共享服务】         │ 【提供资源】         │
      │ 角色：公司基础建设管理 │ 角色：员工贡献管理   │
      │ 成果：建立有效率的基础建设 │ 成果：提升员工的承诺与专业能力 │
      │ 比喻：管理专家       │ 比喻：员工支持者     │
      │ 活动：组织流程之再造工程 │ 活动：倾听及反映员工的声音 │
      └─────────────────────┴─────────────────────┘

                         日常/操作
```

图 1-1　人力资源部门的四个角色

资料来源：刘善仕和王雁飞（2015）

（一）战略性人力资源管理角色

人力资源部门与一线经理在企业战略执行过程中成为战略合作伙伴，可以根据市场前沿的迅速变化不断制定、改进和整合企业人力资源战略以支持企业运营，使之更加贴近市场发展，是企业战略的真正执行者。

（二）公司基础建设管理角色

人力资源部门以管理者的身份参与组织基础建设，成为任务组织和实施方面的专家，以高效的行政支持为组织提供专业的人力资源管理方面的建议和人力资源支持，确保组织流程再造工程的成功，最终达到高质量、低成本的组织产出。

（三）员工贡献管理角色

人力资源部门是员工的坚强后盾，在高层领导和员工之间进行良好的沟通，做双方沟通的桥梁，将员工的鼓励和担忧及时地反馈给高层领导，同时通过多种途径和方式让员工多为组织做出贡献，最终提高员工的组织承诺和业务能力，提高员工进行价值创造的能力。

（四）转型与变革管理角色

人力资源部门成为持续变革的推动者，运用流程创造、文化塑造等方法不断推动组织适应环境的变革，成为创造革新组织的积极力量。

三、人力资源服务业发展

《人力资源社会保障部、国家发展改革委、财政部关于加快发展人力资源服务业的意见》(人社部发〔2014〕104号)指出,人力资源服务业是为劳动者就业和职业发展,为用人单位管理和开发人力资源提供相关服务的专门行业,主要包括人力资源招聘、职业指导、人力资源和社会保障事务代理、人力资源培训、人才测评、劳务派遣、高级人才寻访、人力资源外包、人力资源管理咨询、人力资源信息软件服务等多种业务形态。

人力资源服务行业的重大变化是数字化的赋能和由此带来的巨大商机:在线会议、视频面试、数字化培训等企业因为客户需求的激增而在收入方面获得了突飞猛进的发展,在中国市场,几乎所有主流的在线招聘网站、招聘软件平台都推出了视频面试类产品或功能。2020年是5G[①]技术发展的关键一年,更加促进视频招聘模式的兴起和在线学习在培训活动中的比例大幅度提高。

人力资源服务业具有高技术含量、高人力资本、高成长性和辐射带动作用强等特点,关系到各类劳动者就业创业和职业发展,关系到企事业单位的人力资源管理和创新能力提升,是国家确定的生产性服务业重点领域。近年来,伴随着数字经济的发展,人力资源类主营业务细分为:人才寻租、招聘流程外包、薪酬外包、福利外包、灵活用工(包含岗位外包、人员派遣、员工租赁、社会化用工、兼职服务等)、人力资源管理咨询、在线招聘、人力资源管理软件〔包含核心人力资源系统、人力资源软件即服务(Human Resources Software-as-a-Service, HRSaaS)、薪酬管理软件、劳动力管理软件、招聘管理系统、内部推荐系统、培训学习系统、绩效管理系统等〕、零工平台等。

"前程无忧"主营在线招聘、管理培训,是国内领先的专业人力资源服务机构;"科锐国际"主营灵活用工、人才寻猎、招聘流程外包等业务;"万宝盛华大中华"主营灵活用工、人才寻猎、招聘流程外包等业务,这三个公司进入了2019年全球人力资源服务机构50强。

第三节 人力资源管理者的角色

一、人力资源职能经理与直线经理

人力资源管理虽然是人力资源管理部门的专门职责,但企业所有管理者都是人力资源管理者。在对人的管理方面,直线经理与人力资源职能经理有不同的分工,也有合作,具体见表1-4。

---

① 5G 即 5th generation mobile communication technology,意为第五代移动通信技术。

表 1-4　直线经理与人力资源职能经理在人力资源管理上的分工

职能	直线经理的活动与责任	人力资源职能经理的活动与责任
获取	提供职务分析、职务描述及职务要求的有关资料与数据；使各部门的人力资源计划与组织的战略协调一致；对职务申请人进行面试，综合审阅人事部门提供的材料，对录用与委派做最后决定	职务分析与描述的编写，人力资源规划的制订；组织并协助开展人员的招聘、选拔、录用和委派工作；检查人员获取过程中是否有违规之处，核实申请人的背景，负责体检等
整合	与下属面谈、指导和教育；改善内部信息沟通，化解矛盾，做细致的思想工作，开展集体协作	记录和保管好人事档案，设计合理沟通渠道与制度
保持与激励	尊重下属，公平地对待他们，论功行赏，按劳授奖	制定合理的工资奖酬、福利、医疗保健及各种福利制度；为员工各种需求提供服务
控制与调整	绩效考评，员工需求与满意感调查；对惩罚、解雇、提降、调迁做出决定	落实直线管理层有关决定；为员工离职提供咨询，为员工需求调查的设计、实施及结果分析提供后勤服务
开发	组织员工培训；指导下属进行职业生涯发展规划；给下属提供工作反馈；进行工作再设计	制订员工培训计划；为员工发展提供咨询

资料来源：陈维政等（2016）

二、新型人力资源管理者的特征

由于企业面临着诸如通过经营获得更多利润等新挑战，企业期望自己的人力资源管理者拥有应对新挑战的能力。

（一）更加注重战略性和全局性的问题

人力资源管理者更多地参与到帮助自己公司处理长期性、战略性、全局性的问题当中。人力资源管理者需要制定和实施有效的人力资源管理政策和实践，以获得企业实现战略目标所需要的员工能力及相应的行为。

他们遵循管理"三步骤"：第一，设置公司的战略目标；第二，明确实现战略目标所需要的员工行为和技能；第三，确定什么样的人力资源管理政策和实践能够帮助企业获得这些需要的员工行为和技能。

（二）人力资源管理者关注如何改进绩效

飞利浦·韦（Philip Way）在 2002 年分析人力资源职业教育需求时认为，企业期望它们的人力资源管理者能够帮助企业领导绩效改进活动，一项针对人力资源管理专业人员的调查列出了人力资源管理者面临的一些重要挑战：为争夺市场份额而展开竞争、价格竞争和价格控制、政府管制、销售增长及提高生产率的需要。

当前的人力资源管理者在改进公司绩效和强化盈利能力方面处于强有力的地位，他们的这种地位主要是通过三大"杠杆"实现的。第一个"杠杆"是人力资源部杠杆。人力资源管理者可以确保人力资源管理职能高效率地提供服务,其中包括:将某些类型的人力资源管理活动,如福利管理,外包给成本有效性更高的外部服务供应商;控制人力资源职能部门的人员数量;利用门户网站和自动化的在线员工甄选系统等技术手段,以成本更低的方式提供人力资源管理服务。第二个"杠杆"是员工成本杠杆。例如,人力资源经理向高层经理人员提供有关公司人员的编制水平,以及制定和控制薪酬、奖金和福利方面的建议,这发挥着重要的作用。第三个"杠杆"是战略结果杠杆。在这方面,人力资源管理者主要通过制定公司战略目标,将公司战略目标分解为部门任务目标,将部分任务目标与员工绩效相结合,而员工绩效又通过各种人力资源政策和实践来保障。

对绩效的关注就要求对绩效进行衡量。管理层希望人力资源管理者能够针对当前人力资源管理活动的效率和效果,提供可衡量的、以标杆为基础的证据。

(三)运用循证人力资源管理

循证人力资源管理的特点是运用数据、事实、分析方法、科学手段、有针对性的评价,以及准确的评价性研究或案例研究,为自己提出的人力资源管理方面的建议、决策、实践及结论提供支持。简单地讲,循证人力资源管理就是审慎地将可以得到的最好证据运用于与某种人力资源管理实践有关的决策过程之中。这些证据可能来自实际完成的评估,也可能来自一些已有的数据,此外,这些数据还有可能来自已经公开发表的研究。这些数据有效地运用于企业人力资源管理系统,将识别、招募、雇用和开发员工等变成了一个协调一致的整体。

(四)理解人力资源管理的哲学

人们的行为总是部分地建立在他们做出的一些基本假设的基础上,诸如关于人的所有假设:人值得信任吗?他们厌恶工作吗?他们为什么会有这样的行为?应该如何对待他们?

这套哲学基于人力资源管理者个人已有的经验、所受的教育、价值观、各种基本假设及个人背景等因素,但这套哲学也不是一成不变的,它可能会随着人们的知识和经验的积累而不断发展。这些人力资源管理哲学也部分源于所在组织的高层管理者的哲学,在当今"最佳雇主"榜单中就包括许多有其独特管理哲学的组织。

伦理道德是人们在决定自己该采取何种行为时所依据的标准。许多发生在工作场所的非常严峻的伦理道德问题,如工作场所的安全问题和员工的隐私问题都与人力资源管理有关。

(五)人力资源管理者的胜任素质

如今的人力资源管理者要具备扮演以下角色的知识、技能和素质。

(1)战略定位者:比如,能帮助公司制定战略,能帮助公司制订人力资源规划、人力资源管理相关政策和实践。

（2）可信的行动者：比如，通过展现"既可信（受人尊敬、钦佩和认同）又积极（提供见解、承担责任及挑战假设）"的领导能力来实现。

（3）能力建设者：比如，创造一个有意义的工作环境，以及使组织的战略、文化、管理实践和员工行为协调一致。

（4）变革推动者：比如，发动和维护变革。

（5）人力资源管理创新者和整合者：比如，开发人才，通过员工队伍规划和分析来对人力资本进行优化。

（6）技术倡导者：比如，通过技术将人们联系起来。

许多人力资源管理者都利用专业认证来证明自己掌握了现代人力资源管理的知识和技能功能。

三、人力资源业务合作伙伴

人力资源业务合作伙伴（human resource business partner，HRBP）是企业派驻到各个业务部门或事业部的人力资源管理者，主要协助各业务单元高层及经理在员工发展、人才发掘、能力培养等方面的工作。其主要工作内容是负责公司的人力资源管理政策体系、制度规范在各业务单元的推行落实，协助业务单元完善人力资源管理工作，并帮助培养和发展业务单元各级干部的人力资源管理能力。要做好 HRBP，需要切实针对业务部门的特殊战略要求，提供独特的解决方案，将人力资源和其自身价值真正内嵌到各业务单元的价值模块中，只有这样才能真正发挥和实现 HRBP 的重要作用。

第四节　新时期影响人力资源管理的环境因素

人口老龄化、信息化和经济全球化是目前人力资源管理面临的环境因素。

一、劳动力结构变化的新挑战

（一）老龄化给劳动就业带来的沉重负担

中国人口老龄化进程加快，根据 2020 年第七次全国人口普查的数据，我国 60 岁及以上人口有 2.6 亿，预计 2025 年将达到 3.0 亿，到那时，我国将成为超老年型国家。到 2030 年，中国超过 65 岁的老人将超过 2.3 亿人，相当于德国总人口的 3 倍。据北京大学国家发展研究院发布的统计，2005 年，中国每 6.1 个劳动力供养 1 位老人，到 2025 年，这一赡养比变成 2.5：1，而到 2050 年则是 1.6 个适龄劳动力赡养 1 位老人。这给中国劳动力市场带来的负担可想而知。对于虽然到了法定退休年龄，但是身体健康、思维敏捷，再加上有多年丰富的工作经验的老人，用人单位可创造条件返聘他们继续发挥余热，或者鼓励老年人自己选择去其他单位再就业。如何发挥健康的老年人的价值，对老年人力资源进行有效的开发，发挥"银发族"的工作积极性，是未来企业人力资源管理面临的较大的挑战。

1. 汇聚银发族丰富的人力资源库

老年人有丰富的工作经验，老年人所积累的丰富的精神资源，也是社会进步的活力和动力所在。银发人才是这个时代不可或缺的、可供深度开发利用的宝贵人力资源。

2. 银发族再就业需要政策支持

用人单位雇用已退休的老年人，一般没有与之签订正式的劳动合同，这样双方的权利和义务都很难界定，退休人员不能上工伤保险，这对企业和劳动者都极为不利。在德国，65 岁至 69 岁老年人就业率达 14%，而韩国和日本 65 岁至 69 岁老年人就业率高达 41%。2021 年 4 月 1 日起，日本政府正式实施了《改定高年龄者雇用安定法》，该法最核心的内容就是把企业员工的退休年龄从 65 岁提高到了 70 岁。这意味着日本社会正式进入 70 岁退休的时代。

3. 为银发族建立就业服务平台

设立老年人才服务中心，为老年人提供就业服务。各级工会或相关组织机构可以通过"联谊化组合、社团化管理、项目化运作、专业化服务"这一新模式，汇聚一支支有热心爱心、有组织能力、有专业特长的老年人才队伍，形成一个丰富的老年人才资源库。

4. 采取多种工作分享方式

银发族年龄较大，全日制工作也不利于他们的健康。可以采取灵活就业的方式，如非全日制、工作岗位分享、弹性就业等，让他们发挥专长，发挥专家作用，带徒弟、带团队，发挥余热，发挥特长，这最有利于银发族就业。

（二）"95 后"和"00 后"员工管理面临的难题

社会发展得太快，未来社会属于"90 后"和"00 后"，随着我国改革开放的不断深化，人们的世界观、人生观、价值观发生了较大变化，这在一定程度上影响了他们的事业观、工作观、财富观。在"90 后"和"00 后"的价值观中，有几点很关键：一是更高水平的物质观；二是更大视野的国际观；三是更自我的人生观；四是更为包容的生活观。

"90后"和"00后"员工的培养家庭投入了大量的时间、人力、物力,这代人多才多艺,学习渠道多元,也是网络原住民,因此对他们的管理面临着严峻的挑战,对于他们的管理要强调以下问题。

第一,个性化招聘员工。

第二,定制化培训(对他们个体化的关心一定会带来有益的回报)。

第三,强调员工学习、员工发展、企业社会责任。

第四,自助式福利保障激励(员工需求多样化,多样化的福利满足员工个性需求)。

第五,提供发展空间激发员工活力(提供创客空间,提供发展平台,发挥特长)。

第六,实施弹性工作制,采取多种工作方式,满足个性化需求。

第七,全方位考核员工,管理体现公平公正。

第八,促进员工工作-生活平衡,提供各种员工援助计划。

第九,平等授权促进员工融合(尊重员工、打成一片、平易近人)。

第十,多元沟通、紧跟时代、与时俱进。

二、"互联网+"背景下共享经济用工模式的新挑战

"互联网+"为推动工业化和信息化的深度融合创造了条件。2015年3月5日第十二届全国人民代表大会三次会议上,李克强总理在《政府工作报告》中首次提出"互联网+"行动计划,推动移动互联网、云计算、大数据、物联网等与现代制造业结合,促进电子商务、工业互联网和互联网金融健康发展[①]。

在互联网时代下,行业的平台效应越发明显,在其生态圈内创造了更多的就业机会,"平台型就业"逐渐浮现,同时"创业式就业"热潮快速发展,这种新的就业趋势对企业、个人和政府都提出了新要求。未来,"大众创业、万众创新"结合"互联网+"掀起了六大信息技术(information technology,IT)技能岗位的广大的就业机遇。

第一,全栈Web及产品开发人员。未来用户需求有多广,全栈Web及产品开发人员的需求量就有多大。

第二,网络工程师。为了满足"互联网+"平台企业的可靠运行,做好这些网络上的协作、视频流、安全等工作是网络所有技术和技能开发的基础,网络工程师职位需求量很大。

第三,网络安全专家。根据信息系统审计与控制协会(Information System Audit and Control Association,ISACA)公布的全球网络安全状况,网络安全专业人才正面临着很大的缺口。

第四,移动工程师。手机作为普遍的数字化平台,使用率已经超越台式电脑,iOS和Android成为当前非常重要的手机系统,未来仍然需要大量跨平台的移动开发专业人才。

第五,云构架师/集成。随着业务转向公共云基础设施和混合云应用,擅长设置、执

---

① https://www.chinanews.com.cn/gn/2015/03-05/7103283.shtml[2021-08-20].

行整合和保护云部署的 IT 专业人员将有较大需求。由于网络安全漏洞的凸显，企业希望项目能由技术精湛又有丰富经验的专业人才来完成。

第六，内容管理系统（content management system，CMS）。内容管理系统是"互联网+"带动的另一个热门，企业希望可以自定义现有的 WordPress（个人博客系统）和 Drupal（内容管理框架），并将它们与电子商务产品集成，这样才有利于企业完成更复杂、定制化的解决方案。

在"互联网+"背景下，IT 行业从业者的社会需求越来越大，工作机会越来越多，薪酬也会越来越高，他们大力促进了"互联网+"背景下共享经济的发展。

三、社交网络

在复杂技术方面取得的进步及技术成本的下降正在改变人力资源管理。电子技术和通信软件方面的进步带来了移动科技，如掌上电脑（personal digital assistant，PDA）和手机等，同时社交网络的发展提升了互联网的性能。社交网络（social net-working）是指像脸书、推特、领英、微信、QQ 及博客等为有相同兴趣的人们提供更便捷的互动的网站。表 1-5 显示了一些社交网络潜在利用的内容。社交网络促进了沟通、分散化决策及合作。社交媒体不仅可以在联系客户方面派上用场，对那些没有时间与同事、管理人员每天面对面分享知识和想法的员工来说也有重要意义。有的员工（尤其年轻员工）已经学会在生活各个方面利用社交网络，对他们来说，这些社交工具在工作及生活中都十分重要。目前企业在招募、培训及开发、工作时间安排、员工态度测量等人力资源管理实践方面使用社交网络已经非常普遍。

表 1-5　社交网络潜在利用的内容

问题	社交网络的使用
退休导致的专家知识流失	知识的分享、捕捉和存储
员工参与	收集员工意见
识别并提升员工专业知识	创建在线专家社区
提升创新和创造力	通过在线讨论鼓励参与
强化学习	分享最佳实践、应用程序、学习内容、要点及文章和在线研讨会的链接
员工需要辅导和监控	与导师和教练互动
识别和联系潜在的职位候选人	发布职位空缺公告及回答候选人的问题

资料来源：诺伊等（2018）

四、人力资源管理信息系统和管理云

很多公司一直利用人力资源管理信息系统存储大量员工数据，包括个人信息、培训记录、技能状况、薪酬水平、缺勤记录、福利的使用情况及其成本等。人力资源管理信息系统（human resource management information system，HRMIS）是一种用来获取、存储、处理、分析、查找及发布与一家公司的人力资源有关的各种信息的计算机系统。人力资源管理信息系统可以支持组织的战略决策，使组织避免卷入法律纠纷，通过提供数据完成对各种项目或政策的评价，同时支持组织的各种日常人力资源管理决策。

今天大多数公司拥有自己的软件和硬件设备，用以使用和操作工作设施。但是，云计算技术使得公司可以出租软件及硬件，员工甚至不知道自己使用的计算机、数据库和应用软件的位置（这些都在"云"中）。云计算（cloud computing）是指这样一种计算机系统，它通过某个自助服务式的、可变的、按需模型中的网络来提供信息技术基础设施。"云"既可以通过互联网按需传输（公共"云"），也可以仅限于某一家公司在内部使用（私有"云"）。云计算技术为企业和员工提供了从手机和平板电脑中获取应用和信息的机会，而不是像过去那样只能通过个人电脑获得。该技术还使得群体可以新的方式合作，并且通过允许员工更加容易地分享记录及信息而使其工作更有成效。

五、高绩效工作系统与虚拟团队

新技术改变了技能要求和工作角色，常常导致企业不得不进行工作结构再设计（如运用工作团队）。高绩效工作系统（high-performance work systems）最大限度地实现了企业的社会系统（员工）与技术系统之间的匹配。例如，计算机集成化制造技术利用机器人和计算机实现了制造过程的自动化。计算机使得不同产品的生产仅仅通过重新编程就能完成。因此，工人、物料操作员、运营人员或装配工、维护人员等的工作可能会被合并到一个职位中去。计算机集成化制造要求员工监控设备并排除复杂设备的故障，还要求员工之间分享信息并理解制造过程中各个部分之间的关系。

除了改变企业生产产品和提供服务的方式，新技术还能让一家企业与另一家或多家企业建立合作关系。虚拟团队（virtual teams）是指团队成员在时间、地理位置、文化及（或）组织界限上被隔离开来，几乎完全依靠新技术（电子邮件、互联网和视频会议）实现互动和共同完成项目的各种团队。可以在下属机构分散在全国乃至全世界的一家企业内部组建虚拟团队，也可以通过与供应商或竞争者建立起虚拟团队，集合所需的各种人才来完成某个项目或者是加快产品上市的速度。

支持高绩效工作系统的人力资源管理实践如表1-6所示。这些人力资源管理实践包括人员配置、职位设计、培训、薪酬及绩效管理等。这些人力资源管理实践的设计目的是为员工提供技能、工作动力、知识及自主权。有研究表明，高绩效工作实践通常与生产率提高及长期财务绩效改善联系在一起。研究还表明，与仅仅改善一两项相互独立的人力资源管理实践（如薪酬体系或甄选体系）相比，将人力资源管理实践作为一个整体加以完善的做法更有效。尽管可能存在某种最优的人力资源管理系统，但一家公司无论怎样做，要想使人力资源管理系统能够对企业经营绩效产生积极的影响，它的各项人力资源管理实践之间必须相互匹配，而且必须与总的人力资源管理系统保持一致。我们将在后面的章节更为详细地讨论这种匹配性问题。

表1-6 支持高绩效工作系统的人力资源管理实践

人员配置	员工参与新员工的甄选。比如，同事面试
职位设计	员工理解本人的职位对组织的最终产品或服务做出的贡献 员工参与设备、工作布局及工作方法的变革规划过程 以团队的方式完成工作 通过职位轮换来开发员工的技能 促进技术设备、工作流程、组织安排等方面的人性化设计 职位设计方式允许员工运用多种不同的技能 实施分权化决策，减少等级差别，共享信息 增加安全性
培训	强调培训的持续性及其回报 开展财务及质量控制方法的培训
薪酬	以团队为基础的绩效薪酬 员工的部分薪酬与企业或部门的财务绩效挂钩
绩效管理	员工能够获得绩效反馈并积极参与绩效改善过程

资料来源：诺伊等（2018）

在高绩效工作系统中，在管理者和员工之间、员工和客户之间、员工和销售商之间及企业内部各职能之间设定的边界正在被摒弃。员工、管理者、销售商、客户及供应商通过协同工作来改善服务和产品质量，同时创造新的产品和服务。一线员工接受了承担不同岗位的工作所需的技能培训，他们与供应商和客户直接进行沟通，同时与工程师、质量管理专家及企业内履行其他职能的员工频繁地互动。

【本章内容小结】

本章首先介绍了人力资源的定义和人力资源管理的定义，并介绍了人力资源管理主要职能、人力资源管理部门的职能和人力资源管理者的角色。未来许多学生将成为公司的经理，而经理必须掌握应用人力资源管理活动、工具和政策的方法。信息技术和经济全球化的影响，以及人口特征发生的变化，给人力资源管理提出了挑战，各种最佳人力资源管理实践也应运而生。

【讨论思考题】

1. 举例说明直线经理与人力资源职能经理的职权。
2. 请简要分析传统人力资源管理和战略性人力资源管理的区别与联系。

【案例分析1-2】

围绕企业核心价值观构建人力资源管理体系

人力资源可以为企业带来核心竞争力，是企业的特殊资源。它具有创造性、稀缺性和不可替代性，是企业战略管理的重要组成部分。现在，越来越多的学者、企业家都开始着手研究或建立企业战略性人力资源管理，为企业整体战略目标的实现提供支持，为企业创造不可替代的核心竞争力。战略性人力资源管理视人力资源为一切资源中最重要的资源，认为企业的发展与员工的职业能力的发展是相互依赖的，企业鼓励员工不断提高职业能力以增强企业的核心竞争力。战略性人力资源管理强调构建科学有效的"招人、育人、用人和留人"人力资源管理机制。华为技术有限公司（简称华为）人力资源管理体系包括：人力资源规划、招聘与配置、培训与开发、绩效管理、薪酬福利管理、劳动关系管理。

华为总裁任正非曾说："资源是会枯竭的，唯有文化才会生生不息。一切工业产品都是人类智慧创造的，华为没有可以依存的自然资源，唯有在人的头脑中挖掘出大油田、大森林、大煤矿……"

华为是一家总部位于中国广东省深圳市的生产销售电信设备的员工持股的民营科技公司，于1987年由任正非创建，从最初只有2.1万元人民币起家，发展到销售规模近4000亿人民币的世界500强企业，如今华为已成长为世界通信设备产业的领导者。另外华为终端也在不断竞争，在国内市场成功挤掉苹果和三星，排名第一。华为也率先引领5G技术领域和布局5G产业，在世界许多国家部署了5G网络。

任正非指出，华为如今正在突进无人区。公司奉行绝不让"雷锋"吃亏的源远流长的政策，以物质文明巩固精神文明，促进千百个"雷锋"不断成长。华为的人力资源管理战略的成功源自它的核心竞争力，它的核心竞争力来自它的核心价值观，也就是"以客户为中心，以奋斗者为本，长期艰苦奋斗"，具体如下。

1. 以客户为中心。华为非常重视客户的感受。至于竞争对手，华为从未将其列入公司的核心内容。华为认为，将竞争对手作为工作中心，你将永远跟在别人后面，模仿别人，很难超越别人，而且自身还解决不了根本问题。将客户当作企业生存下去的核心，并以此为基础构建人力资源管理系统，必然会培养出一批注重客户的员工，推动企业的整体发展。

2. 以奋斗者为本。怎样让奋斗者得到应得的回报，甚至比他们想象的还要多，是华为人力资源管理体系的直观体现。通俗来说，就是奋斗者期望的报酬是1万元，而公司就给他2万元。这也是华为工作压力这么大，许多人才还愿意削尖脑袋往华为钻的原因，这就是不让"雷锋"吃亏。

3. 长期艰苦奋斗。自我批判对于高层管理人员是一件很难做到的事情，有了钱不愿意再奋斗了也是人类的通病，或者是人类的惰性所在。华为通过自我批判，不断认真倾听客户的需求，密切关注学习同行的优点，适应快速多变、竞争激烈的市场，保持内敛务实的文化作风。通过自我批判，华为干部能上能下，确保做出正确决策并有效地执行。通过自我批判，华为员工不仅努力工作，保持艰苦奋斗的工作作风，而且不断自我激励，持续进行"再创业"活动。

问题：请分析华为的核心价值观如何影响公司的战略性人力资源管理。

第二章 人力资源战略与规划

【本章学习目标】

目标1：学习企业战略与人力资源战略的内涵、分类，以及二者如何匹配。
目标2：学习人力资源战略规划的内涵、功能、内容。
目标3：学习人力资源规划过程、人力资源供给和需求预测，以及供需平衡。
目标4：学习企业人力资源规划的编制内容。

【引导案例 2-1】

需要向经理问关于人力资源规划和战略的问题

面对日益复杂、变化加剧的外部环境，面对组织内更高的员工需求，组织对战略已越来越重视。组织战略成为组织发展的指南，它对组织的生存与发展起到至关重要的作用。人力资源战略作为组织战略的一个重要组成部分，越来越为组织所重视。人力资源计划要求人力资源部的领导定期对经理进行访谈，以预测未来的人力资源需求。

- 企业管理面临的最迫切的问题是什么？
- 竞争对手的优势有哪些？我们如何与其竞争？
- 要赢得市场，我们需要哪些核心能力？
- 我们需要何种必要的知识、技能和能力去实施制胜战略？
- 实施战略的障碍有哪些？
- 哪种类型的技能和职位是组织所需要的或不再需要的？
- 组织内部需要何种技能才可以对抗外部合约供应商？
- 为了资源和战略优势的匹配，我们需要采取哪些行动？
- 为了吸引、激励和挽留所需雇员，我们需要什么样的奖励计划？

【正文内容】

第一节　企业战略与人力资源战略

一、企业战略的内涵、层次及分类

（一）企业战略的内涵

企业战略是决定将要采取什么行动及行动如何实施的问题。作为整体经营活动的指引，企业战略决定着企业的长远发展方向，企业实施战略管理的目的在于将企业的主要目标、政策和行为不断整合为一个有机整体。

（二）企业战略的层次

企业战略一般分为总体战略、事业战略、职能战略。企业战略是一个战略体系。

1. 总体战略

总体战略是企业最高层次的战略，它需要根据企业的目标，选择企业竞争的经营领域，合理配置资源，使各项经营业务相互支持、相互协调。

2. 事业战略

事业战略也称企业业务单元战略，是企业的二级战略，企业业务单元战略涉及各业务单位的主管及辅助人员，它将企业战略所包含的企业目标、发展方向和措施具体化，形成本业务单位具体的竞争与经营战略。

3. 职能战略

职能战略是各职能如何有效组合企业内部资源来实现总体战略和企业业务单元战略，职能战略包括文化战略、营销战略、品牌战略、产品战略、技术战略、物流战略、人力资源战略、财务战略和成本战略等。

（三）企业战略的类型

1. 企业竞争战略

企业竞争战略是一个企业在同一使用价值的竞争上采取进攻或防御的行为。迈克尔·E.波特（Michael E. Porter）在《竞争战略》（1980年出版）中指出，竞争战略包括以下三种。

1）低成本战略

最大限度地降低成本，通过低成本降低商品价格，维持竞争优势。要做到成本领先，就必须在管理方面对成本严格控制，尽可能将降低费用的指标落实在人头上，处于低成本地位的公司可以获得高于产业平均水平的利润。这种战略适合成熟的市场和技术稳定的产业。

2）差异化战略

企业提供的产品或服务具有独特性，或功能多，或款式新，或更美观。为达到这个目的，企业可以生产创新性产品，这种创新性产品既可以是竞争对手不具备生产条件的新型产品，也可以是具有竞争对手的产品所不具有的特殊功能或无法达到的优质品质的同类产品。

3）集中化战略

企业可以通过聚焦在特定的细分市场中，为特定的客户市场提供特定的产品或服务，以巧妙地避开竞争领域，求得生存与发展。这一战略主要是借助在某一市场缝隙中的专门化努力，弥补他人产品的不足而获得竞争优势。

2. 企业发展战略

企业发展战略是一定时期内对企业发展方向、发展速度与质量、发展点及发展能力的重大选择、规划和策略。企业发展战略具有方向性、整体性、长期性的特征。企业发展战略主要分为以下四种：成长战略、维持战略、收缩战略、重组战略。

1）成长战略。企业在市场不断扩大、业务不断增长时通常采取成长战略，以抓住发展机会。企业在采取成长战略时，可以根据其具体情况选择三种不同的成长战略：第一，集中式成长战略，即产品在原有的基础上，集中发展为系列产品，或开发与原产品相关联的产品系列；第二，纵向整合式成长战略，即向原企业产品的上游产业或下游产业发展；第三，多元化成长战略，即企业在原产品或产业的基础上，向其他不相关或不密切相关的产品和产业发展，形成通常所说的"多角化经营"的格局。

2）维持战略。当市场相对稳定，且被几家竞争企业分割经营时，处于其间的企业常常采取维持战略，即坚守自己的市场份额、客户和经营区域，防止企业利益被竞争对手瓜分，同时保持警惕，防止新的对手进入市场。采取这种战略的企业，经营目标不再是高速发展，而是维护已有的市场地盘，尽可能大地获取收益和投资回报。常用的维持方法包括：培养客户的忠诚感、维护品牌的知名度、开发产品的独特功能、挖掘潜在的顾客等。

3）收缩战略。当企业的产品进入衰退期或因经营环境变化而陷入危机时，企业可以采取收缩战略以扭转颓势，克服危机，走出困境。

4）重组战略。企业通过资产重组的方式，寻求发展的战略。主要有兼并、联合、收购等方式，以达到重组的效果。

二、人力资源战略的定义、分类及作用

（一）人力资源战略的定义

人力资源战略（human resource strategy）是指企业为实现企业战略目标而在人员管理方面所做决策的总称。

人力资源战略是一种职能战略，同营销战略、财务战略、产品战略等一样，从属于企业战略，并支持与服务于企业战略的实现。

有学者认为人力资源战略是程序和活动的集合，它通过人力资源部门和直线管理部门的努力来实现企业战略目标，并以此来提高企业目前和未来的绩效及维持企业的竞争优势（赵曙明，2012）。

总之，人力资源战略是企业通过内部和外部环境分析，从企业的全局利益和发展战略出发，为支持企业战略目标达成，充分考虑员工的期望，而制订的基于提升企业人力资源核心竞争力的人力资源开发与管理的纲领性的长远规划。

（二）人力资源战略的分类

根据美国康奈尔大学的研究，人力资源战略可分为三种：吸引战略、投资战略和参与战略。

1. 吸引战略

这种战略主要通过丰厚的薪酬去诱引和培养人才，从而形成一支稳定的高素质的员工队伍。常用的薪酬制度包括利润分享计划、奖励政策、绩效奖酬、附加福利等。由于薪酬较高，人工成本势必增加。为了控制人工成本，企业在实行高薪酬的吸引战略时，往往严格控制员工数量，所吸引的也通常是技能高度专业化的员工，招聘和培训的费用相对较低，管理上则采取以单纯利益交换为基础的严密的科学管理模式。

2. 投资战略

这种战略主要是通过聘用数量较多的员工，形成一个备用人才库，以提高企业的灵活性，并储备多种专业技能人才。这种战略注重员工的开发和培训，注重培育良好的劳动关系。在这方面，管理人员担负了较重的责任，确保员工得到所需的资源、培训和支持。采取投资战略的企业希望与员工建立长期的工作关系，故企业十分重视员工，视员工为投资对象，使员工感到有较高的工作保障。

3. 参与战略

这种战略谋求员工有较大的决策参与机会和权力，使员工在工作中有自主权，管理人员更像教练一样为员工提供必要的咨询和帮助。采取这种战略的企业很注重团队建设、自我管理和授权管理。企业对员工的培训也较重视员工的沟通技巧、解决问题的方法、团队工作等，日本开创的质量控制（quality control，QC）小组就是这种人力资源战略的典型。

（三）人力资源战略的作用

作为一项重要的职能战略，人力资源战略以企业战略为依据，同时又影响着企业战略的制定与执行。企业战略与人力资源战略二者相辅相成。人力资源战略主要考虑人的问题，并且以企业总体战略及其他职能战略的相关情况作为其制定的基础和条件。人力资源战略应在充分考虑企业发展战略、符合组织内外各方面的利益、争取全体成员的一致认同并得到企业管理层的高度认可的基础上制定。

1. 人力资源战略为企业战略的制定提供信息

人力资源战略可以从内部资源状态和外部环境状况两个方面提供企业人员方面的相关信息，帮助企业实现战略选择方面的决策。人力资源战略既可以提供企业战略制定过程中所需要的内部信息，如人力资源素质、人力资源培训与开发的效果、人力资源的工作绩效与改进等情况，也可以提供企业决策过程所需要的外部信息，如外部劳动力市场上劳动力供给的情况、竞争对手所用的激励或薪酬设计情况、优秀组织的结构管理方式及《中华人民共和国劳动法》等相关法律方面的信息等。

2. 人力资源战略在企业战略的执行中起着支持作用

人力资源战略服务于企业战略，是企业战略目标实现的有效保障。人力资源战略与企业战略之间的匹配使得企业能够有效地利用市场机会，提升内部组织优势，达成战略目标。企业战略中所涉及的各项内容都需要相应的人员来完成，对于人员的分配、调整、激励及配套的组织结构的调整等，都需要人力资源战略的配合。人力资源战略属于职能战略，用以支持企业总体战略和事业战略，所以必须与企业经营战略相配合，才能发挥最大的效用。

三、人力资源战略与企业战略的匹配

在人力资源日益重要，成为企业重要竞争力的今天，人力资源战略与企业战略相匹配对企业目标的实现具有重要意义。人力资源管理要发挥作用，促使企业战略顺利实现，就必须依据战略的不同采取相应的人力资源战略取向，制定不同的人力资源战略，实现不同的人力资源管理活动。

（一）人力资源战略与波特企业竞争战略的匹配

戈麦斯和麦加等分别提出了与波特的三种企业竞争战略相协调的人力资源战略。低成本战略主要通过严格控制成本和加强预算而较竞争对手取得成本领先，赢取竞争优势。差异化战略主要是通过创造产品或者服务的独特性来获得竞争优势。集中化战略整合了低成本和差异化这两种战略的特点，相应地，人力资源战略也整合了上述两种人力资源战略，如表 2-1 所示。

表 2-1 人力资源战略与波特的企业竞争战略的匹配

企业竞争战略	组织特征	人力资源战略
低成本战略	持续的资本投资 严密地监督员工 严格的成本控制，规范的控制报告 低成本的配置系统 结构化的组织和责任 产品设计以制造便利为原则	有效率地生产 明确的工作说明书 详细的工作规划 强调具有技术上的资格证明与技能 强调与工作有关的特定的培训 强调以工作为基础的薪酬 使用绩效评估作为控制机制
差异化战略	营销能力强 产品的策划与设计 基础研究能力强 公司以质量或科技领先著称 公司的环境可吸引高技能员工和高素质的科研人员或具有创造力的人	强调创新和弹性 工作类别广 松散的工作规则 外部招募 团队基础的培训 强调以个人为基础的薪酬 使用绩效评估作为发展的工具
集中化战略	整合了低成本战略和差异化战略的特点	整合了上述人力资源战略的特点

资料来源：刘善仕和王雁飞（2015）

（二）迈尔斯和斯诺的企业战略与人力资源战略的匹配

迈尔斯和斯诺对企业战略进行了另外的分类，他们认为管理者都试图制定出与外部环境相匹配的企业战略，组织要设法保持内部组织特征、战略和外部环境的适应。基于这个视角，他们将战略分为：防御者战略、探索者战略、分析者战略。

1. 累积者人力资源战略

累积者人力资源战略是与迈尔斯和斯诺提出的防御者战略相协调的人力资源战略，防御者战略适用于管理者认为组织面临的环境是稳定的，需求也不再有大变化的情况。组织的主要目标为保持已有的市场份额，维持现有的顾客群，降低被攻击的风险。虽然防御者战略通常不会提高公司的竞争优势，但是有助于加强公司的竞争地位，捍卫公司最有价值的资源和能力不被模仿，维护公司的竞争优势。此时企业的人力资源战略聚焦于最大化员工投入与技能培养，获取员工最大潜能。

2. 效用者人力资源战略

效用者人力资源战略是与迈尔斯和斯诺提出的探索者战略相协调的人力资源战略，探索者战略是持续寻求新的市场、外部导向、不断创新产品和市场的企业战略。因此效用者人力资源战略基于极少的员工承诺，组织雇用具有目前所需要的技能且可以马上使用的员工，使员工的能力、技能与知识能够配合特定的工作。

3. 协助者人力资源战略

协助者人力资源战略是与迈尔斯和斯诺提出的分析者战略相协调的人力资源战略，分析者战略是具有弹性、严密和全盘规划、提供低成本的独特产品的企业战略。因此协助者人力资源战略是基于新知识和新技能创造的人力资源战略，在这种战略的指导下，组织聘用自我动机强的员工，鼓励和支持能力、技能和知识的自我开发，在正确的人员配置与弹性结构化团体之间进行协调，如表2-2所示。

表2-2 迈尔斯和斯诺的企业战略与人力资源战略的匹配

企业战略	组织要求	人力资源战略
防御者战略 ●产品试产狭窄 ●效率导向	●维持内部稳定 ●有限的环境分析 ●集中化的控制系统 ●标准化的运作程序	累积者人力资源战略：基于最大化员工投入及技能培养 ●获取员工的最大潜能 ●开发员工的能力、技能和知识
探索者战略 ●持续寻求新市场 ●外部导向 ●产品/市场创新者	●不断地陈述改变 ●广泛的环境分析 ●分权的控制系统 ●组织结构正式化程度低 ●资源配置快速	效用者人力资源战略：基于极少的员工承诺的高技能的利用 ●雇用马上可以使用的员工 ●使员工的能力、技能与知识能配合特定的工作
分析者战略 ●追求新市场 ●维持目前的市场	●弹性 ●严密和全盘的规划 ●提供低成本的独特产品	协助者人力资源战略：基于新知识和新技能的创造 ●聘用自我动机强的员工，鼓励能力、技能和知识的自我发展 ●协调正确的人员配置和弹性结构团体

资料来源：赵曙明（2012）

第二节 人力资源战略规划

一、人力资源战略规划的内涵

人力资源战略规划是通过战略性人力资源管理职能活动及战略性制度安排实现组织人力资源的有效获取、开发和优化配置，并支撑企业战略目标实现的系统解决方案和管理过程。

二、人力资源战略规划的功能

人力资源战略规划的功能主要体现在以下几点。
（1）实现企业战略与人力资源的有效衔接。
（2）使人力资源管理具有前瞻性和战略性。
（3）通过人力资源规划技术的创新，提高人力资源战略规划的有效性和可靠性。

三、人力资源战略规划的内容

人力资源战略规划的源头在于企业的战略分析，通过分析企业的产业环境、战略能力、愿景使命目标及业务发展目标等，从而确定人力资源管理如何支撑战略目标的实现，以及企业需要什么样的人才结构来实现企业的战略目标。

（一）人力资源战略规划的一般内容

（1）确认人力资源的战略、目标、原则、政策。
（2）人力资源现状盘点。
（3）进行人力资源的供给与需求预测。
（4）设计人力资源战略性问题的协同解决方案。
（5）对人力资源战略规划的实施情况进行适时的评估与控制。

（二）人力资源战略规划的具体内容

1. 人力资源数量规划

人力资源数量规划是依据企业战略对未来业务规模、地域分布、商业模式、业务流程和组织结构等因素的规划，确定未来企业各级组织人力资源编制及各职类职种人员配比关系或比例，并在此基础上制订企业未来人力资源需求计划和供给计划。

2. 人力资源结构规划

人力资源结构规划是依据行业特点、企业规划、未来战略重点发育的业务及业务模式，对企业人力资源进行分层分类，同时设计和定义企业的职位功能、职责及权限等，从而理顺各职位人员在企业发展中的地位、作用和相互关系。

3. 人力资源素质规划

人力资源素质规划是依据企业战略、业务模式、业务流程和组织对员工行为的要求，设计职位人员的任职资格要求，包括素质模型、行为能力及行为标准。

（三）在实践中总结的人力资源战略规划内容

1. 企业战略解读

企业战略解读即人力资源战略规划要反映企业战略的诉求，满足企业战略需要。

2. 企业人力资源盘点与战略需求差异性分析

企业人力资源盘点与战略需求差异性分析（战略需求标杆）即企业人力资源规划要基于企业的问题和现状，要基于企业的资源和能力，要以问题为导向，以战略为依据，提出渐进式系统解决方案。

3. 行业最佳人力资源实践

行业最佳人力资源实践研究即人力资源管理标杆的研究与设定。

（四）人力资源战略规划的具体结果

在执行人力资源战略规划时，人力资源数量规划、结构规划、素质规划将转化为具体的人力资源计划，即接替晋升计划、人员补充计划、素质提升计划、退休解聘计划等。

1. 接替晋升计划

接替晋升计划实质上是组织晋升政策的一种表达方式，根据企业的人员分布状况和层级结构，拟定人员的晋升政策。

2. 人员补充计划

人员补充计划就是拟定人员补充政策，目的是使企业能够合理地、有目标地补充组织中、长期内可能产生的职位空缺。

3. 素质提升计划

素质提升计划即为企业中、长期发展所需要的职位配置事先准备的人员。

4. 退休解聘计划

退休解聘计划的实质是为企业建立起淘汰退出机制。

四、人力资源战略规划的编制过程

企业在制定人力资源战略规划时，先要对企业的内部资源和能力因素，以及外部环境因素进行分析，然后明确企业的战略、使命和愿景，这些是战略规划制定工作最根本的出发点。

（一）人力资源战略规划的具体编制程序

人力资源战略规划主要分为7步，具体内容如下。

1. 分析战略背景、盘点人力资源

如图 2-1 所示，人力资源战略规划需要盘点外部环境（宏观经济、技术发展、市场环境等），在此基础上制定战略目标（组织结构、业务流程、运作模式等）。战略目标确定以后，需要明确工作要求（工作活动、工作规范、工作质量等），然后，结合现有人力资源进行盘点，弄清现有人力资源状况（数量、质量、结构等）、素质、能力等方面的基本要求，这些都是制订人力资源规划需要的基础工作。

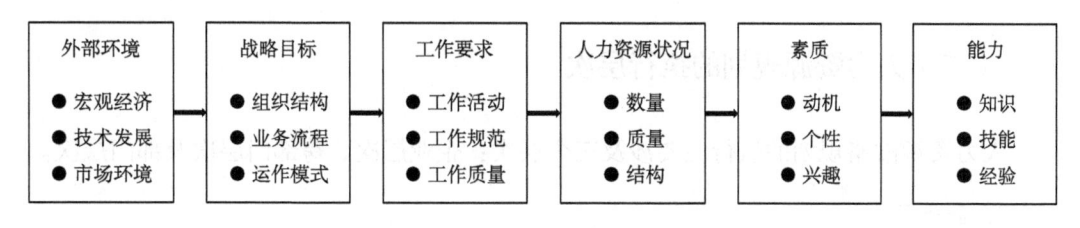

外部环境	战略目标	工作要求	人力资源状况	素质	能力
● 宏观经济 ● 技术发展 ● 市场环境	● 组织结构 ● 业务流程 ● 运作模式	● 工作活动 ● 工作规范 ● 工作质量	● 数量 ● 质量 ● 结构	● 动机 ● 个性 ● 兴趣	● 知识 ● 技能 ● 经验

图 2-1 人力资源规划制订的基础工作

2. 明确人力资源愿景及战略

企业战略目标明晰之后，结合现有人力资源盘点的结果，制定基于企业整体战略的人力资源管理战略，明确人力资源愿景和使命，确定企业要实现的现阶段战略、使命及愿景，需要什么样的人力资源战略予以支撑，并作为下一阶段行动计划的基点。

3. 构建人力资源管理体制

人力资源战略的实施需要人力资源管理体制的支撑。人力资源管理体制主要包括：企业人力资源、管理制度、企业特殊专项问题。

4. 制定人力资源管理核心策略

根据人力资源战略与管理体制，确定人力资源管理的核心策略。战略性人力资源管理活动的核心策略包括：职位管理、招聘配置、绩效管理、薪酬管理、培训开发、职业发展。

5. 规划人力资源数量、结构与质量

根据人力资源核心策略，对人力资源数量、质量、结构、能力进行规划，从人力资源需求和供给两个方面进行规划。

（1）人力资源需求规划。人力资源需求规划主要是根据企业的发展战略规划和内外部条件选择预测技术，然后对人力需求的结构和数量、质量和能力进行预测。

（2）人力资源供给规划。人力资源供给分为两个方面：一方面是内部供给预测，即根据组织内部人员状态，确定组织未来所能提供的人员数量和质量；另一方面是对外部人力资源供给进行预测，确定未来可能的各类人员供给状况。

6. 制订重点工程与行动计划

根据以上这些认知和规划，企业需要建立具体的行动计划，将人力资源规划活动落到实处，并针对特殊问题，建立重点解决方案。例如，需要制订人力资源晋升、补充、培训开发、配备、职业发展等重点工程与行动计划。

7. 建立实施保障计划

保障计划主要是对人力资源规划的实施过程进行监控。当人力资源过剩时，可采取辞退、不再续签劳动合同、劳务输出、提前退休、缩减工作时间等方式。当人力资源短缺时，可以采取加班、补充、培训、晋升、工作再设计、借调等方式。

（二）人力资源规划的执行层次

人力资源战略规划的执行主要涉及三个层次：企业层次、跨部门层次及部门层次。

1. 企业层次

企业层次上的人力资源战略规划需要"一把手"的亲自参与，企业高层组成的领导班子，尤其是企业经营战略对人力资源战略规划的影响，人力资源战略规划对人力资源管理各个体系的影响及其指导方针、政策，必须由企业高层决策。

2. 跨部门层次

跨部门层次的人力资源战略规划需要企业副总裁级别的管理者执行，即对各个部门人力资源战略规划的执行情况进行协调和监督，并对人力资源战略规划的实施效果进行评估。整个过程体现"整体规划、分步实施、效益驱动"等特点。

3. 部门层次

人力资源部门的员工既要做人力资源战略规划的专家、人力资源战略规划的制订者，又要做人力资源战略规划的推销员和指导员，指导其他部门的人力资源战略规划工作顺利进行。

部门经理应该主动与人力资源部门沟通，共同实现人力资源战略规划的目标，而不是仅仅在需要招聘或辞退员工时，才想到人力资源部门。在做人力资源管理战略规划时，要讲求"三分技术、七分管理、十分数据"。因为人力资源管理政策涉及员工切身利益，在管理过程中要体现出对员工"有理、有利、有节",提高员工的积极性、创造性和满意度。

(三)人力资源战略规划的执行原则

1. 战略导向原则

依据战略目标制订人力资源战略规划及具体的人力资源计划,避免人力资源战略规划与企业战略脱节。

2. 螺旋上升原则

人力资源战略规划并非一劳永逸,企业每年都要制订新的人力资源规划,即各类人员计划都会随着内外环境的变化、战略的转变而改变,但同时它们又是在过去的基础上制订的,且会一年比一年准确、有效。

3. 制度落实原则

这一方面是指将人力资源战略规划制度化,另一方面是指制定、调整有关人力资源管理制度的方向、原则,从机制的角度理顺人力资源各个系统的关系,从而保证人力资源管理的顺利进行。

4. 人才梯队原则

在人力资源战略规划实施的过程中建立人才梯队,从而保障工作人员的层层供给。

5. 关键人才优先规划原则

人力资源战略规划是建立在整个人力资源管理系统的平台之上的,如果人力资源管理的其他系统已经日益完善,而人力资源战略规划系统继续滞后于其他人力资源管理体系,那么人力资源战略规划将成为企业管理的"短板"。

(四)人力资源战略规划的系统推进

1. 与招聘录用的关联性

企业的人员招聘录用工作必须在人力资源战略规划的指导下,制订有目标导向与预见性的人员补充计划,根据战略的要求及劳动力市场的涨落适时吸纳、储备人才,降低用人成本及招募成本,形成合理的人才梯队。

2. 与绩效评估的关联性

完善的绩效评估应该提供企业和员工平衡发展的信息:一方面,评价员工是否完成了设定的绩效任务,是否帮助企业实现了绩效目标;另一方面,评估员工在履行工作任务的过程中自身能力是否得到了提高,能力是否存在缺陷及如何弥补。

3. 与薪酬管理的关联性

薪酬的给付必须既要考虑劳动力市场的竞争情况、企业的支付能力,又要体现企业战略要求,实现与其他人力资源模块的联动。

4. 与培训开发的关联性

人力资源战略规划为人员的培训与开发提供了目标与方向,使组织的需要与员工个人的需要能够有效地结合,提高培训开发的针对性和有效性。

第三节 人力资源规划过程

一、人力资源规划

(一)人力资源规划的概念

人力资源规划是在企业发展战略与经营规划的指导下平衡人员的供需,以满足企业在不同发展时期对人员质量和数量的需求,为企业的发展提供人力资源保障。也就是说,人力资源规划师对企业在某个时期内的人力资源供给和需求进行预测,并根据预测结果采取相应的措施来平衡人力资源的供需。

(二)人力资源规划的基本要点

1. 在企业发展战略和经营规划的指导下进行人力资源规划

人力资源管理作为企业经营管理的子系统是服务于企业整体战略的,因此人力资源规划必须以企业的整体战略为基础。

2. 人力资源规划包括两项紧密相连的活动

一是对人力资源的供给与需求进行预测;二是根据预测的结果采取措施,进行供需平衡。预测是基础,离开了预测将无法进行人力资源的平衡;平衡是目的,如果不采取措施进行供需平衡,预测将毫无意义。

3. 人力资源预测的主要内容

人力资源预测的主要内容包括数量、质量和结构三个方面。

在数量方面，主要是分析现有的人力资源数量是否与组织所需要的数量相一致。在质量方面，主要是分析现有人员的受教育程度及所受培训的情况，以及拥有的相关技能等，尤其是在知识和能力方面是否与企业的需求相一致。在结构方面，主要是工作类型、员工构成等方面是否与企业需求相一致。总之，供给和需求不仅要在数量上平衡，而且也要在结构上匹配。

二、人力资源规划内容

所有有效的人力资源规划都拥有一些共同的特征，包括4个方面的内容：环境分析、人力资源需求预测、人力资源供给预测和平衡人力资源供求的措施。

（一）环境分析

人力资源规划的第一个阶段是搞清楚人力资源管理和战略规划到底在什么样的环境下制订。战略规划必须要同环境相适应，而人力资源管理则是组织在环境适应过程中能够利用的卓有成效的工具之一。比如说，环境中快速变化的技术迫使组织雇用以前并不拥有组织所需要的技能的员工。如果缺乏一套有效的人力资源规划来支持组织的员工雇用和筛选，组织就难以保持有竞争力的地位。但是伴随着环境的快速变化，一系列前所未有的问题也接踵而至，组织的信息捕捉能力，将在更大程度上决定组织的成功。事实上，信息捕捉能力已经成为现代管理最为关键的战略技能。公司中高层决策者的信息捕捉能力中有五项比较突出：①能提前意识到环境的变化；②能有效地预测环境的变化趋势；③可以预测变化带来的影响；④和顾客沟通；⑤保持客观的态度。

（二）人力资源需求预测

一套有效的人力资源规划，第二步就是估计组织需要多少名员工，需要什么样的员工。员工需求预测能够为这种估计提供参考。尽管在预测的过程中能够运用很多工具，但它也包括很多主观判断。另外，一些成功的人力资源规划者可能对自己的灵感情有独钟。

很明显，员工需求和组织战略是紧密联系的。我们是否处于高速增长中，或者我们是否已经开始进行流程再造从而在来年缩减目前的员工数量？当然，试图准确预测需要多少员工，以及需要什么样的员工是一件十分困难的工作，尤其对于那些处于快速变化环境中的组织而言，如目前的IT行业。但是，有一些技术工具可以用来减少这种困难。在后面的章节中，我们将介绍5种相关的技术工具，包括专家预测法、趋势估计法、统计建模技术、多元回归预测法及单位需求预测法等。正如我们即将看到的，其中有些技术工具运用了"从上到下"的分析思路，而另外一些则是相反的"从下到上"。在各种情况下的现代企业管理实践中，理解人力资源部门同直线管理部门之间的合作对于人力资源规划工作至关重要。

1. 专家预测法

这种方法运用的数学知识最少，是一个或一组专家依靠经验、猜测、灵感，或者根据现有的经济和员工数据指标得出的主观评估，为组织提供预测。

由于单靠某一个人的能力，可能难以得出正确的预测结果，因此目前普遍采用的是德尔菲技术（Delphi technique），也称专家调查法，该方法是由企业组成一个专门的预测机构，其中包括若干专家和企业预测组织者，按照规定的程序，匿名征询专家对未来市场的意见或判断，然后进行预测的方法。在专家预测过程中，实际上是利用函询形式进行的集体匿名思想交流过程，也就是每一个人的预测结果都可以得到其他参与人的纠正或者补充。

除了德尔菲技术，另一个群体预测法名为名义群体技术（nominal group technique，NGT）。在这种方法中，个体的预测结果将在群体头脑风暴的过程中得到升华，以转变为群体的预测结果，而这个群体的预测结果将比任何个体的预测结果都要准确和全面。名义群体技术能够在因环境比较复杂从而个体无法驾驭的情况下起到很好的作用，而且能够给群体中的个体公平发言的机会，从而避免了由个人倾向主导群体意见的情况。

2. 趋势估计法

第二种由上而下的预测技术主要依靠影响雇用的因素同员工雇用数之间关系的历史数据。比如说，在许多企业中，销售水平是同雇用需求相联系的。规划者可以列出一张表格或者画出一条曲线来描绘销售额同雇用数之间的关系。表 2-3 是对一个羽毛球运动用品公司运用趋势估计法的例子。我们注意到随着羽毛球销售额的增长，公司的员工数也在增长，但是它们之间的关系不是线性的。在该例子里，我们还假设，从随后的 2019 年开始公司建立一个生产计划，使得员工的生产率每年有 3%的提高，所以我们还列出了经过调整后的 2023~2024 年的员工需求量，如表 2-3 所示。

表 2-3 趋势估计法举例：羽毛球运动用品公司

年度	销售额/元	员工数/人	调整后员工数（3%效率增长）/人
2019	100 000 000	5 000	5 000
2020	120 000 000	6 000	5 825
2021	140 000 000	7 000	6 598
2022	160 000 000	8 000	7 321
预测年度	预测销售额/元	预测员工数/人	预测调整后员工数（3%效率增长）/人
2023	180 000 000	9 000	7 996
2024	200 000 000	10 000	8 626

3. 统计建模技术

第三种由上而下的预测方法是统计建模技术，该方法运用了较复杂的数学建模技巧。

趋势估计法关注单个因素（比如说销售额）同雇用需求之间的关系，而统计建模技术则将多种因素纳入分析视角，比如说销售额、国内生产总值、可支配收入等，或者运用模拟工具将组织活动进行模型化，如在运筹学中经常运用的马尔可夫链分析等。

马尔可夫链分析通过建立一个矩阵，来表达员工从一个岗位转移到另外一个岗位，或者从一个组织转移到另外一个组织的概率。在运筹学的文献中，有关如何将马尔可夫链分析运用于人力资源管理的论述不在少数。

马尔可夫链分析是以研究不同时期雇用人数的规模为开端的。假设有护士在南京鼓楼区的三家医院Ⅰ、Ⅱ和Ⅲ之间跳槽。也就是说，某个护士离开其中一家医院，会到南京鼓楼区另外两家医院中的一家就业。医院Ⅰ有一个人力资源经理，对三家医院间的跳槽现象比较感兴趣。表2-4显示的就是2019~2020年护士流动情况。

表2-4　2019~2020年护士流动情况　　　　　　　（单位：人）

医院	2019年护士数	招募	离职	2020年护士数
Ⅰ	200	60	40	220
Ⅱ	500	40	50	490
Ⅲ	300	30	45	285

表2-4中的数据显示，医院Ⅰ的人力资源经理可以计算出三家医院的人员变动概率，也就是说，某家医院留住护士的概率可以被计算出来。表2-5显示了2019年各家医院留住护士的概率。

表2-5　2019年留住护士概率表

医院	2019年	离职/人	保留/人	保留概率
Ⅰ	200	40	160	0.80
Ⅱ	500	50	450	0.90
Ⅲ	300	45	255	0.85

表2-5中的数据显示，医院Ⅰ有0.80的概率来留住它的护士，而医院Ⅱ和医院Ⅲ分别有0.90和0.85的概率来留住它们的护士。也就是说，医院Ⅱ和医院Ⅲ拥有较高的概率。因此，医院Ⅰ的人力资源经理就有必要来思考这样一个问题：为什么他的医院更留不住人呢？是否由于某项人力资源政策的缘故？马尔可夫链分析可以帮助人力资源部门发现留住人才概率的高低，但是它没有提供任何建议来帮助解决留不住人这个问题。

回归分析是在自变量的基础上来研究因变量的数学工具。当只有一个自变量和一个因变量的时候，这种分析叫作一元线性回归分析。当存在多个自变量的时候，那么就叫多元回归分析。

我们在运用多元回归分析的时候，需要强调依靠两个或者两个以上的因素来预测。随着计算机运算速度的提高和存储量的增大，我们可以利用更多的自变量来进行研究。因此，人力资源部门能够非常迅速而便捷地利用一些统计软件（如SPSS或者SAS），来探究多个自变量和最终的因变量之间的关系。

4. 多元回归预测法

多元回归预测法是一种从事物变化的因果关系来进行预测的方法，它不再把时间或产量单个因素作为自变量，而将多个影响因素作为自变量。它运用事物之间的各种因果关系，根据多个自变量的变化来推测与之有关的因变量变化。组织中人力资源需求的变化总是与某个或某几个因素关联的，所以，我们找出和确定人力资源需求随各因素的变化趋势，就可推测出将来的数值。

这个方法有以下五个步骤。

第一步：确定适当的与人力资源需求量有关的组织因素。组织因素应与组织的基本特征直接相关，而且它的变化必须与所需的人力资源需求量变化成比例。

第二步：找出历史上组织因素与员工数量之间的关系。例如，医院中病人与护士数量的比例关系、学校中学生与教师数量的比例关系等。

第三步：计算劳动生产率。例如，表2-6为某医院2016~2022年每三名护士日平均护理病人的数量比例。这样，每年病人数的总数乘同一年的劳动生产率即可得到护士的总数。

表2-6 某医院2016~2022年每三名护士日平均护理病人的数量比例

年份	组织因素	劳动生产率	人员需求
	病人数/人	护士数/病人数	护士人数/人
2016	3000	3/15	600
2018	2880	3/12	720
2020	2800	3/10	840
2022	1920	3/6	960

第四步：确立劳动生产率的变化趋势及对趋势的调整。要确定过去一段时间中劳动生产率的变化趋势，必须收集该时期的产量和劳动力数量的数据，依此算出平均每年生产率和组织因素的变化，这样就可预测下一年的变化。

第五步：预测未来某一年的人员需求量。表2-7列出了2018年至2028年实际和预测的组织因素水平（病人数/人）及劳动生产率。其中，2024年到2028年的病人数可以运用趋势估计法预测，劳动生产率是经过对历史数据分析调整后的数值，这两个变量一旦确定，便可以计算出对护士的需求量。

表2-7 趋势估计法：护士需求量预测

年份	组织因素	劳动生产率	人员需求
	病人数/人	护士数/病人数	护士人数/人
2018	2880	3/12	720 （实际）
2020	2800	3/10	840 （实际）
2022	1920	3/6	960 （实际）
2024	1400	3/4	1050 （预测）
2026	1520	3/4	1140 （预测）
2028	1660	3/4	1245 （预测）

很显然，多元回归预测法由于不只以时间作为预测变量，还能够考虑组织内外多个因素对人力资源需求的影响，预测的结果要比趋势估计法准确，但是这种方法比较复杂。

5. 单位需求预测法

单位（可以是部门、项目团队，也可以是其他雇员团体）需求预测法是一种"由下而上"的预测方法。总部将各个单位的人员需求预测进行汇总，得出的结果就是总的人力资源需求。每个单位的人力资源主管对当期和未来的人力资源需求单独进行分析，主要侧重于被雇用者的质量。

在大型组织中，总部一般负责整体的雇用预测，人力资源经理会同一线管理人员合作来改进预测结果。如果是由各个单位自己来提供雇用估计，那么人力资源经理将汇总他们的估计来达到当期的预测结果。

如果同时运用"由上而下"和"由下而上"的预测工具时，预测结果产生冲突怎么办呢？在一般情况下，人力资源部门将根据不同结果之间的差距大小，来协调二者的矛盾，比如说对它们进行平均。此时可以应用德尔菲技术，也可以应用名义群体技术解决不同专家之间的观点差异，我们在前面提到的一些方法都可以综合起来运用从而达到最佳的结果。

很明显，人力资源规划需要组织内很多人的合作。战略规划必须同基层的管理者和人力资源部门的管理者进行沟通，这样才能在充分的人力资源信息条件下提供高水平的管理。

（三）人力资源供给预测

当企业预测了人力资源需求后，就要调查这些需求有无供给，以及在何时、何地要获得供给，在进行人力资源供给预测时，管理者必须考虑企业内部的人员供给和外在劳动力市场供给两项因素。一般来说，管理者会先分析已有的劳动力供给，倘若企业内部未能有足够的人员供给，就需分析外在劳动力市场。有时，管理者也会因为希望改变企业文化或需要引进某些专业人才而决定向外招聘。

人力资源供给预测分为外部人力资源供给预测和内部人力资源供给预测。

1. 外部人力资源供给预测

招聘和录用新员工对企业是必不可少的，无论是由于生产规模扩大、劳动力的自然减员，还是管理者因为希望改变企业文化，或需要引进某些专业人才，都必须在外部劳动力市场招聘，因而企业须进行外部人力资源的供给预测。

分析外部劳动力市场，主要了解企业外部人力资源状况所提供的机会和造成的威胁。对于外部人力资源供给预测，以下几个因素需要予以考虑。

（1）本地区内人口总量与人力资源率。它们决定了该地区可提供的人力资源总量。当地人口数量越大，人力资源率越高，人力资源供给就越充裕。

（2）本地区人力资源的总体构成。它决定了在年龄、性别、教育、技能、经验等层次与类别上可提供的人力资源的数量与质量。

（3）本地区的经济发展水平。它决定了对外地劳动力的吸引能力。当地经济水平越发达，对外地劳动力的吸引力就越大，当地的劳动力供给也就越充分。

（4）本地区的教育水平。特别是政府与机构对培训和再教育的投入，它直接影响人力资源供给的质量。

（5）本地区同一行业劳动力的平均价格、与外地相比较的相对价格、当地的物价指数等都会影响劳动力的供给。

（6）本地区劳动力的择业心态与模式、本地区劳动力的工作价值观等也会影响人力资源的供给。

（7）本地区的地理位置对外地人口的吸引力。一般说来，沿海地带对非本地劳动力的吸引力较大。

（8）本地区外来劳动力的数量与质量对劳动力的供给同样有很大影响。

（9）本地区同行业对劳动力的需求会影响本地区对本企业人力资源的需求。

（10）另外还有许多其他因素对本地人力资源供给有影响。例如，全国人力资源的增长趋势、全国对各类人员的需求与供给（包括失业状况）、国家教育状况、国家劳动法规政策等。

2. 内部人力资源供给预测

分析企业内部人力资源供给，主要是了解企业内部现有人力资源的优势和劣势、存在的主要问题，预测未来的状况。内部分析可以从企业的人员编制表开始，这些图表提供了企业现有的不同职位、任职者、人员构成、富余人员和岗位空缺，以及未来可能出现的人员短缺等信息。此外，员工技能统计表是通过对企业现有员工的技能审核辑录而成的，亦能提供重要的员工资料，一般包括的资料有：①员工任职岗位；②年龄；③经验（岗龄）；④工作经历；⑤技能；⑥学历；⑦职责；⑧评估结果；⑨兴趣和爱好；⑩持有牌照和证书；⑪潜能；⑫强项和弱项；⑬参加培训、研讨和进修记录；⑭职业设计和工作意愿；⑮工作地域意愿；⑯下属；⑰工作项目和特派职务。

3. 人力资源供给预测方法

人力资源供给预测方法中常用的有人员替代法和马尔可夫分析法。

1）人员替代法

人员替代法是通过一张人员替代图来预测组织内的人力资源供给的，如图2-2所示。人员替代法将每个工作职位均视为潜在的工作空缺，而该职位下的每个人均是潜在的供给者。人员替代法以员工的绩效作为预测的依据，当某位员工的绩效过低时，组织将采取辞退或调离的方法；而当员工的绩效很高时，他将被提升，替代他上级的工作。这两种情况均会产生职位空缺，其工作则由其下属替代。通过人员替代图我们可以清楚地看到组织内人力资源的供给与需求情况，这为人力资源规划提供了依据。

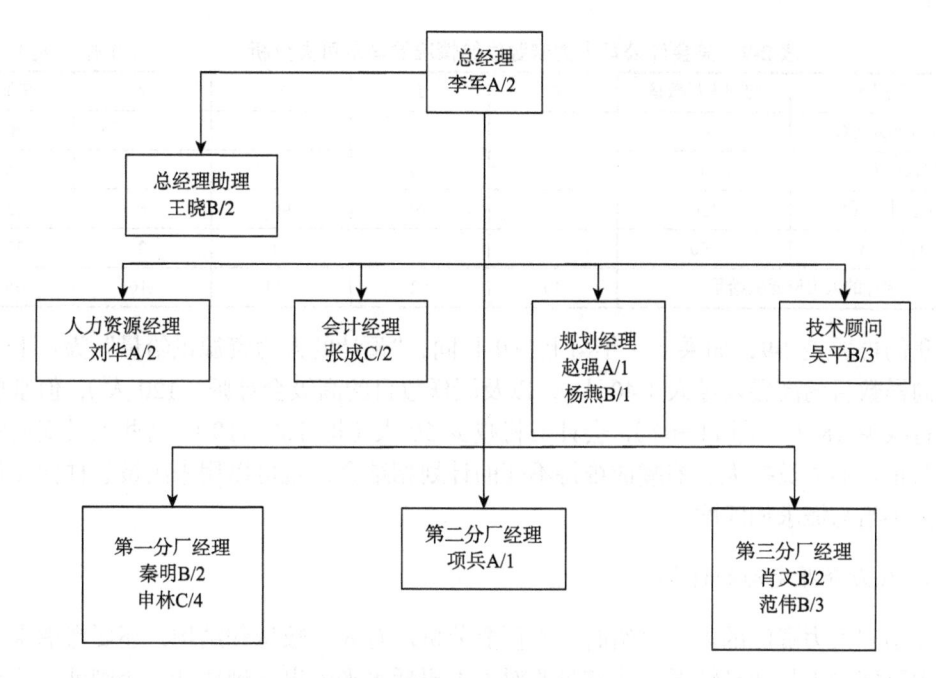

```
                    ┌─────────────┐
                    │  总经理      │
                    │  李军A/2     │
                    └──────┬──────┘
           ┌───────────────┤
    ┌──────┴──────┐        │
    │ 总经理助理   │        │
    │ 王晓B/2     │        │
    └─────────────┘        │
        ┌────────┬─────────┼─────────┬──────────┐
┌───────┴───┐ ┌──┴────┐ ┌──┴────┐ ┌──┴──────┐
│人力资源经理│ │会计经理│ │规划经理│ │技术顾问  │
│刘华A/2    │ │张成C/2│ │赵强A/1│ │吴平B/3  │
└───────────┘ └───────┘ │杨燕B/1│ └─────────┘
                        └───────┘
        ┌────────────┬─────────────┐
┌───────┴────┐ ┌─────┴─────┐ ┌─────┴─────┐
│第一分厂经理 │ │第二分厂经理│ │第三分厂经理│
│秦明B/2     │ │项兵A/1    │ │肖文B/2    │
│申林C/4     │ │           │ │范伟B/3    │
└────────────┘ └───────────┘ └───────────┘
```

图 2-2　人员替代图

框内名字代表可能接替职位的人员；A 表示可以晋升，B 表示需要训练，C 表示不适合该职位；
1 表示优秀，2 表示良好，3 表示一般，4 表示欠佳

2）马尔可夫分析法

马尔可夫分析法是一种统计方法，该方法的基本思想是：找出过去人事变动的规律，以此来推测未来的人事变动趋势。下面我们以一个会计公司人事变动作为例子来加以说明（表 2-8）。分析的第一步是制作一个人员变动矩阵表，表中的每一个元素表示从一个时期到另一个时期（如从某一年到下一年）在两个工作之间调动的雇员数量的历年平均占比（以小数表示）。一般以 3~5 年为周期来估计年平均占比。

表 2-8　某会计公司人事变动的马尔可夫分析

职位层次	人员调动概率				
	G	J	S	Y	离职
高层领导人（G）	0.80				0.20
基层领导人（J）	0.10	0.70			0.20
高级会计师（S）		0.05	0.80	0.05	0.10
会计员（Y）			0.15	0.65	0.20

例如，表 2-8 表明，平均每年有 80% 的高层领导人留在原工作岗位，有 20% 离职。平均每年有 65% 的会计员留在原工作岗位，有 15% 被提升为高级会计师，同时有 20% 离职。用这些历年数据来代表每一种工作中人员变动的概率，就可以推测出未来的人员变动（供给量）情况。将计划初期每一种工作的人员数量与每一种工作的人员变动概率相乘，然后纵向相加，即可得到表 2-9 中预计的人力资源供给量。

表 2-9 某会计公司人力资源供给情况的马尔可夫分析　　　　　　　　（单位：人）

职位层次	初期人员数量	G	J	S	Y	离职
高层领导人（G）	40	32				8
基层领导人（J）	80	8	56			16
高级会计师（S）	120		6	96	6	12
会计员（Y）	160			24	104	32
预计的人力资源供给量		40	62	120	110	68

我们再看表 2-9，如果下一年与上一年相同，"预计的人力资源供给量"为：下一年将有同样数目的高层领导人（40 人），以及同样数目的高级会计师（120 人），但基层领导人将减少 18 人（即 80-62），会计员将减少 50 人（即 160-110）。这些人员变动的数据，与正常的人员扩大、缩减或维持不变的计划相结合，就可以用来决策怎样使预计的劳动力供给与需求相匹配。

4. 人力资源变动的计算

在预测人力资源的内部供给时，不仅要分析现有人员数量和结构，还要考虑未来规划期内可能的人员变动情况，尤其是要对人力损耗水平做出合理估计，否则就无法获得科学的预测结果。

这里的人力损耗是指人力资源的有形损耗，即企业内部的员工因为退休、离职、自然死亡、工伤等原因离开企业的现象。事实上，人力损耗对于企业来说是无法避免的，所以在进行人力资源的供给分析时，必须要考虑这一因素。此外，过高的人力损耗指标往往意味着企业在某些方面存在不足，因此对导致人力损耗的原因进行分析将有助于企业改善管理、留住人才。判断未来一段时间的人力损耗水平可以借助以下方法和工具。

1）离职率。离职分为主动离职和被动离职。主动离职是指员工出于自身的意愿主动离开公司的行为，主要指员工的辞职或"跳槽"行为。被动离职是指企业对员工的解雇行为。离职是导致人力损耗的主要原因，也是在分析人力损耗时应重点考察的部分。离职率是衡量离职的主要指标。目前存在多种计算离职率的方法，这里主要介绍两种。

第一，传统方法。在通常情况下，离职率为某一单位时间的离职人数除以该单位时间内员工的平均人数，即

离职率=（在某一期间离职的人数/在该期间的平均员工数）×100%

然而，采用这样的计算方法，有时候就可能出现离职率超过 100%的情况。例如，我们假设某单位期初员工人数为 50 人，该期间新进员工 3 人，但到期末员工一下子离职 35 人，则

期末员工人数=50+3-35=18（人）

该期间平均员工人数=（50+18）/2=34（人）

离职率=35/34=103%

因此，这种计算方法在企业员工变动较大、较突然的情况下并不适用。

第二，更新方法。为避免上述情况，可将分母定义为该期间的累计在册人数，即

离职率=（在某一期间离职的人数/在该期间累计在册人数）×100%

沿用刚才的例子，可计算得

$$该期间累计在册人数=50+3=53（人）$$
$$离职率=35/53=66\%$$

可见，这样计算的离职率更为科学。

不论采用何种计算方法，一般而言，离职率越大，则表明企业的人力损耗越严重，留住人才的能力越低，企业的人力成本也必将越高。所以，在估计未来人力资源的供应时，必须考虑离职率。

2）人力稳定指数

人力稳定指数=（现时服务满一年或以上的人数/一年前雇用的总人数）×100%

这个指数没有考虑人力的流动，只计算了任职一段时间的人数比例，反映了企业留住人才的能力。

3）留任率

$$留任率=（一定期间后仍在职人员/原在职人员）×100\%$$

这项指标可为未来企业内部人力供给的预测提供参考。例如，以横轴表示时间（或服务期间），纵轴表示留任比率，可得留任曲线。留任曲线可显示过去一段时间内人力留任的趋势。若企业员工流动大，即表示企业人事不安，凝聚力低。若流动率过小，则不足以产生新陈代谢的作用，于企业的发展也不利。

5. 人力资源的合理利用

除了分析企业内部人力资源供给的情况，还需要就现有人力资源能否充分利用加以分析；主要通过员工年龄分布、缺勤、员工的职业发展和裁员等内容来分析。

（1）员工年龄分布。企业内员工的年龄分布情况对于员工的工资、升迁、士气及退休福利等的影响极大。举例来说，一个已踏入成熟或持续收缩阶段的企业，一般员工的年龄分布偏高，年老员工占较大比例，由于工资与年资工龄有关，工龄越长，工资越高，此外还会影响到其他员工的升迁机会、进取态度及工作士气。

（2）缺勤。缺勤通常包括假期、病假、事假、怠工、迟到、早退、工作意外、离职等。缺勤会给企业带来诸多负面影响，如士气低落、生产率低、工作表现差、服务水准差等。如果缺勤情况严重，则应对缺勤因素加以分析并解决，使现有人力资源得以充分发挥作用，不致浪费。此外，若管理者能加强对缺勤指标的统计和分析，将有助于估计未来的缺勤程度，从而使人力资源的供给估计更切合实际。

（3）员工的职业发展。指导员工规划好个人的前程，为他们提供充分发挥其潜能的机会，是挽留人才的有效方法之一，也是人力资源规划中重要的一环。使员工了解到他们可以获得某些职位或晋升的机会，会使他们对前途充满合理的期望。

（4）裁员。当企业内部需求减少或供过于求时，便出现人力过剩，那么，在法律许可的范围内，裁员就有可能成为一项无法避免的措施。裁员对企业是一种浪费，因为损耗已培养过的人才无论是对企业现有员工还是对被解雇的员工都是很大的打击。一项好的人力资源规划必然没有员工过剩的现象出现，即使需要裁员也可以通过其他方法（如退休、辞职等）来平稳人力供求。此外，还有其他方法可以采用，如给予补偿金、鼓励年老员工提前退休、提供年轻员工接受训练的机会以转迁到其他工作单位等。

（四）平衡人力资源供求的措施

如图 2-3 所示，在进行人力资源战略分析的基础上，对未来员工的供给和需求做了预测，接着分析人力资源的各种变动因素，最后就该考虑如何决策行动了。只要供给和需求之间存在差异，组织就应该采取措施来减少这种差异。

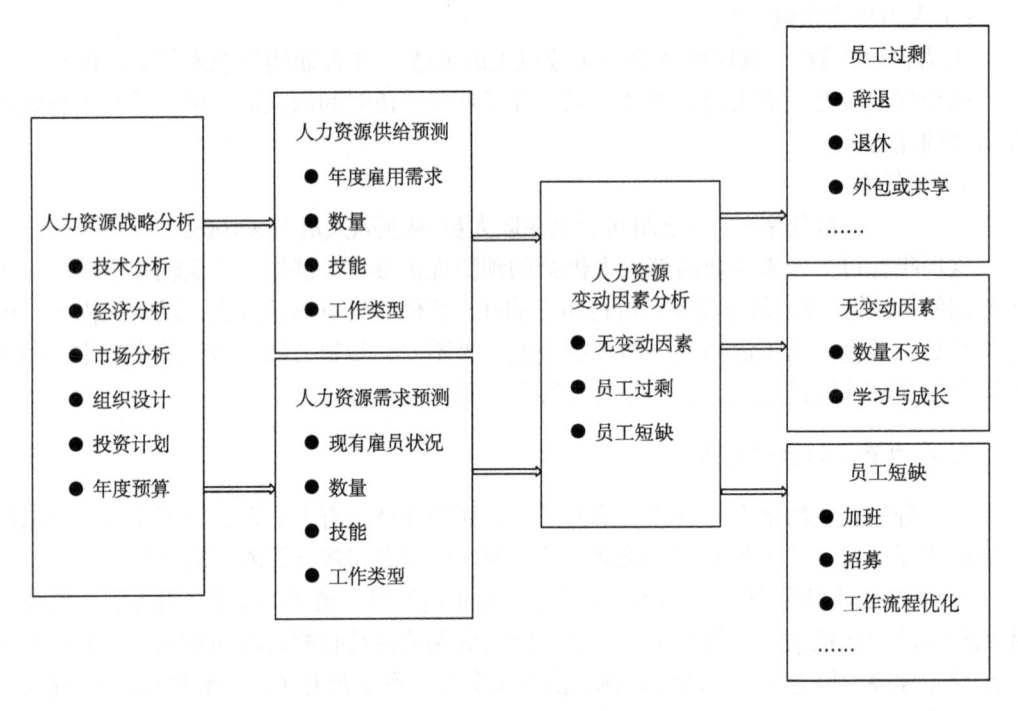

图 2-3 人力资源供需平衡的措施

1. 应对人力资源短缺的措施

当人力资源部门在对员工的供给和需求做了分析之后，如果发现供给是小于需求的，那么对于组织而言就存在若干种可能性。如果这种短缺不严重，而且现有员工愿意加班加点，那么现有的员工供给完全是足够的。如果短缺的是那些特殊技术的员工，那么就可能会对现有的员工进行培训，或者招聘一些新的员工、返聘一些以前的员工等。企业发生人力资源短缺时，要根据具体情况选择不同方案以应对短缺现象。

（1）将符合条件，而又处于相对富余状态的人调往空缺职位。

（2）如果高技术人员出现短缺，应拟订培训和晋升计划，在企业内部无法满足要求时，应拟订外部招聘计划。

（3）如果短缺现象不严重，且本企业的员工又愿延长工作时间，则可以根据《中华人民共和国劳动法》等有关法规，制订延长工时适当增加报酬的计划，这只是一种短期应急措施。

（4）提高企业资本技术有机构成，提高工人的劳动生产率，形成机器替代人力资源的格局。

（5）制订聘用非全日制临时用工计划，如返聘已退休者或聘用小时工等。

（6）制订聘用全日制临时用工计划。

以上这些措施，虽是解决组织人力资源短缺的有效途径，但最为有效的方法是通过科学的激励手段，如培训提高员工生产业务技能、改进工艺设计等方式，来调动员工积极性，提高劳动生产率，减少对人力资源的需求。

2. 应对人力资源过剩的措施

当对员工的供给和需求进行比较之后，我们发现存在员工过剩的现象，那么可以采取的措施包括裁员、提早退休、降职及终止合同等。应对员工过剩的措施让管理者于心不忍，因为过剩现象往往不是那些被认为"过剩"的员工造成的。原材料短缺或者产品市场销路不好等都会让组织拥有过多的员工。人力资源过剩是我国现在企业面临的主要问题，是我国现有企业人力资源规划的难点问题。解决这个问题的常用方法有以下几种。

（1）永久性辞退某些劳动态度差、技术水平低、劳动纪律观念差的员工。

（2）合并和关闭某些臃肿的机构。

（3）鼓励提前退休或内退，对一些接近但还未达退休年龄者，应制定一些优惠措施，如提前退休者仍按正常退休年龄计算养老保险工龄，有条件的企业，还可一次性发放部分奖金（或补助），鼓励提前退休。

（4）提高员工整体素质，如制订全员轮训计划，使员工始终有一部分在接受培训，为企业扩大再生产准备人力资本。

（5）加强培训工作，使企业员工掌握多种技能，增强他们的竞争力。鼓励部分员工自谋职业，同时，可拨出部分资金，开办第三产业。

（6）减少员工的工作时间，随之降低工资水平，这是西方企业在经济萧条时经常采用的一种解决企业临时性人力资源过剩的有效方式。

（7）采用由多个员工分担以前只需一个或少数几个人就可完成的工作和任务，企业按工作任务完成量来计发工资的办法。这与上一种方法在实质上是一样，都是减少员工工作时间，降低工资水平。

在制定人力资源供求政策措施的过程中应具体情况具体分析，制订出相应的人力资源部门或业务规划，使各部门人力资源在数量、质量、结构、层次等方面达到协调平衡。

第四节　人力资源规划的编制

人力资源规划是一种战略规划，着眼于为未来的企业生产经营活动预先进行人力储备，持续和系统地分析企业在不断变化的条件下对人力资源的需求，并开发制定出与企业组织长期效益相适应的人事政策。它是企业整体规划和财政预算的有机组成部分，因为对人力资源的投入和预测与企业长期规划之间的影响是相互的。

一、人力资源规划的内容

按照不同的标准，人力资源规划可以分成不同类别。

按照人力资源规划的期限划分，可以分为长期规划、中期规划和短期规划。长期规划编制的时间一般在5年以上，主要是确立组织的人力资源的战略；中期规划的期限一般是1年以上、5年以内，主要是根据战略规划来制订人力资源的战术规划；短期规划的期限较短，一般是在1年以内，主要是制订作业性的行动方案。需要指出的是，规划期限的长短不是绝对的，可能会因组织自身的发展需要和所属行业领域特点的不同而有所不同。

按照规划所包含的人力资源活动职能的不同，人力资源规划可分为两个层次：总体规划和业务规划。下面重点阐述按照这一标准划分的内容。

（一）人力资源总体规划

人力资源总体规划是关于组织在一定规划期限内人力资源开发和利用的战略目标、政策措施及费用预算的总称，它侧重于人力资源总的、概括性的谋略和有关重要方针、政策和原则。总体规划的主要内容包括以下任务。

1. 阐明组织人力资源配置的总体框架

要阐明组织在战略规划内对各种人力资源配置的总体框架，必须对组织人力资源的需求与供给进行预测并制订出相应的规划。

（1）需求规划。需求规划是使用预测的方法，来预测人员的净需求，在此基础上，编制人员需求规划。人员需求规划应该阐明需求的职务名称、人员数量、希望到岗的时间等。在人力资源规划中，最重要也是最困难的工作就是预测组织人力资源的净需求，因为它要求以富有创造性、高度参与的方法来处理未来经营和技术上的不确定性问题。

（2）供给规划。供给规划是人员需求的对策性计划，它是在人力资源需求预测和供给预测的基础上，平衡组织人员需求与人员供给，选择人员供给的方式，如外部招聘、内部晋升等。人员供给规划主要包括招聘规划、人员晋升规划和人员内部调整规划等。

2. 阐明与人力资源管理方面有关的重要方针、政策和原则

要确保人力资源管理工作能够主动地适应组织的发展需要，必须编制人力资源政策的调整计划，使人力资源管理工作能够与组织的发展相协调。人力资源政策必须明确计划期限内组织人力资源政策的方向、范围步骤及方式等，其中包括招聘政策、员工培训

政策、绩效考评政策、薪酬福利政策等。

（二）人力资源业务规划

人力资源业务规划是总体规划的派生计划，是人力资源总体规划的具体实施和人力资源管理具体业务的部署，它往往有其特定的目标和任务，并与专门的人力资源政策措施有关，是组织各项人力资源管理活动的依据。

1. 人员配置规划

人员配置规划的编制要根据组织的发展规划，结合组织人力资源盘点报告来进行。人员配置规划阐述了组织每个职务的人员数量、人员职务的变动、职务空缺数量的补充办法，目的是描述组织未来的人员数量和素质构成，因此，人员配置规划的制订要结合职务分析报告进行。职务分析报告阐述了组织的结构、职务设置、职务描述和职务资格等内容，目的是描述组织未来的人力资源发展需要、规模和模式。

2. 人员使用规划

人员使用规划就是对人员的安置和调配规划。人员使用规划的目标包括明确部门编制、优化员工结构、改善绩效，以及确定岗位轮换幅度等。人员使用规划的政策包括确定任职条件、岗位轮换的范围和时间等，人员使用规划的预算是按使用规模、类别及人员状况决定的薪资预算。

1）人员补充规划

人员补充规划的目的是合理填补组织中、长期内可能产生的职位空缺。补充规划与晋升规划是密切相关的。由于晋升规划的影响，组织内的职位空缺逐级向下移动，最终积累在较低层次的人员需求上，这也说明，低层次人员的吸收录用，必须考虑若干年后的使用问题。人员补充规划的目标涉及人员的类型、数量、对人力资源结构及绩效的改善等。人员补充规划的政策包括人员的标准、人员的来源、人员的起点待遇等。人员补充规划的步骤包括从制定补充人员标准到招聘、甄选和录用等一系列工作的时间安排，预算则是组织将用于人员获取的总体费用。

2）人员晋升规划

人员晋升规划实质上是组织晋升政策的一种表达方式。对组织来说，有计划地提升有能力的人员，以满足职务对人的要求，是人力资源管理的一种重要职能，晋升规划的目标是保持后备人才数量、优化人才结构、提高组织绩效。晋升规划的政策涉及制定选拔的标准和资格、确定使用期限和晋升的比例，一般用指标来表达，如晋升到上一级职务的平均年限和晋升比例。人员晋升规划的预算是由职位变化引起的薪酬的变化。

3）培训开发规划

培训开发规划的目的是为组织中、长期所需弥补的职位空缺事先准备人员。组织应该把培训开发规划与人员晋升规划、人员补充规划联系在一起，以明确培训的目的，提高培训的效果。培训开发规划的目标是员工素质和绩效的改善、组织文化的推广、员工入职指导等，培训开发规划需要组织制定支持员工发展的终身教育政策、培训时间和待遇的保证政策等。培训开发规划的预算包括培训投入的费用和由脱产学习造成的间接误工费等。

4）劳动关系规划

劳动关系规划的目标是降低非期望离职率、改进管理关系、减少投诉和不满。劳动关系规划的政策是制定参与管理的方法、对"合理化建议"奖励的政策、有关团队建设和管理沟通的政策和措施。劳动关系规划的预算包括用于鼓励员工团队活动的费用支持、用于开发管理沟通的费用支出、有关的奖励基金及法律诉讼费用等。

5）退休与解聘规划

退休与解聘规划的目标是降低老龄化程度、降低人力成本、提高劳动生产率。有关的政策是制定退休和返聘政策、制定解聘程序。涉及的预算包括安置费、人员重置费、返聘津贴等。

二、人力资源规划的制订原则

第一，必须充分考虑内、外部环境的变化。人力资源规划只有充分地考虑了内、外部环境的变化，才能适应需要，真正做到为企业发展的目标服务。为了更好地适应这些变化，在人力资源规划中应该对可能出现的情况做出预测，包括风险和变化，最好能有面对风险的应对策略。

第二，明确人力资源规划的根本目的在于确保企业的人力资源供给。企业的人力资源保障问题是人力资源规划中应解决的核心问题。只有有效地保障了对企业人力资源的供给，才可能去进行更深层次的人力资源管理与开发。

第三，人力资源规划的最终目的是使企业和员工都得到发展，取得预期目标。人力资源规划不仅要面向企业规划，而且要面向员工规划。企业的发展和员工的发展是互相依托、互相促进的关系。如果只考虑企业的发展需要而忽视了员工的发展需要，则会有损企业发展目标的实现。优秀的人力资源规划，一定是能够使企业的员工实现长期利益的规划，一定是能够使企业和员工共同发展的规划。

优质的人力资源规划是由企业内部相关人员共同完成的，而绝非人力资源部门单独能够解决的问题。因此，人力资源部门在进行人才资源规划时，一定要注意积极推动各个部门及高层管理者的参与，只有这样，人力资源规划才能够符合企业实际并落到实处。

三、人力资源规划方案的制订

人力资源规划方案的内容可以集中在员工招聘和甄选上，也可以较全面地包括未来工作设计、员工招聘、甄选、培训、发展、递补规划、报酬、离职、退休、减员、绩效评估等。

（一）确定人力资源规划方案的目标

人力资源规划方案的目标包括生产效率的提高、内部人员的精简、外部人员的招聘和替代人员的培训。管理者在确立人力资源规划方案的目标时，应根据企业的总体目标和战略，根据人力资源分析和预测的结果，为上述四个目标安排优先次序。

（二）确定人力资源规划方案的战略

这一阶段主要是规划出实现目标的途径和做法，例如，想达到增加5%的生产效率，企业可以改变资本和人力结合比例、进行工作重组、培训员工和加强激励等。管理者在做出选择时，要先确定有哪些重要变量因素，这方面不但需要理论观念的引导，也需要经验的配合。选择方案后，评估工作随即展开。初期评估主要是考虑外在因素（如政府法令）的限制，以剔除明显的不良方案，其后是进行成本—效益分析，了解方案的可行性和影响等。

（三）制定具体的人力资源工作目标和计划

方案形成后，管理者需要制定具体的人力资源工作目标和计划。每项人力资源活动都应有特定的目标，以便决定具体的人力资源政策、计划与活动。具体的工作目标、政策与活动都应该通过回馈过程与整体人力资源规划方案整合。倘若在人力资源规划方案下无法设计出具体的工作目标、政策与活动，则规划方案可能需要修改。

人力资源工作目标和计划与总体战略规划方案，以及人力资源战略规划方案的关系如图2-4所示。

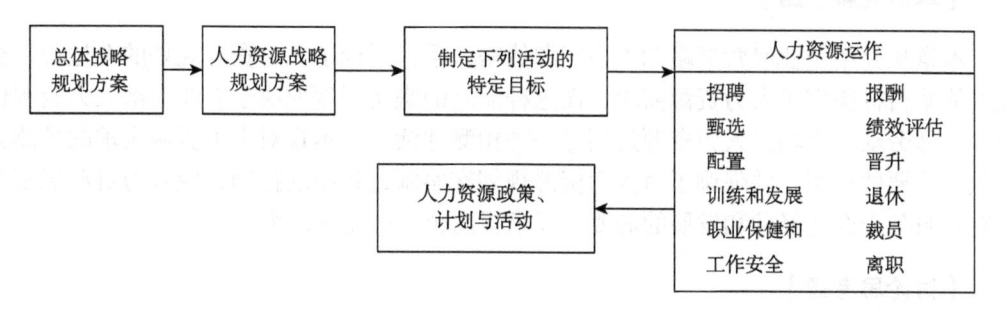

图2-4　人力资源工作目标和计划与总体战略规划方案、人力资源战略规划方案关系图
资料来源：陈维政等（2016）

（四）人力资源规划方案的预算编制

不少管理者都同意企业最宝贵的资源是"人才"，却无法为他们的人力资源算出一个价值。自20世纪60年代末以来，为人力资源计算价值逐渐成为一个热门课题。早期计算人力资源价值采取的是传统的会计方法，用成本（即招聘、培训、发展等的实际费用）

去计算企业对员工所做的投资，从而计算出员工的资产值。还有一种方法是以每个员工的人力资源支出（即将所有人力资源活动的成本除以这些活动所服务的员工总数）来计算人力资源资产值。知识经济时代所提倡的一种趋势则是以知识资本作为计算人力资源价值的基础。

人力资源规划是一个动态的过程，必须关注影响人力资源规划的各种因素。实践中，我们发现，一些企业在人力资源开发与管理中，往往缺乏动态的人力资源规划观念，把人力资源规划理解为静态地收集人事信息或人事政策，无论在观念上还是在实践上都过分依赖以往规划，这会严重制约企业长远的人力资源发展，因为这种静态观念与动态的市场需求和人才自身发展的需求是极不适应的，会使人力资源得不到合理的利用，甚至会严重地影响人力资源的稳定性，造成优秀人才的流失，对企业的发展壮大极为不利。所以，企业在做人力资源规划时，必须坚持动态地规划，必须密切关注影响人力资源规划的一些重要因素，真正做到人尽其才，才尽其用，使人才真正成为公司最宝贵的资源。

（五）人力资源规划的控制和评估

控制和评估的目的在于检查规划的成效，一个可靠的评估系统应包括下列元素：一套可行性高又有弹性的评估标准；一套将标准与实际成果相比较的方法；分析偏差原因和矫正方式。

人力资源规划评估内容应包括：实际的劳动力市场与预测的劳动力市场的比较分析，以确定有无调整原先预测的必要；工作计划预算与实际活动成本的比较；实现人力资源规划目标的成效；整体人力资源规划的成本—效益分析。

【本章内容小结】

本章从介绍企业经营战略和人力资源战略入手，讨论了人力资源规划的全过程。企业的战略目标决定了人力资源需求，而这种需求的满足程度取决于企业内部人力资源供给和外部劳动力市场。人力资源规划是一种预测性活动，本章对人力资源供求的预测方法做了简要的介绍，并强调了对人力资源规划在实施过程中的控制，使人力资源规划真正有效服务于企业经营和发展的需要，以求提高企业的竞争能力。

【讨论思考题】

1. 简要分析人力资源战略如何与企业战略相匹配。
2. 如何针对不同的内外部环境来分析人力资源的供需关系？

【案例分析 2-2】

腾讯公司的人力资源管理三支柱案例

腾讯公司有六大事业群，它们各司其职，分工合作。平台与内容事业群推进互联网平台和内容文化生态融合发展，为用户创造优质内容体验。微信事业群依托小程序、公众号、微信搜索等开放平台，促进各行业迭代并提供解决方案。企业发展事业群为公司新业务提供发展创新的专业支持平台。云与智慧产业事业群依托云、人工智能等技术创新，构建连接用户与商业的新生态。互动娱乐事业群构建一个策划、研发、发行、运营、营销的闭环圈。技术工程事业群聚焦网络、服务器及数据中心等方面，提供运营及技术平台支持、研发管理、数据中心建设等。

一、腾讯人力资源三支柱角色定位

腾讯人力资源三支柱体系如图 2-5 所示。

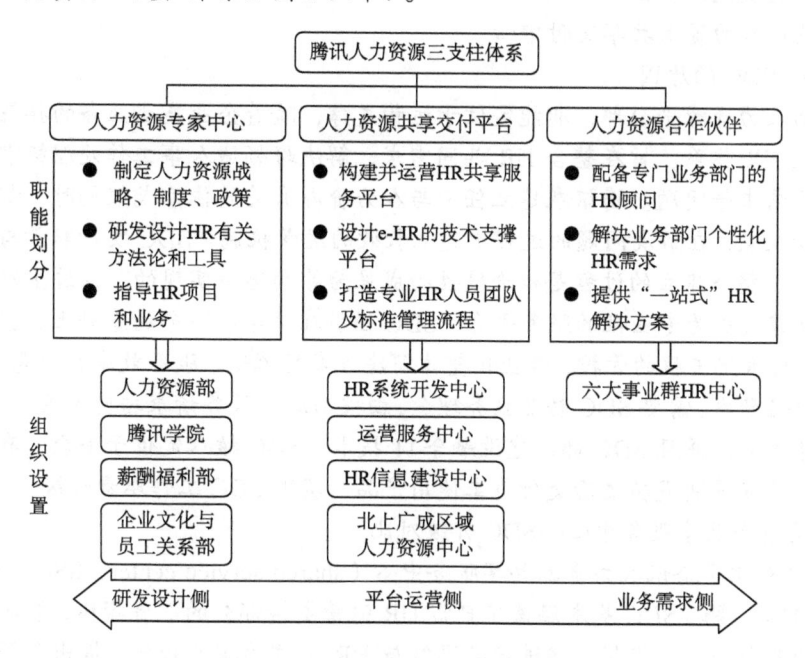

图 2-5　腾讯人力资源三支柱体系

1. 人力资源专家中心

聚焦公司战略与人力资源战略的衔接，研究探索未来企业人力资源发展模式，提供前瞻性方案、制度、流程。人力资源专家中心（Center of Expertise，COE）是若干职能和专业技能的集合，主要由四个部门构成：人力资源部、腾讯学院、薪酬福利部、企业文化与员工关系部。每个部门下设子部门，人力资源部下设招聘中心、组织发展中心、活力实验室。腾讯学院下设领导力发展中心、培训运营中心、职业发展中心。薪酬福利部下设员工薪酬中心、福利管理中心、长期激励管理组、绩效管理组等。企业文化与员工关系部下设劳动关系组、沟通传播组、组织气氛组。专业化的分工是 COE 发挥引领性作用的法宝。

2. 人力资源共享交付平台

由共享服务中心升级而来，主要构成：HR 系统开发中心、运营服务中心、HR 信息建设中心、北上广成区域人力资源中心。人力资源共享交付平台（shared deliver center，SDC）秉承一切以用户价值为依归的经营理念，注重用户体验而非领导的指挥，优化简化人事工作，推进了人力资源信息化建设，一站式交付 HR 问题解决方案，实现了资源、团队、数据共享，提升了平台运营服务效率。

3. 人力资源合作伙伴

采取 Feature Team（特征团队）的模式，以用户为中心，打破原有技术分工模式，按产品特征组建团队并确立最终交付价值，模糊角色分工概念，倡导团队共同完成产品特性，从而交付端对端的价值。HRBP 承接 COE 关于 HR 政策、计划、企业文化、方案落地，驱动组织变革，快速灵活响应用户需求，使 HR 为业务提供专业解决方案，建设一支懂业务的 HRBP 团队。

二、腾讯人力资源共享交付中心

1. 升级 SDC 的原因

腾讯的人力资源平台部，职能定位于运营支撑，随着企业集团业务的拓展，按照产品思维升级 HR 体系，旨在整合 HR 共同需求，解决跨领域人事工作处理标准不一及被动响应客户需求等问题。腾讯在建立任何与人力资源有关的体系或架构时，都以解决当前问题为切入点，在解决问题的过程中建立长效的运营机制。SDC 实行职责与流程逐一覆盖的原则，整个建立的过程是以阶段性的成果为导向逐步实现的，通过主动了解客户需求，最终建设成为专业性的服务平台。SDC 强调在共享和服务的基础上，推进共性业务的支撑、标准化流程的管控、专业化整体解决方案的落地、服务效率和满意度的提升。目前许多产品研发，需要 SDC 转变服务理念，由被动满足服务请求转变为主动寻找商机，并提供服务产品，并且 SDC 部门建设融合 IT 技术，SDC 核心定位于平台，有利于完成资源整合，研发策划成功之后交付员工使用产品，实现 SDC 工作职责升级。

2. 人力资源共享服务中心→SDC 升级对比

表 2-10 对比了腾讯人力资源共享服务中心（shared service center, SSC）与 SDC 的相关项目内容。腾讯 SDC 基本涵盖了日常 HR 运营支持部分的职责模块，能实现跨地域管理和资源整合的平台优势，促进产品思维与 HR 工作的深度融合，提出了解决问题的人力资源架构。腾讯 HR 正在思考如何实现变革，借助大公司平台与小企业创业团队，快速主动响应业务需求，实现 SDC 对业务需求的一站式交付。

表 2-10 人力资源共享服务中心与人力资源共享交付平台的对比

项目	人力资源共享服务中心	人力资源共享交付平台
定义	结合人事工作和行政事务工作，优化资源配置，提高人力资源服务水平和运营效率，建立 HR 共享服务中心	集成企业集团各区域 HR 业务需求，推进标准化流程管控和专业解决方案落地，实现资源共享、能力共享、团队共享的标准交付平台
组织业务	集中管理模式、扁平化、组织层次减少、重组部门精简 HR 人员	5 大产品中心：人才输送中心、助能产品中心、员工交付中心、HR 信息服务平台和人力外包服务平台
能力要求	人力资源管理专业知识与技能、数据管理能力、事后解决问题能力	领导力、项目管理能力、风险控制能力、前置管理、系统思考能力
应用模式	平台操作中心	端到端的 HR 解决方案供应链、模块化、集约化交付模式
工具手段	数据管理系统、共享平台	AI 和大数据、HR 助手、移动端产品、电子化人力资源信息系统、IT 技术、在线服务、App[①]服务
属性特征	标准统一化、规模化、共享化、数据化、服务性、被动响应	人力资源三支柱体系的专业化、精准业务导向可持续发展、可被业务合作伙伴信赖、信息化、用户属性+产品属性+好玩属性

---

① App 全称为 application，意为应用程序。

3. SDC 未来发展方向与挑战

在腾讯,SDC 将为员工与组织提供稳定、可靠、被依赖的服务,打造体系化、可持续、HR 一体化交付平台。未来 SDC 如何对公司的组织效能进行量化,如何贴近个性化业务需求,都需构建量化指标体系;SDC 岗位不仅需要人力资源专业知识,还需要管理咨询、信息管理、系统开发的多元技能复合型人才。

三、双层嵌套 HR 三支柱模式

如图 2-6 所示,腾讯的 COE 由四个部门构成:人力资源部、腾讯学院、薪酬福利部、企业文化与员工关系部。SDC 主要构成:HR 系统开发中心、运营服务中心、HR 信息建设中心、北上广成区域人力资源中心。其主要特殊之处在于 HRBP 内嵌微型三支柱,形成双层嵌套 HR 三支柱模式,主要构成有 Function 组、BP 组、助理组,Function 组对接 COE、BP 组对接 HRBP、助理组对接 SDC,精准分工,双层嵌套模式不仅确保三支柱之间有效衔接、协同资源实现企业战略、形成更加稳固的结构、解决企业 HR 业务需求及客户需求,而且各支柱内部分工协作、高效运行。

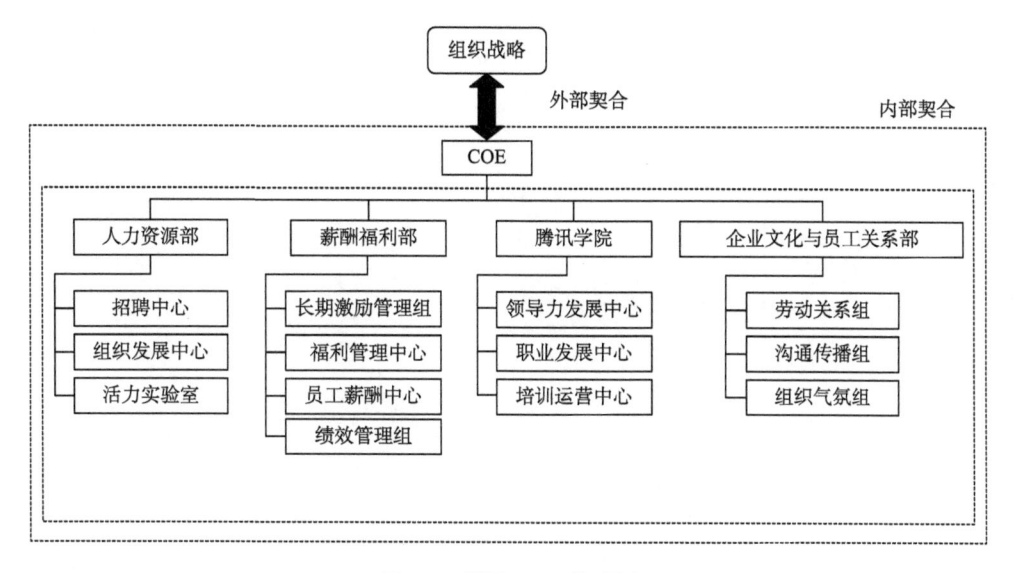

图 2-6 腾讯 COE 构成图

战略人力资源管理把 HR 从以往重复繁杂的人事工作中解放出来,COE 根据公司的战略导向,拟定前瞻性的 HR 战略,制定有战略连接性的 HR 政策制度,推动人力资源 6 大职能变革,腾讯倡导 HR 管理作为公司战略合作伙伴,因此,其人力资源管理体系具有战略意义。企业文化越来越成为管理者影响员工的有效方式,潜移默化倡导符合企业的价值观和行为方式,硬性制度和软性管理有效结合,刚柔并济,渗透进每一部门人力资源管理实践当中,企业文化将这四个部门内部连接在一起。例如,腾讯学院拥有全面完善的人才培养机制,为 COE 源源不断地输送人才,帮助员工制订长期职业发展规划,尤其是飞龙计划的课程设计,体验式培训有利于培养员工实践技能;企业文化与员工关系部单独设置成一个部门,其重要地位可见一斑,承接组织活力战略、策划大型文化活动、活跃组织气氛、传播竞争职业文化,推进人力资源 6 大板块统筹协调,让每一位员工对企业具有强烈归属感。

问题：

1. 结合人力资源规划相关知识，简要分析腾讯公司人力资源三支柱模式对人力资源规划的意义。

2. 案例中的腾讯公司的人力资源三支柱模式对实现企业战略有哪些促进作用？

第三章 工作分析

【本章学习目标】

目标1：理解并掌握与工作分析相关的基本概念及专业术语。

目标2：理解工作分析的性质，以及其对人力资源管理的作用。

目标3：了解工作分析的观察法、工作日志法、访谈法、问卷调查法及文献分析法的特点、使用要求与使用范围，并能对几种方法进行比较。

目标4：理解工作分析的基本流程，了解工作分析各个阶段的工作内容及工作方式，建立对工作分析的系统认识。

【引导案例3-1】

A公司的工作分配与薪资矛盾

A公司是一家从事生物技术开发应用的公司，公司研制某些生物制品并投入市场。由于公司研制产品的技术含量较高，对研发人员的专业素质要求较高，因此公司的研究发展部门聘请了四十多位高学历的生物技术人员，他们中的多数是硕士研究生以上学历，而且人员招聘的来源不同：有些是大学应届毕业生；有些是从同行企业中跳槽进来的；还有些是通过猎头公司高薪招聘来的。

最近，公司内部研发人员的工作分配与薪资出现不平衡的矛盾。有些学历是博士学位、从事科研近十年的专业技术人员的薪资，比猎头公司介绍来的信息技术管理人员的工资还略低一些，而且其要做的事情似乎还多些，要承担的责任也不轻，因而影响了这些关键研发人员的工作积极性，出现了工作拖延、推诿的现象，影响了公司产品的研发进度。

问题：请问该公司存在的关键问题是什么？该如何解决？

【正文内容】

第一节 工作分析的基础知识

一、工作及其相关术语的内涵

(一) 工作

从个人角度来看，工作是个人在组织中全部角色的总和。从组织角度来看，工作是组织中基本的活动单元，是支撑组织达到既定目标的最小单位，是组织进行管理工作的基础。从组织的角度来看，工作的含义如下。

1. 工作是组织最基本的活动单元

工作是组织最基本也是最小的结构单元，它是组织中最小的相对独立体。每一个工作，从本质上讲是不同的，它们具有支撑组织有效达到目标的不同的功能。

2. 工作是相对独立的责权统一体

工作不仅仅是系统内相互联系的任务组合，同时也是一个相对独立的责任与权利的集合体。责任和权利来自组织的授予，而这种授予是顺利履行工作所必需的。因此，工作是任务、责任和权利的统一体。完成任务是履行组织所授予的职责，而权利是履行职责的组织保障。

3. 工作是同类岗位（职位）的总称

严格地讲，工作相当于职务，岗位相当于职位。工作（或职务）是同种岗位（或职位）的总称。比如说，企业有五个打字员，即打字员是一个工作，提供了五个打字的岗位。工作是从组织中分解出来的，是理性设计的结果。一般说来，工作的设计是逻辑分组和同类型分组的产物，因此，在组织中没有相同的工作。但是，工作存在类似的状态。如果一个组织结构复杂而且庞大，那么分工的细化程度就高，工作的类似性程度也就高。然而，在一个小型的（或者组织边界不清晰的）组织中，工作的类似性程度就低。有时，为了便于管理，我们常把相似的工作作为一个族来进行管理。

4. 工作是部门、业务组成和组织划分的信息基础

组织的划分与部门、业务的组成，往往是以工作的信息为基础的。严格地说，工作

是从组织中分解出来的，但是它一旦分解出来便成为组织管理的基础。部门的职责是由具体的工作支持的，业务的划分也是以流程的逻辑相关性或活动的同类性为基础的。所以，工作分析所提取的信息不仅是管理工作的重要基础，也是管理组织的重要基础。

5. 工作是人进入组织的中介

由于工业化的发展，人们脱离了生产资料，因而人不再具有与生俱来的就业权利。人是通过工作这一中介进入组织的，这就是我们经常说的：为事寻人而不是因人设事。在传统产业，人进入组织是为履行工作职责，因而对进入组织中的人是有要求的。这些要求（即能力与经验）是履行工作职责所必需的。当然，这种工业化的思考就是标准化，以标准化的工作来管理变化的人（具有市场化、流动的人）。

6. 工作与组织的相互支持

组织目标是工作分解的基础，工作是构成组织的最小单元。当组织发生变革的时候，工作的分配也将发生改变；同时，随着工作过程的改变、工艺流程的改变、工作熟练程度的提升等，工作的内涵和外延都会发生变化，而这种变化最终会导致组织分工方式和管理方式的改变。

（二）与工作相关的概念

与工作相关的概念较多，下面选择比较重要且在工作分析中需要重点理解的相关概念分别描述。

1. 行动

行动（action）指工作活动中不便再继续分解的最小单位。比如，秘书接听电话前拿起电话是一个行动，司机开车前插入钥匙也是一个行动。

2. 任务

任务（task）指工作活动中为达到某一目的而由相关行动直接组成的集合，是对一个人从事的事情所做的具体描述。比如，复印文件，为了达到最终的工作目的，复印员必须从事以下具体的行动：①启动复印机；②将复印纸放入复印机内；③将要复印的文件放好；④按动按钮进行复印。也就是说，复印文件这一任务，是上述四项行动组成的一个集合。

3. 职责

职责（responsibility）是指由某人在某一方面承担的一项或多项任务组成的相关任务集合。比如，监控员工的满意度是人力资源经理的一项职责，这一职责由下列五项任务组成：①设计满意度调查问卷；②进行问卷调查；③统计分析问卷调查的结果；④向企业高层反馈调查的结果；⑤根据调查的结果采取相应的措施。

4. 岗位

岗位（position）是指由一个人来完成的一项或多项相关职责组成的集合。组织中的每一个人都对应着一个岗位，但是，反之则不成立。具体的人员数量与岗位如何配备是一个包含较高技术含量的管理手段，也是工作分析需要解决的重要内容之一，具有专门的方法与技术手段。

5. 权限

权限（authority）是为了保证职责的有效履行，任职者必须具备的对某事项进行决策的范围和程度。常常用"具有批准……事项的权限"来对其进行表达。例如，具有批准预算外 5000 元以内礼品费支出的权限。

6. 任职资格

任职资格（qualification）是指为了保证工作目标的实现，任职者必须具备的知识、技能与能力要求。它常常用胜任职位所需要的学历、专业、工作经验、工作技能、能力（素质）等来表达。

二、对工作分析的理解

（一）工作分析的概念

工作分析是工作信息提取的情报手段，通过工作分析提供有关工作的全面信息，以便对组织进行有效的管理。

从组织角度来说，工作分析是为一系列组织和管理职能提供信息基础的一个工具。工作是组织中的最小单元，它是将员工联系在组织中的纽带。工作分析应该是一个在组织中持续进行的组织行为，以分析、综合并传播与组织设计、人力资源管理及其他管理工作相关的工作信息，维系和发展组织系统。这里应当注意的是，工作分析是维持和发展组织的管理活动，从这个意义上看，工作分析具有战略管理的价值。

从人力资源管理的角度来说，工作分析为组织的人员甄选、员工培训与开发、薪酬设计、劳工关系、工作设计等一系列基础职能活动提供支持。工作分析能识别出哪些能力要求对于员工成功完成工作任务是有价值的，另外还能识别出激励员工的报酬因素，并满足重要员工的需求。

（二）工作分析关注的对象

工作分析关注的对象主要包括以下四个方面的内容。

1. 工作的输出特征

工作的输出特征是一项工作的最终结果表现形式,如产品、劳务等,它是界定工作任务和工作责任的基础,也是确定工作绩效标准的必要前提,能够分辨出与组织内的其他输出有什么联系和区别。

2. 工作的输入特征

工作的输入特征是指为了获得上述结果,应当输入什么内容,包括物质、信息、规范和条件等,是界定工作来源和工作条件的基础。

3. 工作的转换特征

工作的转换特征是指一项工作是如何从输入转换成输出的,转换的程序、技术和方法是怎样的,在转换过程中,人的活动、行为和联系有哪些。转换特征是界定工作方式的基础。

4. 工作的关联特征

工作的关联特征是指某项工作在组织中的位置、责任和权利是什么,对人的体力和智力有什么要求,是界定工作关系和任职资格的基础。

(三) 工作分析的维度

麦考密克在1976年提出了几个区分不同类别工作分析的维度,即工作的描述语言或要素、工作信息提取和获得的形式、工作信息的来源、收集数据的方法。其中,在工作的描述语言或要素这个维度上有多种区分,最普遍的区分是工作(任务)导向性的工作分析系统和人员(工作者)导向性的工作分析系统。尽管各种工作分析系统都会或多或少地涉及工作内容和工作人员两个方面的特征,但是根据各自的侧重点都可以纳入以上两类工作分析系统中。

工作分析的最基本单位是工作,因此许多工作分析系统将研究的重点直接指向工作的任务、职责和其他物质方面的特征。但是,对某一类工作的研究并不一定是从研究工作本身开始的,有可能是通过研究任职者的能力、技术和其他特征来了解工作的要求,一些工作分析系统就是这种导向的。麦考密克指出,一般来说,工作导向性的工作分析系统侧重于分析提供产品和服务所需要的任务和行为,而人员导向性的工作分析系统则强调成功完成工作任务和行为所需的个体工作者的知识、经验、技能、能力、天赋和性格特征等。在工作分析的文献资料中,工作导向性的工作分析系统比较常见,而人员导向性的工作分析系统则作为另一个分支在不断发展。

工作导向与人员导向的工作分析系统,在本质上是不同的,它的选用首先取决于工作的结构性。当组织内的工作是高结构性的时候,采用工作导向性的工作分析系统往往是有效的;而当工作是低结构性的时候,人员导向性的工作分析系统就具有优势。其次,工作分析系统的选择与产业的类型相关。传统产业的分工是非常细化的,标准化和程序化程度高,组织机构庞大而复杂,其产品和生产工艺相对固定,对外在环境的变化不敏感,因此,采用工作导向性的工作分析系统。对于知识性产业,要求快速适应外部环境的变化,工作的内容和方法始终处于变化之中。由于知识性产业的这种特征,我们无法清楚界定始终处于变化中的工作特征,因此多采用人员导向性的工作分析系统。再次,工作的结果和过程特征也影响工作分析技术的选择。当一个组织输出的结果是大量共性化的时候,输入向输出的转化一定是标准化的,可以采用工作导向性的工作分析系统。当一个组织输出的结果是充分个性化的时候,输入向输出的转化就是多样化的,致使这种转化更多地依靠工作执行人员的智慧和努力,采取人员导向性的工作分析系统几乎是唯一的选择。最后,工作分析系统的选择取决于企业价值观中对人的假设;若我们把人视为被动的,为了便于监督和控制,组织采取了规范化的管理方式,因此往往适合采取工作导向的工作分析系统;当我们假设人是主动性的(特别当工作结果的评估困难的时候),只要人是有能力而且又是愿意承担责任的,工作的结果就是可靠的,此时,人员导向性的工作分析系统是有效的。此外,工作关系的相关性用制度、流程来协调效果好还是用人来协调效果好,工作的创造性价值高还是工作的服从性价值高等,都对工作分析系统的选择有重大影响。特别要指出的是,当我们对某类特定人员进行研究的时候,采取人员导向性的工作分析系统是首选。

第二节 工作分析的原则与作用

一、工作分析的原则

工作分析在人力资源管理乃至组织整个管理体系中占有重要地位,因此在进行工作分析的过程中,必须遵循一定的原则,以确保其成果的有效性和实用性。

(一)系统性原则

对某一个岗位工作进行分析时,既要对该岗位各项相关要素全面完整地分析,也要注意分析其在组织中的位置及与其他岗位工作的关系,从组织的角度看待工作的作用和价值。

(二)动态性原则

由于组织所处的社会、经济、技术及制度环境是不断变化的,组织的战略和目标也要随之变化，不能够一成不变，因此，工作分析的成果也不是固定的，要适时地进行动态的调整。

（三）目的性原则

不同的组织，其实际情况不同，人力资源管理体系也有不同的侧重点；同时，不同的企业发展阶段，对于工作分析的要求也不尽相同，因此要根据组织的特点和对工作分析的实际需要安排工作分析的侧重点。

（四）效率性原则

工作分析应该根据组织的实际要求，合理选择方法，提高工作分析成果的准确率，缩短工作分析的周期，努力用最小的投入达到最佳的工作分析效果，提高工作分析的效率。

（五）对岗不对人原则

有些组织存在因人设岗的问题，工作分析中应当注意这种问题带来的影响，应该尽量保证工作分析的客观性，减少人为因素的影响。

（六）实用性原则

工作分析的成果即工作说明书及其他成果文件必须能够应用到组织管理的相关方面，具有很强的可操作性，能够作为组织人力资源管理的基础，不能照搬其他组织的工作分析成果，要根据组织自身的情况，形成符合自身特点的工作分析成果。

二、工作分析在人力资源管理中的作用

（一）工作分析在人力资源规划中的作用

人力资源规划是指根据组织发展战略、组织目标及组织内外部环境的变化，预测未来的组织任务和环境对组织的要求，为完成这些任务和满足这些要求而提供人力资源的过程。它包括预测组织未来的人力资源供求状况、制订行动计划及控制和评估这些行动计划。人力资源规划的目标是：确保组织在适当的时间和不同的岗位上获得适当的人选（包括数量、质量、层次和结构）。一方面，满足变化的组织对人力资源的需求；另一方面，最大限度地开发和利用组织内现有人员的潜力，使组织和员工的需要得到充分满足。

为了达到这样的目标，必须对各个岗位的工作特性和用人要求有清楚的了解，而这恰恰是工作分析可以解决的问题。

以战略为导向的人力资源规划，强调基于组织战略确定人力资源需求的数量、质量和结构。工作分析是人力资源需求分析的第一步。随着组织发展和战略转移，组织内必然会出现新旧岗位更替、工作职责变化或人员需求变化等。通过工作分析可以准确地掌握这些变化，理清组织现有的运作流程，明确组织的职能划分及岗位设置，确定各岗位在流程中的作用，找出各项工作所要求的知识技能、能力，以及个性品质等任职资格要求，这些通过工作分析得到的信息有利于准确、有效地对人力资源需求的类型、数量及素质水平进行预测。

（二）工作分析在人员招聘与选拔中的作用

工作分析是人员招聘工作的基础，工作分析所形成的人力资源文件，如岗位说明书，对担任某类工作应具备的知识、技能、个性品质等方面做了详细的规定，有利于组织在招聘、甄选和任用时，明确招聘条件和甄选的考察内容，选择正确的考察方式，避免盲目性，保证"为事择人、任人唯贤、专业对口、事得其人"。

错误的雇用决策会给企业带来严重危害，无论是小型、中型还是大型的企业，必须使用系统一致的方式来甄选、录用能胜任岗位的合适人员，以控制录用决策失误的成本。只有通过工作分析才能知道拟招聘职位需要完成哪些特定的工作任务，履行哪些职责，胜任该职位的人应具备哪些基本的要求。对于招聘者和应聘者来说，有了工作分析的结果，招聘工作才能有的放矢。招聘者知道了招聘什么样的人才能胜任工作，他们可以根据职位的要求和职位候选人的情况对候选人进行选择，选择最适合该职位的人。应聘者也了解了工作的基本内容和要求，从而去应聘适合自己的工作，避免盲目地去应聘。另外，工作分析的结果，可以帮助招聘者选择适宜的测评与选拔人才的手段和方法。不同的职位对从事该职位的人有不同的要求，因此在选拔时的侧重点也有所不同。例如，对财务人员的要求中比较强调对数字的敏感性，因此在对他们进行选拔时就要采用一些关于数量关系问题的测验；对操作工人的选拔比较看重手指的灵活性，因此就采用一些操作性的测验方法；对管理人员的选拔较注重综合的管理能力，因此会注重对其管理能力的考察。招聘中所使用的招聘广告通常就是根据工作分析的结果做出的。

（三）工作分析在人员调配中的作用

员工并不是从进入一个企业开始就始终在一个岗位上工作，而是会在不同的岗位上流动。一个员工可以晋升到什么岗位上去？哪些岗位上的员工可以进行相互之间的岗位轮换？当某个岗位上的员工临时无法在该岗位上工作时，可以由哪些岗位上的员工进行临时性的替代呢？当某个岗位上的员工离职或调走了，应该由什么岗位上的员工来补充这个岗位空缺呢？这些都是摆在人力资源管理者面前的问题。解决这些问题的重要依据就是工作分析中得到的信息。根据工作分析的结果，可以确定在工作性质相似、难度上有层次差异的一系列工作岗位的晋升、轮换和替代关系。因此，有了工作分析的结果，解决上述这些问题就可以做到有据可循，就能有效进行人员调配。

（四）工作分析在薪资管理中的作用

工作差异性的存在导致了不同的薪资级别，而工作要素相似的岗位则被归于同一薪资级别。在一个企业中，不同的人取得不同的薪资，各个企业都有自己的薪资体系。人们常常会问一个问题：为什么不同的人薪资不同呢，薪资的差距是由什么决定的？薪资管理中一个重要的原则就是根据岗位的不同而给予不同的报酬，不同的岗位在组织中的价值大小不同。那么，通过什么来确定岗位的价值呢？这就需要找到一系列衡量岗位价值的因素。

1. 不同岗位所承担的责任不同

有的职位需要对组织承担较大的责任，有的职位承担的风险较大，有的职位有较多的指导监督他人的责任，有的职位需要承担较多的在组织外部进行协调的责任。承担的责任不同，所应获得的薪酬也会有所不同。

2. 不同岗位对知识和技能的要求不同

不同的岗位在对学历的要求上可能有所不同，有的岗位要求必须要本科毕业的人员才能担任，有的岗位要求特定的专业方向上的学历，不同的岗位要求的技能也有所不同，有的岗位对数量关系的能力有较高要求，有的岗位对言语表达的能力有较高的要求，有的岗位则没有特定的要求。不同岗位的工作复杂程度也有所不同，有的岗位只需要任职者按照既定的程序进行操作就可以，而有的岗位则需要任职者根据情况的变化采取不同的应对方法，有的岗位则要求任职者自己创造出解决问题的方法。因此，对知识和技能需求不同的岗位，应给予任职者不同的薪酬。

3. 不同岗位所面临的工作环境也是有所不同的

有的岗位在作息时间上总是有变化，没有规律；有的岗位需要在户外工作，或经常接触有毒有害物质；有些岗位对体力有较高的要求。因此，在不同环境中工作的人应获得的报酬也应有所不同。

以上只是举出了几个方面的例子，造成岗位价值差异的因素还有很多。从这些例子中，我们可以看出，衡量岗位价值的因素大多与工作分析的结果有关。

（五）工作分析在绩效管理中的作用

通过工作分析得到的对工作职责和任职资格要求的详细描述，为设计合理的绩效考核指标和标准提供了科学的依据。工作职责描绘得越详尽、明确和具体，绩效指标就越容易制定，从而提高了绩效考核过程的客观性和公正性。同时，客观、明确且具体的绩效考核指标，也有利于降低考核人与被考核人之间的分歧和争议，使绩效考核工作更加有效。

一般来说，员工的绩效中可评价的指标一部分应该是与其工作产出直接相关的，直接对其工作结果的评价，国外有的管理学家将这部分绩效指标称为任务绩效；另一部分绩效指标是对工作结果造成影响的因素，但并不是以结果的形式表现出来的，一般为工作过程中的一些表现，通常被称为周边绩效。任务绩效的指标来自工作的目标，而工作目标是根据一个职位的工作职责和任务确定的，因此，这样的绩效考核指标直接依赖于工作分析的结果。任务绩效的指标可以使用与工作职责任务相关的数量、质量、时效性、成本控制等指标。例如，某销售职位的工作职责是进行产品的销售，那么每月销售产品的数量就可以作为一个任务绩效；对于某个生产职位来说，其职责是生产合格的产品，那么生产的废品率就可以作为衡量任务绩效的指标，如可以规定废品率不超过千分之一。周边绩效的指标是根据工作的职责和工作分析提取出来的，因此是间接地来自工作分析的结果。例如，在生产性的岗位上，工作的质量是非常重要的，因此可以将"遵守规则和纪律"作为周边绩效的一个指标；在从事研发的岗位上，非常看重工作中的创造性，因此就可以将"创新意识"作为周边绩效的一个指标。所以，只有通过工作分析，才能客观合理地确定各个职位的绩效标准，从而进行合理的绩效考核工作；如果没有工作分析，那么绩效考核工作将很难做到有的放矢。

（六）工作分析在培训与开发中的作用

岗位培训是指为了满足岗位的需要有针对性地对具有一定文化素质的在岗人员进行岗位专业知识和实际技能的培训。一个员工被企业雇用了之后，在工作的过程中需要不断接受各种各样的培训。这些培训，除了关于公司基本政策和理念的之外，更多的是与工作岗位密切相关的岗位技能的培训。那么，要选择哪些培训课程呢？如何确定培训的目标呢？这就要依赖于工作分析的结果。根据工作分析的结果，得出各个职位的工作职责和任务及完成这些职责任务所需的知识技能，这就是培训的目标。

现在很多先进的企业建立了企业内部的评价中心和发展中心，在这里将工作的要求与培训密切结合起来了。建立评价中心和发展中心就是根据各个岗位的工作特性分析出任职者的核心胜任特质，然后开发出针对这些胜任特质的评价手段，以及培养和提高这些核心胜任特质的培训方法。所有的这些工作，都是以工作分析为基础的。

（七）工作分析在劳动安全与健康管理中的作用

在工作分析中，要对工作环境的各种因素进行分析，同时也要对生产作业的流程进行分析，这样就可以帮助我们了解影响劳动安全的主要因素，以便采取有效的预防和处理措施，提高劳动的安全性，保护员工的健康。很多职业，如矿工、化工企业工人，都需要在危险的环境中工作。进行了工作分析，就可以知道哪些危险是可以事先避免的，在哪些工作环节中容易出现事故,从而进行提前的防范。这样就可以降低事故发生的概率,也有利于保护员工的身体健康。

第三节 工作分析的常用方法

一、观察法

观察法又称观察分析法,一般是指由有经验的人,通过直接观察的方法,记录某一时期内工作的内容、形式和方法,并在此基础上分析有关的工作因素,达到工作分析目的的一种方法。观察法需要调查人员亲自到工作单位、工作地点观察实际情况,以标准格式记录各个环节的内容、原因和方法,系统地收集一种工作在任务、责任和工作环境方面的信息,然后进行分析和归纳。

观察的形式有公开性观察与隐蔽性观察,他人观察与自我观察等。为了提高观察分析的效率,所有重要的工作内容与形式都要记录下来,而且应选择不同的工作者在不同的时间内进行观察。因为面对同样的工作任务,不同的工作者会表现出不同的行为方式,相互对比平衡后,有助于消除分析者对不同工作者行为方式的偏见。对同一工作者在不同时间与空间的观察分析,也有助于消除在工作情景与时间上的偏差。

(一)观察法的应用要求

- 所观察的工作应具有代表性。
- 观察人员在观察时尽量不要引起被观察者的注意。
- 观察前应确定观察计划。观察计划中应含有观察提纲、观察内容、观察时刻、观察位置等。
- 观察时思考的问题应结构简单,并反映工作有关内容,避免机械记录。
- 在使用观察法时,应用适当的方式将工作分析人员介绍给员工,使之能够被员工接受。

(二)观察法的适用范围

一般说来,观察法适用于短时期的外显行为特征的分析,适合比较简单、不断重复,又容易观察的工作,这些工作主要是由身体活动来完成的,如装配线工人、保安人员等岗位的工作;观察法不适用于心理活动隐蔽的、没有时间规律与表现规律的工作,即脑力劳动成分比较高的工作和处理紧急情况的间歇性工作。有些工作的内容中包括许多思想和心理活动，如律师、教师、急救站的护士等工作，不宜使用观察法。

（三）观察法进行工作分析的程序

使用观察法进行工作分析的一般步骤如图 3-1 所示。

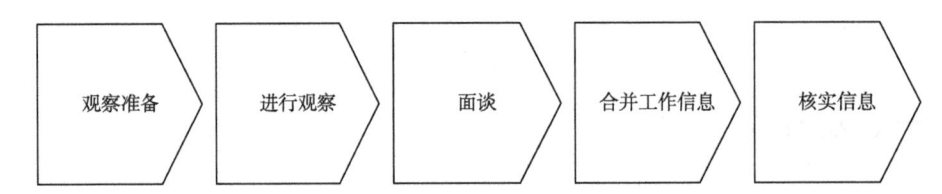

观察准备 → 进行观察 → 面谈 → 合并工作信息 → 核实信息

图 3-1　使用观察法进行工作分析的一般步骤

1. 观察准备

观察准备时主要需做以下工作。

（1）检查现有文件，形成工作的总体概念，了解工作的使命、主要职责和任务、工作流程。

（2）准备一个初步的观察任务清单作为观察的框架。

（3）为数据收集过程中涉及的尚不清楚的主要项目做一个注释。

在进行观察准备时，应注意三个方面的问题，一是观察对象的选择和培训。根据任职者的多少，在"标杆瞄准"原则的指导下选取绩效水平高的任职者作为观察对象，并对其进行相关的培训。通过培训使其明确工作分析的目的、流程和最终的影响，达到消除其戒备心理的目的。二是选择核实的方法，即使用结构化方法或是非结构化方法，现实的操作过程中，为了避免两种方法的不足，经常将两者结合，在两者之间选择一个平衡点。三是对工作分析人员进行选拔和培训。目的是增强观察过程的可信度和信息收集的准确性。

2. 进行观察

进行观察主要包括以下两个方面的内容。

（1）在部门主管的协助下，进入观察现场对员工的工作进行观察。观察准备阶段的工作就绪后并不代表观察就可以顺利进行了，在进入现场后还要做一些相关的铺垫工作，如相关的承诺，与任职者建立良好的相互信任的关系；简要的介绍，打消任职者的"跟随效应"。

（2）在观察中，要适时地做记录。观察者需要严格遵守观察记录的流程要求，注意三方面。一是保持距离，观察者与工作者最好处于"单向知觉"状态，就是说最好的情况是观察者能清晰地观察工作者的工作活动，而工作者却无法看见观察者。二是交流，观察者可以在工作间歇（如喝水、简短休息）时，与工作者就观察过程中的某些疑问进行探讨，但不要过于频繁。三是反馈，观察结束后，应及时与工作者就观察所获得的信息进行沟通、确认。

3. 面谈

（1）根据观察情况，最好再选择一个主管或有经验的员工进行面谈，因为他们了解工作的整体情况及各项任务是如何配合起来的。

（2）确保所选择的面谈对象具有代表性。

4. 合并工作信息

（1）检查最初的任务或问题清单，确保每一项都已经被回答或确认。

（2）进行信息的合并。把所收集到的各种信息合并为一个综合的工作描述，这些信息包括：主管、工作者、现场观察者、有关工作的书面材料。

（3）在合并阶段，工作分析人员应随时能够获得补充材料。

5. 核实信息

（1）把工作描述分发给主管和工作的承担者，并附上反馈意见表。

（2）根据反馈意见表，逐字逐句地检查整个工作描述，并在遗漏和含糊的地方做出标记。

（3）召集所有观察对象进行面谈，补充工作描述中遗漏的地方和明确含糊的地方。

（4）形成完整而精确的工作描述。

二、工作日志法

工作日志法是为了了解员工实际工作的内容、责任、权利、人际关系及工作负荷，而要求每个员工将自己所从事的每一项活动按照时间顺序以日志的形式进行记录，以实现工作分析目的的一种工作分析法。工作日志法可以提供一个非常完整的工作图景，再以连续同员工和主管进行面谈作为辅助手段，这种工作信息的收集方法效果会更好，当然，员工可能会夸大某些活动，同时也会对某些活动低调处理。但无论如何，详细的、按工作时间顺序记录的流水账会减少这种不良后果。

工作日志的内容包括做什么、如何做与为什么做三个方面。在描述工作者做什么时，应以工作岗位的脑力和体力活动描述为特征。巴特勒（Butler）认为，体力活动是指要通过体力消耗完成工作，如运输材料、切割、研磨组织、调节、完成或改变位置、形状或工作岗位条件；脑力活动是指通过计划、计算、判断来指导、控制自身和其他人的消耗性活动。

（一）工作日志法的操作程序

1. 准备

（1）对现有的文献资料进行整理，确定收集信息的对象，包括职位和相应的工作人员。

（2）工作分析人员设计出一份详细的工作日志表。

（3）工作日志填写辅导。工作分析小组召集填写者进行填写辅导，告诉他们如何规范地填写工作日志。

（4）确定填写的时间跨度和每日时间间隔。

设计填写的总时间跨度，一般选取一个月到一个半月，根据职位的特点和所需的信息而定，时间过长会造成成本上升，过短会造成大量信息缺失。确定填写工作日志时间间隔的原则是，在尽可能不影响日常工作的前提下记录完整准确的工作信息。因此时间间隔的选择不能过长，过长会导致填写者因为遗忘而使信息不准确甚至"创造"信息；也不能过短，过短会因为要填写工作日志而打乱工作节奏，影响工作的正常展开，也会导致信息失真。

2. 工作日志填写

在工作日志填写的过程中，要保证任职者按要求规范完成工作日志的填写工作，工作分析人员需要通过各种方法进行过程监控。例如，中期讲解、阶段性成果分析、职位分析交流会等。工作日志表格示例如表3-1所示。

表 3-1　工作日志表格示例

记录日期：2019年8月22日		记录人：张三		岗位名称：销售主管	
工作开始时间			工作结束时间		
序号	工作名称	工作活动内容	工作成果	消耗时间/分钟	备注
1	贸易洽谈	芯片出口	1次	140	承办
2	起草公文	拟写会议通知	320字	80	报审
3	参加会议	参加例行协调会	1个	120	参与
4	请示工作	向上级汇报贸易洽谈结果，并请示下一步工作	1次	40	报审
5	资料录入	录入重要客户资料，并核实	10户	50	承办
6	……				

3. 分析整理信息

通过工作日志法收集到的信息量是相当巨大的，因此在整理分析阶段，需要专业的工作分析师运用专业方法对所有信息进行统计、分类、提炼，以形成较为完整的工作框架。

（1）提炼工作活动。工作日志整理的首要任务是从日常工作描述中提炼目标职位工作内容。一般来说，根据各项活动不同的完成方式，采用标准的动词形式，将其划分为大致的活动板块，如"文案起草""手续办理""编制报表"等，然后按照各板块内部工作客体的不同对工作任务加以细化归类，形成对各项活动的大致描述。

（2）工作职责描述。在确定工作活动后，根据日志内容，尤其是工作活动中的"动词"确定目标职位在工作中扮演的角色，结合工作对象、工作结果、重要性评价形成任职者在各项工作活动中的职责。

（3）工作任务性质描述。区分工作活动的常规性和临时性，对于临时性的工作活动，应在工作描述中加以说明。

（4）工作联系。将相同的工作联系客体归类，按照联系频率和重要性加以区分，在职位说明书相应项目下填写。

（5）工作地点描述。对工作地点进行统计分类，按照出现频率进行排列，对于特殊工作地点应详细说明。

（6）工作时间描述。可采用相应的统计制图软件，做出目标职位时间任务序列图表，确定工作时间的性质。

（二）运用工作日志法的注意事项

（1）对于组织中的核心关键岗位，若其职责重大，或是稳定性差，则工作日志法不宜作为主导方法。

（2）工作日志法所获得的信息十分繁杂，后期信息整理工作量极大。因此，在工作日志填写表格设计阶段要设计结构化程度较高的填写表格，以控制任职者在填写过程中可能出现的偏差和不规范之处，减少后期分析的难度。

（3）在实际操作过程中，职位分析人员应采取措施加强与填写者在事前培训、过程指导、中期辅导等方面的沟通交流，避免造成信息缺失、理解误差等系统性或操作性错误。

（4）在工作日志填写过程中，职位分析人员应积极为任职者提供专业帮助与支持，同时也可以通过组织中期讲解、职位分析研讨会等形式跟踪填写全过程，力图在日志填写阶段减少填写偏差。

三、访谈法

访谈法是获取工作信息的常用方法，许多诸如观察法、问卷法等工作分析方法难以解决的问题，都可以通过访谈法得到解决。对于一些工作，工作分析者不可能实际去做观察（如飞行员的工作），或者不可能去现场观察或难以观察到（如创意设计师的工作）。在这种情况下，必须访问工作任职者，了解他们的工作内容，了解他们怎么做，以及为什么这样做，由此获得工作分析的资料。访谈的对象可以是工作者本人，也可以是主管人员或工作者的同级或下级。

访谈法既适用于短时间可以把握的生理特征的分析，又适用于长时间才能把握的心理特征的分析。访谈法的形式，主要有个别访谈和集体访谈两种。集体访谈的对象一般是做相同工作或相近工作的员工。在收集工作分析信息时，可以采用以下三种访谈方法。一是对每个员工进行个人访谈；二是对做同种工作的员工群体进行群体访谈；三是对完全了解被分析工作的主管人员进行访谈。

（一）访谈法运用的原则

在运用访谈法时，必须注意以下几个原则。

（1）与主管人员密切合作。在进行工作分析时，必须注意与主管人员密切合作，以期找到那些对工作内容最为了解的员工，以及那些最有可能对他们自己所承担工作的任务和职责进行客观描述的工作承担者，获得最有价值的信息。

（2）必须尽快地与被访谈者建立起融洽的关系。在访谈过程中，访谈者必须掌握两种基本技能，即提问设计与访谈技巧。其要点包括四个方面，一是要知道对方的名字；二是用通俗易懂的语言进行交谈；三是简单地介绍访谈的目的；四是向他们解释你是怎样挑选到他们这些被访谈对象的。

（3）访谈时尽力避免谈论"人"。工作分析人员必须牢记，其所应该做的只是被动地接受信息，工作分析人员衡量、评价、分析的是工作，而不是某一个员工。

（4）设计一份具有指导性的问卷或提纲。在访谈时，应该依照一份设计好的具有指导性的问卷或提纲来提问。

（5）要对没有规律的工作方式的内容进行逐一列举。当完成工作任务的方式不是很有规律，如工作承担并不是在一天当中一遍一遍地重复相同的工作时，就应该要求工作承担者按照任务重要性的大小和发生频率的高低将它们逐一列举出来。

（6）在访谈完成之后，要对资料进行核查和核对。与被访谈者本人或其直接上级主管人员一起对所收集到的工作信息进行最后的检查和分析，以得出最恰当的结论。

（二）访谈问题的设计

工作分析中的许多资料收集工作是通过对工作者或其他人员进行提问来完成的。观察法、访谈法和问卷调查法这三种基本的资料收集方法都或多或少地依赖于调查问题的设计。因此，设计问题便成为一个工作分析者必须具备的一项重要技能。为提高访谈法的效果，工作分析人员应事先对被访谈的对象进行一定的了解，包括行业特点、人员素质、业务现状等。然后在此基础上拟订一个访谈提纲，确保访谈的质量和效果。

1. 访谈提纲设计的过程

（1）根据有关的资料和先前的经验检测所设计的问题。这里主要指的是可以得到的现有问卷和调查表、先前的工作分析计划及发表的统计资料。

（2）只选择那些与所调查资料直接相关的问题。

（3）列出所有问题，按一定的逻辑顺序排列，把那些容易的、没有挑战性但又必要的问题排在前面。

（4）构造一个粗略的访谈提纲，对少量被访谈者进行一个先导性的试验访谈。

（5）检查试验访谈的结果，修改或删除问题。

（6）修改不清楚的问题，一是删除重复的问题，除非有检查被访谈者的诚实性的需要；二是把有双重含义的问题分成两个，如果无法分开就删除；三是删除那些在被访谈者能力范围之外的问题；四是把放在一起的容易使被访谈者有偏向的问题分开。

（7）在做了上述修改后，构建一个问题清单。

（8）通过整理资料的方式来选择性地回答问题。对于定性资料，只要"是"或"否"两种回答形式就可以了。对于需要排列顺序的或更高水平的资料，可以考虑选择性回答。

（9）进行第二次试验访谈。这次的重点是检查问题和回答项是否足够。

（10）通过检查第二次试验访谈的结果来构建最终的访谈提纲。

2. 常用访谈问题

（1）你所做的是一种什么样的工作？

（2）你所在职位的主要职责工作是什么？你又是如何做的？

（3）你的工作环境和工作条件是怎样的？与别人的有什么不同？

（4）做这项工作所需具备的教育程度、工作经历、技能是怎样的？要求必须具有什么样的文凭或工作许可证才能完成这项工作？

（5）你通常会参与公司哪些活动？

（6）所从事工作的职责和任务是什么？衡量工作绩效的标准有哪些？

（7）工作对身体的要求如何？工作对情绪和脑力的要求又是怎样的？

（8）工作对安全和健康的影响如何？

（9）在工作中有可能受到身体伤害吗？在工作时会暴露于非正常的工作条件之下吗？

（10）工作中需要使用哪些工具或操作哪些设施设备？

（三）访谈的技巧

访谈法是一种互动性和目的指向性都很强的工作分析方法，工作分析人员通过对员工进行引导性的提问和交流，获取对工作分析有帮助的各种直接信息和间接信息。与其他所有的工作分析方法相比，访谈法的最大优点就是简便快捷、信息量大而且非常直接和真实，工作分析人员几乎可以通过访谈技巧获得工作分析所需要的任何信息。但同时，访谈法对工作分析人员的专业技能也提出了较高的要求，一个善于交流沟通和引导别人谈话的工作分析人员可以在很短的时间内获得他想要的全部信息；而一个专业技能较差、缺乏经验的工作分析人员可能一整天也难有收获。

访谈法是工作分析中资料收集的基本方法之一，它在资料收集和分析的所有阶段都有一定的地位。在问卷形成阶段，在确定研究的目的和范围，设计问卷、清单和分析的其他工具等方面，访谈都是必需的。访谈还可以用于收集资料的最后阶段。所以了解怎样进行访谈是工作分析取得成功的要素之一。

在实践中，已经形成了如下所示的一些访谈的准则和规则。

（1）事先清晰地说明访谈的目标和方法。访谈是与目的相联系的交谈。在工作分析的目的是收集有关工作的有用信息。在访谈前，工作分析人员应该对访谈什么、为什么要访谈和怎样访谈有一个很明晰的计划。

（2）在访谈前，确认访谈是不是得到所要信息的最合适工具。为达到这个目的，访谈者应检查提问内容：这些问题中是不是有让回答者难堪的问题？哪个问题会让回答者感到有威胁？有没有会使回答者感到不舒服或给出虚拟答案的题目？访谈要得到的信息能通过更廉价的观察、公司记录或其他手段获得吗？如果对这些问题有任何肯定的回答，访谈者应重新考虑访谈的形式，观察、无记名问卷和其他方法可能会成为更合适的选择。如果没有其他更好的选择，那么访谈者在提问那些敏感的问题时必须具备专门的知识和能力，因此，其在进行访谈前应该接受培训。

（3）选择适当的回答者以满足信息收集及信息使用途径的需要。如果是进行观点、价值观、态度和其他情感变量的调查，则需要大量的回答者；如果是进行理解工作方法、过程和工作环境的其他客观特征的调查，那么只需少数有相关知识的人就足够了。在所有情况下，回答者的理解水平与所问问题的要求之间应该能相互适应。

（4）为达到访谈的目的，需要取得回答者的支持。这是特别重要的，因为回答者的工作可能会受到访谈结果的影响。一种取得回答者支持的方法是向回答者和工作群体解释访谈的目的和相关的好处。

（5）控制访谈，使访谈指向一定的目标，下面是一些使访谈定向的原则。

（1）帮助回答者根据问题的逻辑顺序去思考和交谈。

（2）给回答者足够的时间回答问题。

（3）在从一个问题转向另一个问题前，使回答者注意具体而又全面的信息。如果离题了，必须及时回到还没有完全涵盖的问题上来。

（4）提供已经完成的阶段性总结，这样的总结有利于保持谈话主题，如果回答者离题了还能使其返回主题。

（6）控制个人举止、行为等会影响结果的因素。下面是与此有关的一些原则。

（1）用通俗易懂的语言进行访谈。

（2）不要与回答者发生争辩。

（3）在所讨论的问题上不要显示任何偏好。

（4）在整个访谈过程中要有礼貌和保持谦恭。

（5）不要高人一等地对待回答者。

（6）访谈时不受个人影响而又不失对话题的兴趣。

（7）记录意外的重要信息，尤其是正式访谈计划中没有想到的或新的信息。

四、问卷调查法

问卷调查法又称问卷法，是通过让被调查岗位的任职者、主管及其他相关人员填写调查问卷来获取相关工作信息的方法。问卷调查法操作程序简单，成本较低，因此大多数组织都采取此方法来收集工作相关信息。

（一）问卷调查法的分类

按照结构化程度划分，调查问卷分为结构化问卷和非结构化问卷。定量结构化问卷是在一定的假设前提下，通过封闭式的问题收集信息。结构化问卷具有较高的信度和效度，便于职位之间相互比较，常见的结构化问卷有职位分析问卷（position analysis questionnaire，PAQ）和管理职位描述问卷（management position description questionnaire，MPDQ）。

与结构化问卷相对比，非结构化问卷中的问题都是开放式的，能全面完整地收集信息，满足不同组织结构的个性化设计的信息需求，非结构化问卷适应性强、灵活性高，但也存在精度不高及随意性强等问题。

（二）问卷调查法的适用范围

问卷调查法可以用于对组织各个层次各类工作进行工作分析，具有较为普遍的适用性，也是中国组织目前运用最广泛、实施效果最好的工作分析方法之一。由于问卷调查法收集的信息完整、系统，操作方便简单，经济可靠，几乎所有的工作分析方法在信息收集阶段都采用问卷调查的形式。由于问卷调查法与访谈法具有极高的互补性，通常来说将二者结合使用能提高工作分析的可靠程度。

（三）问卷调查法的操作流程

1. 问卷设计

问卷设计主要包括岗位的基本信息、目的、工作职责、绩效标准、工作联系、组织架构、工作特征、任职资格等。除此之外，问卷设计应该考虑问卷的难度、长度等内容。表 3-2 为工作分析问卷示例。

表 3-2 工作分析问卷示例

姓名：	岗位名称：	工号：
部门：	主管姓名：	主管职位：

（1）任务综述：请用你自己的语言简要叙述你的主要工作任务，如果你还负责写报告或做记录，请同时完成第（8）部分内容。

（2）特定资格要求：请举例说明为完成由你的职位所承担的那些任务，需要具有哪些证书、文凭或许可证。

（3）设备：请列举为了完成本职位工作，你通常使用的所有设备、机器、工具（如打字机、计算机、汽车、车床、叉车、钻机等）名称。
平均每周使用_____小时，次数_____。

（4）常规工作任务：请用概括性语言描述你的常规工作任务，请根据各项任务的重要性及每个月每项任务所花费时间的百分比将其从高到低排列，请尽可能多地列出工作任务。

（5）工作接触：你所从事的工作要求你同其他部门和其他人员、其他公司或机构有所接触吗？如果是，请列出要求与他人接触的工作任务并说明其频繁程度。
（6）监督：你的岗位负有监督职责吗？
（ ）有　　（ ）没有。
A. 如果有，请另外填写监督职位问卷。
B. 如果你的职位对他人的工作还负有其他责任但不是监督职责的话，请加以解释。
（7）决策：请解释你在完成常规工作的过程中所要做出的决策有哪些。
A. 如果你所做出的判断或决定的质量不高，那么可能会带来的后果是什么？
B. 如果你所采取的行动不恰当，那么可能会带来的后果是什么？
（8）文件记录人：请列举需要由你准备的报告或保存的文件资料有哪些，并请概括说明每份报告都是递交给谁的。
（9）监督的频率：为进行决策或决定采取某种正确的行动程序，你必须以一种怎样的频率同你的主管或其他人协商？
（ ）经常　　（ ）偶尔　　（ ）很少　　（ ）从来不
（10）工作条件：请描述你是在一种什么样的条件下进行工作的，包括内部条件、外部条件。
请一定将所有令人不满意或非常规的工作条件记录下来。
（11）资历要求：请指出为令人满意地完成本职位的工作，工作承担者需要达到的最低要求是什么。
A. 教育：
最低学历_____
受教育年限_____
专业和特长_____
B. 工作经验：
工作经验的类型_____
年限_____
C. 特殊培训：
类型_____
年限_____
D. 特殊技能：_____
E. 其他：_____
（12）其他信息：请提供各项目中所未能包括，但你认为对你的岗位来说十分重要的其他信息。

2. 问卷测试

正式放发问卷之前，选取局部岗位填写问卷初稿以测试问卷，针对测试中的问题及时修订和完善。

3. 样本选择

在针对某一岗位进行分析时，若目标岗位任职者较少（3人以下），则全体任职者均为调查对象；若任职者较多，则选取3~5人为宜。

4. 问卷发放与回收

问卷发放与回收主要包含三个阶段：一是对填写者进行培训并下发问卷；二是及时跟踪填写状况；三是回收问卷前将问卷反馈给被调查岗位的直接上级，请求确认，以确保信息真实性和准确性。

5. 问卷处理及运用

剔除回收问卷中的不合格问卷或重新进行调查，将相同职位的调查问卷进行比较分析，提炼正确信息，用于工作分析。

五、文献分析法

文献分析法是一种经济且有效的信息收集方法，它是指通过对与工作相关的现有文献进行系统性的分析来获取工作信息。由于文献分析法是对现有资料的分析提炼、总结加工，无法弥补原有资料的空缺，也无法验证原因描述的真伪，因此文献分析法一般用于收集工作的原始信息、编制任务清单初稿。

（一）文献分析法的操作流程

1. 确定信息来源

信息来源包括内部信息和外部信息。内部信息包括《员工手册》《公司管理制度》《岗位职责说明》《绩效评价》《公司会议记录》《作业流程说明》《ISO[①]质量文件》《分权手册》《工作环境描述》《员工生产额记录》《工作计划》《设备材料使用与管理制度》《行政主管、行业主管部门文件》《作业指导书》等；外部信息可从外部类似企业相关工作分析结果或原始信息中收集，并作为原始信息加以利用，但必须注意目标职位与"标杆瞄准职位"的相似性。

2. 确定并分析有效信息

进行文献分析时，需要快速浏览文献，从大量的文档中寻找有效信息点。当发现有效信息后，可以根据收集信息内容的不同，使用各种符号进行标示，或者采用不同的颜色标示以便以后快速查找。针对文献中信息不完整和缺乏连贯性的情况，应及时重点标出，在编制工作分析提纲时，作为重点问题加以明示；对于文献中隐含的工作内容，应深入挖掘，在以后的分析中得以求证。

（二）文献分析法的操作注意事项

1. 甄别信息

对企业现有文献的分析，要坚持所收集信息的"参考"地位，采取批判吸收的态度，切忌先入为主，让其中错误和多余的信息影响工作分析乃至其他管理活动的最终结果。

2. 做好阅读标记

研究文献时，要按照既定标准记录信息，切忌"走马观花"，流于形式。

3. 适度运用文献

注意对文献中获得的信息的适度运用。不能使编制的工作分析工具流于表面，缺乏

[①] ISO 全称为 International Organization for Standardization，意为国际标准化组织。

弹性，也不能因陈旧信息的大量堆积影响任职者的判断。

为了应对经济大萧条时期的危机，美国劳工部于20世纪30年代出版了《职业名称字典》，允许新的公共雇用系统将技能供给和技能需求联系起来。《职业名称字典》的最新版本是美国劳工部在1991年出版的，包含了对1200多种工作的描述信息。但是，那些信息都是针对具体工作的，未能提供一个允许对工作之间的差异性和相似性进行比较的跨工作的组织结构。此外，《职业名称字典》也未直接表明员工在执行工作时哪些个人特征是必须具备的及工作执行时的环境，而只关注任务或做了什么工作。

为了解决这些问题，美国劳工部发起了一项名为职业信息网络（Occupational Information Network，O*NET）的大型研究项目。该项目包含了《职业名称字典》出版60年来所收集到的工作和职业信息。职业信息网络是一个对员工工作属性进行全面描述的国家职业信息系统，它建立在4大设计原则基础之上：一是多种描述符为全世界的工作提供了多种视窗；二是一种涵盖了所有职业范围的工作描述符和员工描述符的共同语言；三是基于广泛或具体分类法的职业描述；四是整合了上述3项原则的综合内容模型。

1）多种视窗

有必要让人们接触并了解对其所询问的问题最有用的描述符类型。这些描述符包括任务能力、技能、知识领域和工作环境。这样的组织允许人们询问具体技能是如何与不同种类工作活动相联系的。

2）共同语言

由于具体工作的信息可能是瞬息万变的，职业信息网络只使用较为稳定的一般描述符。它允许使用具体的工作信息，但是只在具备广泛描述符的组织结构中加以使用，比如"销售或影响他人"和"辅助或关心他人"这样的普通工作活动。

3）职业描述

这种职业分类方法可以将信息归结为更少的种类。由于职业信息网络既涉及职位又涉及职业，人们开发了广泛的描述符。例如，有些描述符合关注执行具体工作所需要的关键能力，而其他描述符可能关注更广泛的组织和环境因素，如组织气氛。然后把内容域内的描述符按层级进行排列。

4）综合内容模型

这一模型融合了上述3个设计原则，并提供了一种职业信息的综合描述框架，该系统设计十分灵活，人们既可以先了解技能或能力轮廓，再寻找与之相匹配的职业，也可以先了解职业，再寻找具备相似特征的人。

鉴于人们在过去所投入的巨大努力，职业信息网络取得了持续的进展和完善。虽然现在的职业信息网络数据库确实包含了1112种职业在几个领域内的评定等级，但仅有大约30种职业经过全面的检验。尽管如此，理解职业信息的基本框架现在仍是适用的，未来的研究将会提升职业信息网络的价值。职业信息网络的开发是用来分析美国经济中的职位的，但研究表明，这一方法往往也适用于其他国家。

第四节 工作分析的流程

工作分析的整个过程从本质上来讲是一个信息的流动过程,从输入到分析再到输出,把关于工作岗位的复杂信息加工成为有序的工作分析结果的信息。为此,工作分析的流程及各阶段的主要工作可以分为四个过程,即工作分析准备、工作分析设计、工作信息资料的收集与分析、工作分析结果的运用与反馈,如图3-2所示。

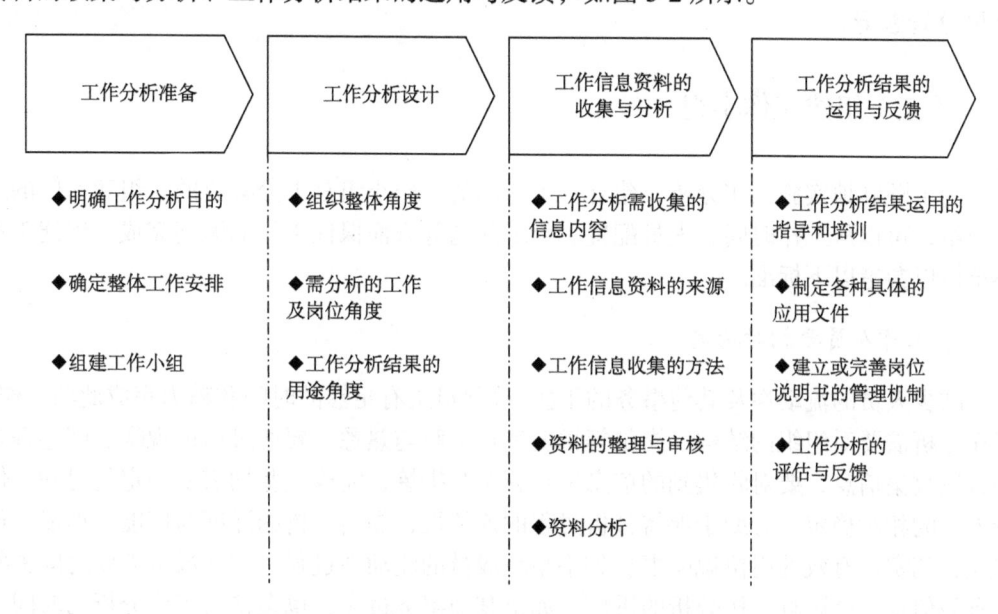

工作分析准备	工作分析设计	工作信息资料的收集与分析	工作分析结果的运用与反馈
◆明确工作分析目的	◆组织整体角度	◆工作分析需收集的信息内容	◆工作分析结果运用的指导和培训
◆确定整体工作安排	◆需分析的工作及岗位角度	◆工作信息资料的来源	◆制定各种具体的应用文件
◆组建工作小组	◆工作分析结果的用途角度	◆工作信息收集的方法	◆建立或完善岗位说明书的管理机制
		◆资料的整理与审核	◆工作分析的评估与反馈
		◆资料分析	

图3-2 工作分析的流程及各阶段的主要工作

一、工作分析准备

(一)明确工作分析目的

明确工作分析目的是工作分析的首要问题,也是工作分析过程中不可缺少的一个环节。有了明确的目的,才能正确地确定分析的范围、对象和内容,规定分析的方式、方法,并弄清应当收集什么资料、到哪里去收集、用什么方法收集。

在一个组织中,工作分析的目的不同,其侧重点也有所不同。通过工作分析可以解决组织以下管理问题:一是明确职位工作量;二是完善工作职责;三是确定薪酬调整的依据;四是细化考核标准;五是加强任职资格体系的建设。

（二）确定整体工作安排

确定工作分析的整体时间与工作相应的内容安排，确定试点部门及具体安排。如以总经理办公室为首次分析试点，计划时间为两周零两天。在工作分析过程中，要明确进行工作分析的牵头部门（一般为人力资源部门），工作分析启动会如何召开，工作分析启动会的议事事项，岗位分析活动如何宣传及其他各部门如何参与等。

工作分析需要确定试点部门，对试点部门完成工作分析后，总结与改进试点部门的工作分析结果，根据工作分析中出现的问题对整个流程做出修改。根据试点情况，制定全面的工作事项安排，然后进行全面的调查与访谈，最后，整体上进行结果分析，撰写各部门总结、分析调查结果，对不完善的部门进行补充收集，将结果上报分管领导。

（三）组建工作小组

为了顺利地实施工作分析，建立一个专门的工作小组是十分必要的。组建专门的工作小组，可以从工作时间、人员配置、组织建构等方面保证工作的顺利完成。组建工作小组可以参考以下标准。

1. 工作人员要相对稳定

减少人员的流动性及其他事务的干扰，确保员工有足够的时间和精力完成此项工作。工作分析需要对组织的结构、岗位等情况进行了解与熟悉，要通过访谈观察、问卷等多种方法收集信息，要对收集到的信息进行分析与提炼，完成这些均需要一定的时间。保持人员的相对稳定，有助于保持分析过程的连续性，提高分析的深度与广度，形成一份客观、翔实、有效的岗位说明书。如果小组成员的流动性过强，则新成员需要时间去熟悉有关信息，会影响工作分析的进度；如果其他事务过多，也会挤占工作分析的时间，影响工作质量。

2. 要考虑人员的多样性

工作小组的人员可以不仅仅局限在人力资源部，工作小组可由人力资源部、企业内其他部门及外部咨询机构的人员共同组成。首先，工作分析是一项专业性较强的工作，需要人力资源部提供专业的技术支持，这些人员包括部门的领导、主管、专门的工作分析人员等。其次，工作分析的对象是企业中的工作岗位及任职者，岗位的任职者熟悉岗位工作情况，工作分析需要他们的合作。他们的积极支持与配合是获取有效工作信息、提高工作分析质量的重要保障。最后，外部咨询机构是来自外部的专业咨询机构，具有较强的专业能力，可以大大提高分析的效果。

工作小组建成后，可以由人力资源部负责统筹组织。在具体实施过程中，可以有不同的实施主体，这些主体具有不同的优点和缺点，在实际工作中，可以从企业工作人员的专业水平、企业成本、确保公平性等方面考虑组建工作小组。

3. 职责分工要明确

工作小组本身也是一个组织。这个组织由一些成员组成，遵循一定的工作规范完成一定的使命，即根据企业的需要完成工作分析。作为一个组织，内部应该有一定的职责分工，通过分工协作完成相应的任务。明确的职责分工可以让工作小组成员明确各自的职责，按职责规定去完成自己的工作。这包括两个含义：第一，职责规定清晰明确；第二，员工也要在日常工作中认真履行职责。工作小组的成员根据需要分成若干岗位，明确各自的任务分工、工作流程、时间进度和阶段成果，形成"分工负责、权责清晰"的工作小组，避免工作中出现相互推诿的现象，提高工作小组的工作效率。

二、工作分析设计

工作分析的设计要考虑工作分析的方法与目的、成本、组织实际情况等方面的匹配，主要从以下几个方面考虑。

（一）组织整体角度

基于组织整体角度的考虑因素有三个方面。

1. 组织结构和技术

组织结构和技术对工作分析方法的选择有一定程度的影响。在组织结构复杂的企业中，应采用一个由多种方法综合的方法体系，因为仅用某一种方法难以有效分析不同部门中不同岗位的信息；而对于只有单个车间的小企业而言，采用访谈法和观察法或许就已足够。

技术因素同样不可忽视。设备和产品本身的技术要求，对岗位分析方法的选择也有影响。当然，对技术因素，不仅要考虑现在的技术情况，也要考虑产品技术进步的步伐和方法，因为这些不断更新的技术运用会迅速改变工作岗位的内容。

2. 员工关系

企业的员工关系中最重要的是经营者和员工代表的关系。如果这种关系缺乏正常的相互信任的气氛，那么要让员工接受工作分析方法，将会变得格外困难。如果员工对岗位分析抱有怀疑态度，并且把它作为一种管理游戏，那将几乎不能解决任何问题。事实上，有很多分析方法仅仅由于遭到员工的反对而被迫放弃。因此，企业必须让员工参与工作分析方法的选择，以取得良好的效果。

3. 管理方式

企业内部的管理方式也是影响选择及运用工作分析方法的一个因素。领导者的管理方式可以分为专制型和民主型两种。民主型的管理方式倾向整个企业中采用合适的岗位分析方法，因为它鼓励员工关心总体的组织结构；专制型的管理方式主要体现为以领导者意志为主要考虑因素，使用这种管理方式的领导者更喜欢运用非量化的工作分析方法。一般认为，管理方式对工作分析方法的主要影响是在多大规模上允许员工参与方案的设计和应用。

（二）需要分析的工作及岗位角度

基于需要分析的工作及岗位角度应考虑以下两方面的因素。

1. 需要分析的工作及岗位的特点

进行工作分析时，要依据企业组织中的每一个工作自身的特点，选择适合的岗位分析工具。观察法适用于大量标准化、工作内容和工作程序相对静止、周期较短、以体力活动为主的工作，不适用于工作周期长和脑力劳动成分比较高的工作、户外工作及处理紧急情况的间歇性工作。问卷调查法对于简单体力劳动工作、脑力工作、管理工作或不确定因素很大的工作、复杂管理工作都很适用。访谈法则适用于体力劳动工作和脑力劳动工作。

2. 企业业务流程

现在企业越来越重视通过面向市场与客户的流程变革，提高为客户创造价值的能力。作为流程衔接与传递的节点，任何职位都必须在流程中找到自身存在的价值和理由，必须根据流程来确定其工作内容与角色要求。

企业在开展岗位分析时，大多缺乏对流程的系统分析，没有把握流程中职位与外在要素的互动联系，片面强调对职位内在要素的详尽描述；将完整的流程分割得支离破碎，造成工作分析与流程的脱节。因此，在进行工作分析，选择恰当的工作分析方法时，要求岗位分析必须与流程相呼应，能有效梳理企业流程，明确当前对职位的要求及每个职位在整个流程中的作用与定位，强调在公司关键流程中每个职位的意义与职责，以有效避免职责重叠与重新界定问题。通过和企业业务流程相结合的工作分析，帮助企业对组织的内在各个要素，包括部门、流程和职位进行全面系统的梳理，帮助企业提高组织及流程设计与职位设置的合理性。

（三）工作分析结果的用途角度

基于工作分析结果用途角度的考虑因素也有两个方面。

1. 最终用途

工作分析的最终用途不同，决定了要选择不同的方法。当工作分析用于招聘时，应该选用以工作者为导向的工作分析方法，它最适合确定与工作有关的活动类型，如判断力、人际关系等，而不是工作者实际所做的细节；而以工作为导向的工作分析，不仅包含了工作者实际所做的细节，还包含了工作者必须将工作做到何种程度的信息，这是最为传统的一种工作分析形式,目前已广泛用于各种培训课程中;当工作分析关注薪酬体系的建立时,就应该选择结构化的工作分析方法,这样有利于对各种工作的工作价值进行比较。

2. 信息的客观性和动态性

随着科学技术的发展、社会经济环境的变化及组织结构的改变,工作所包含的任务、流程所采用的技术及对知识和技术的需求也会随之改变。由于工作分析必须反映现实的种种变化,工作分析应该变静态信息的收集为动态信息的收集。

总之,各种工作分析方法都有利弊,组织的很多方面都会对其产生影响。因此,工作分析人员在实践中要综合考虑各方面因素,不能只用一种方法,而要将各种方法结合起来使用,这样效果会更好。这也是未来工作分析方法的发展趋势。

三、工作信息资料的收集与分析

(一)工作分析需收集的信息内容

(1)工作活动,包括承担工作所必须进行的与工作有关的活动过程、活动的记录、进行工作所运用的程序、个人在工作中的权利和责任等。

(2)工作中人的活动,包括人的行为,如身体行动及工作中的沟通、作业中使用的基本动作;工作对人的要求,如精力的耗费、体力的耗费等。

(3)在工作中所使用的机器、工具、设备,以及辅助用品,如电话、计算机等。

(4)与工作有关的有形和无形因素,包括完成工作所涉及或运用的知识,如公司的会计需要运用会计方面的知识,法律事务主管要懂得法律知识等。

(5)工作绩效的信息,如完成工作所耗费的时间、需要投入的成本,以及工作中的误差等。

(6)工作的背景条件,包括个人时间、工作地点(如在室外还是室内)、工作的物理条件(如有没有噪声)等。

(7)工作对人的要求,包括个人特征(如个性和兴趣)、所需要的教育与培训水平、工作的经验等。

(二)工作信息资料的来源

工作信息资料一般可以通过以下几个渠道来获得:工作执行者本人、管理监督者、顾客、分析专家、《中华人民共和国职业分类大典》及以往的分析资料。需要注意的是,由于各种主观原因的存在,不同的信息员提供的信息会有一定程度的差异。工作分析人员要站在中立的立场听取各方面的不同意见,或者自己实践一下相关的工作活动,以掌握可靠的信息。在工作分析过程中,有些信息需要实地去收集,而有些现存的工作信息资料对于工作分析来说也是非常重要的，不能忽视。

1. 组织结构图

组织机构通常是通过组织结构图描绘出来的，组织结构图既包括纵向的报告关系，同时也包括一些横向的职能职责。组织结构通常包括两个方面：一是组织结构的维度，组织结构两个最为关键的维度是集中化和部门化。集中化指的是决策权力集中于组织结构图上层的程度，它与将决策权分配到组织结构图较低层次上的做法是相反的。部门化指的是在多大程度上根据职能的相似性或者工作流程的相似性对各个工作单位进行分类。二是组织结构的形式，尽管可能存在无数种把集中化和部门化结合在一起的形式，但是在组织中最常见的却是两种结构形式——职能结构和事业部结构。

2. 流程图

组织结构为创造产出的不同个人及工作单位之间的静态关系提供了一个全面的概观，而工作流程设计为投入转化为产出的动态关系提供了一种纵向的透视。相比较而言，流程图比组织结构图更为详尽，它表明工作之间是如何彼此联系起来的。流程图则提供了对特定工作更为详尽的分析。在采用实际的工作分析收集方法之前，应该参考这种详尽的资料。

3. 部门职能说明书

部门职能说明书规定了组织中一个部门的使命和职能，而工作分析就是要将部门的职能分解到下属的职位上去。仔细研究现有的部门职能说明书，可以帮助我们将部门的职能全面有效地分解到部门的各个职位上。

4. 组织中现有的工作说明资料

有很多组织都定期或不定期地实施过工作分析，因此在这些组织中一般会有一些现成的组织职责、工作描述等资料。这些现有的资料尽管可能不尽完善，或者由于工作的变化已经与现在的实际情况不符，但仍会提供工作的一些基本信息，因此仍然具有参考价值。当然，刚刚组建的组织并没有进行过工作分析，其工作说明资料仅仅是公司的章程、宣传资料及招聘广告等。

（三）工作信息收集的方法

收集工作信息的方法多种多样：有定性的方法也有定量的方法；有以考察工作为中心的方法，也有以考虑任职者特征为中心的方法。那么在具体进行工作分析时，要如何选择最有效的方法呢？

实际上，每一种收集工作信息的方法都有独特之处，也有其适合的场合，但也有不足之处，因而不存在一种普遍适用的或最佳的方法。在进行工作分析时，应根据具体的目的和实际情况，有针对性地选择一种或几种方法，这样才能取得较好的效果。

一般而言，在进行工作分析时，工作分析者都是选用几种方法加以综合运用，从而最有效地发挥各种方法的优点，使得所收集的信息尽量全面。但方法的选择要考虑多种情况，不是越多越好，而是要恰到好处。首先，在选择收集工作信息的方法时，要考虑所分析职位的特点，不同的职位有不同的要求，有的职位的活动比较外显，以操作机械设备为主，对工作经验的要求相对要强些，如汽车驾驶员，那么这样的职位就可以使用现场观察法；而有的职位的活动以内隐的脑力活动为主，这样的职位对知识和智力的要求就高些，如有机化学研究员，就不易进行观察，那么对这样的职位运用观察法收集工作信息就是不合适的。因此，职位不同，应该选用不同的工作分析方法和技术，以便更准确地对工作加以描述。

其次，选择收集工作信息的方法时，还应考虑实际条件的限制。有些方法虽然可以得到较多的信息，但可能由于花费的时间和财力较多无法采用。例如，观察法可以较直接地从工作任职者处获得信息，而且观察者与被观察者之间可以进行交流，能够更加深入地挖掘工作的信息，但它花费的时间较多。问卷调查法虽然获得的信息有限，但可以很多人同时回答，效率较高，很适合在时间要求紧迫的情况下采用。

最后，在选择收集工作信息的方法时，还应考虑工作分析方法及人员的相互匹配性。每种工作分析的方法都有其优缺点，每个企业的员工状态也不一样。在这种情况下，要综合运用多种方法，尽可能多地收集工作信息。例如，访谈法一般与观察法同时进行，辅之以调查问卷法，而不是单独使用某一种方法。

在选定了收集工作信息的方法之后就要着手准备所用方法的一些材料。例如，有的方法需要事先设计一定的程序或准备一定的文件，包括面谈的提纲、调查问卷、观察的记录表格等。

（四）资料的整理与审核

1. 整理资料

将收集到的信息按照需收集信息的清单要求进行归类整理，同时检查是否有遗漏的项目，如果有的话要返回上一步骤，继续进行调查收集。

2. 审核资料

归类整理后，分析小组要对所获信息的准确性进行核查，需要的话召集相关人员进行核查，或者回到上个步骤，进行再调查。

（五）资料分析

在确认所收集到的各种信息没有遗漏和错误之后，就进入资料的信息分析阶段。信息分析阶段是将用各种工作信息收集方法所收集到的信息进行核对、筛选、统计、分析、研究、归类的一个过程。在信息分析阶段可以参照企业以前的工作分析资料和同行业同职位其他企业的相关的工作分析资料，以提高信息分析的可靠性。

1. 资料分析的原则

（1）对工作活动是分析而不是罗列。分析时应当将某项职责分解为几个重要的部分，然后将其重新组合，而不是对任务或者活动进行简单罗列。

（2）针对的是工作而不是个人。

（3）分析要以当前的工作为依据。工作分析是为了获取某一特定时间内的职位情况，应当以当前的工作状况为基础进行分析，不能把自己或别人对这一职位的设想加到分析中。

2. 资料分析的主要内容

（1）岗位名称分析。岗位名称分析需要正确恰当地反映岗位的位置与功能特征，并符合通常习惯，使人们通过名称就可以了解工作的性质与内容。岗位名称信息应当简单明了，能将职务名称、职务编号、所属部门、职务等级等基本信息体现出来。

（2）岗位描述分析。为了全面认知工作，需进行工作任务分析、工作责权分析、工作关系分析和劳动强度分析。

● 工作任务分析。工作任务分析是对工作任务、工作内容、独立性与多样性程度、工作的程序与方法、设备与材料运用进行分析。

● 工作责权分析。工作责权分析是以定量的方式确定每项任务的责任与权限。

● 工作关系分析。工作关系分析是对工作的制约与被制约关系、协作关系、升迁与调换关系等进行分析。明确某个职位会与哪些工作发生关联关系，会对哪些工作产生影响，受到哪些工作的制约，与谁发生协作关系，可以在哪些职位范围内进行升迁和调换。

● 劳动强度分析。劳动强度分析是对劳动强度指数、标准工作量、工作压力等进行的研究与界定，如确定工作的标准活动量、规定劳动定额、绩效标准、工作循环周期等。

（3）工作环境分析。工作环境分析的目的是确认工作的条件和环境。工作环境分析包括工作的物理环境分析、工作安全环境分析和工作社会环境分析。

● 工作的物理环境分析，包括对工作环境的温度、湿度、照明度、噪声、震动、异味、粉尘、气压、辐射等，以及任职者与这些环境因素接触的时间等进行的分析。

● 工作安全环境分析，包括对工作环境的危险性、危害性、危害程度、发生概率、职业病、工业卫生等安全因素进行的分析。

● 工作的社会环境分析，包括对工作所在地的生活方便程度、环境的变化程度、工作的孤独程度、工作单调度、人际交往等社会因素进行的分析。

（4）任职资格分析。任职资格分析的目的是确认工作执行人员的最低任职资格条件。主要包括以下内容。

● 必备知识分析。必备知识分析是指对工作执行人员所具有的基本知识技能的分析。具体包括：最低学历要求，对有关政策、法规、工作准则及规定的通晓程度，对设备、材料性能、安全技术、工艺过程和操作方法、工具的选择等有关知识的最低要求。

● 必备经验分析。必备经验分析是指对工作执行人员的基本的经验要求的分析。它主要包括：相关工作经验要求，专门训练和专业证书要求，有关工艺规程、操作规范、任务完成方式等的实际经验。

- 必备能力分析。必备能力分析是指对工作执行人员依据必备知识和必备经验分析的内容所确定的注意力、决策力、创造力、判断力、组织力、记忆力、智力、适应性等进行分析。
- 必备心理素质分析。必备心理素质分析是指对工作执行人员的职业倾向、运动心理能力、气质取向等，也就是工作中应具备的耐心、细心、沉着、诚实、主动性、责任感、支配性、情绪稳定性等方面的特点进行分析。
- 必备的身体素质分析。必备的身体素质分析是指对工作执行人员在工作中应具备的行走、跑步、攀登、站立、平衡、旋转、弯腰、推拉、耐力、灵活性、协调性等进行的分析。

四、工作分析结果的运用与反馈

在完成了前面三个阶段的工作以后，还需要完成以下工作：工作分析结果运用的指导和培训、制定各种具体的应用文件、建立或完善岗位说明书的管理机制及工作分析的评估与反馈等。

（一）工作分析结果运用的指导和培训

工作分析结果表达的方式包括岗位说明书、任务分析表、工作词典、工作定义、职业分类、工作规范或其他方式。要充分发挥工作分析的使用价值，就要让使用者明白它在人力资源管理与开发中的作用。如果不能让工作分析结果用于解决实际问题，那么所做的工作分析纯粹就是一种浪费。

工作分析结果运用的指导和培训，是各个工作分析程序中一个重要的组成部分，它包括何时何地及怎样使用分析资料和结果，以便实现人力资源管理与开发的目的。

（二）制定各种具体的应用文件

岗位说明书只有运用于企业的各项实践中，才能充分发挥其基础性作用。因此，要协调各部门制定完成相应的具体文件。例如，如何根据岗位说明书确认岗位招聘条件、如何根据岗位说明书确定工作的绩效标准等。

（三）建立或完善岗位说明书的管理机制

岗位说明书的管理和使用是一个动态过程，必须建立一套完整的管理机制。

1. 建立信息管理体系

采用计算机系统完成信息的录入与更新工作，全面反映岗位说明书的各项内容。指定专门的人员负责岗位说明书等工作文件的管理与使用，形成标准化、制度化的管理规范。重视用科学的定量分析方法，从大量数据中找出规律，提高科学管理水平，使信息充分发挥作用。

2. 建立灵敏的信息反馈机制

组织的变化、岗位的调整、新技术的运用等都会引起工作内容与任职资格的变化，因此，必须及时了解和改进工作说明书的内容。一方面，人力资源部要定期检查追踪工作岗位信息的变化情况，通过专门的训练，使工作人员具有识别信息的能力；另一方面，严格规定反馈制度，各职能部门定期向人力资源部反馈相关信息，由人力资源部对各种数据信息做深入分析，为进一步改进和完善工作说明书提供科学依据。

3. 重视对岗位说明书的过程管理

不仅要注重岗位说明书的制定过程，还要注重岗位说明书的使用过程、反馈和修订过程，切实发挥岗位说明书在人力资源管理活动中的作用。

（四）工作分析的评估与反馈

工作分析任务完成后，要对整个工作进行评估与反馈。这不仅仅是为了了解是否达到了预期目的，还有助于对任务执行的过程和环节进行改进和优化，为以后开展此项工作提供可借鉴的经验。

工作分析是实现某项管理目的的手段，而不是目的本身。对工作分析活动及其成果的评价，取决于分析结果使用者的意见。为了完成此项工作，我们可以从以下三个方面确定有关评估与反馈内容。

（1）工作分析的过程信息：对工作分析过程的总体评价如何，是否满意，是否影响了他们的正常工作，如何改进等。

（2）工作分析的内容信息：是否全面反映了工作的信息，是否体现了岗位性质与特征，是否科学地界定了岗位的任职资格与条件等。

（3）工作分析的效果：是否达到了预期目的，是否明确了岗位职责与相互关系，是否提高了工作绩效，是否规范了岗位的操作方式与流程等。

【本章内容小结】

本章介绍了工作分析的定义及与之相关的专业术语，并介绍了工作分析的性质及其在人力资源管理中的作用，详细说明了工作分析的常用方法，以及工作分析四个阶段的工作内容。本章是为了帮助读者从系统层面了解人力资源管理的理论与实践，同时，深入了解人力资源管理中有关工作分析的各项内容。工作分析不是人力资源管理的常规工作，但是对人力资源管理各个模块的工作具有支撑作用。工作分析的思想起源于社会分工，许多中外学者，如管仲、荀况、柏拉图和亚当·斯密等都论述并强调了它对提高工作效率、促进个人能力发展和社会发展的作用。目前工作分析已形成了一套成熟的理论和实践体系。

【讨论思考题】

1. 什么是岗位？举例说明组织中岗位与人员的对应关系。
2. 工作分析方法选择时应如何"扬长避短"？

【案例分析 3-2】

小王为何要辞职

小王来到公司的人力资源部对张经理说："可能我无法适应目前的工作，我希望在这个月末试用期结束时离开公司。"张经理听了很惊讶。小王是两个月前到公司销售部担任销售部经理助理的。在这段时间的工作中，人力资源部通过销售部经理及销售部其他同事了解了小王试用期的工作情况，大家都反映很好，想不到小王会主动提出辞职。

三个月前，销售部经理提出了增加经理助理职位的需求，由于销售部将加强与国外厂商的业务联系，急需熟练使用英语口语和处理英语书面文件的员工，并希望新增加的员工具有一定的计算机水平，同时可兼顾公司对外网站的管理工作。

人力资源部就所需增加的工作岗位进行分析，经过与销售部经理协商，编写了该岗位的工作说明书。其中对岗位职责的描述是：

1. 协助经理处理与国外业务的联系及英文书面文件、合同；
2. 在需要的情况下可担任英文翻译；
3. 整理销售部内部业务文档；
4. 负责在网站上发布有关公司的业务信息，并进行公司网页的更新、调整。

工作岗位对语言能力方面的要求决定了应聘人员最好是英语专业的毕业生或在国外生活过的人员；而计算机网站管理又对应聘人员的计算机水平提出了较高的要求，要求能制作网页和进行数据库处理，应聘者最好是具备计算机专业学历的人员。

看到这样的任职资格要求，人力资源部感到这个岗位的招聘工作难度较大。当招聘信息在人才招聘渠道发布后，应聘的人员不多。小王是华南地区某商学院毕业的学生，毕业后在广告公司做过业务工作，后来到英国留学，在国外所学的专业是计算机应用，留学回国才一个月，各方面的条件完全符合招聘岗位的要求。经过两次面试后，销售部和人力资源部都觉得小王是这个岗位的最佳人选，于是通知小王来公司报到上班。

"为什么你会觉得自己不能适应这项工作呢？"张经理问小王。

小王说："工作中业务文件的处理、与客户的业务联系都没问题，内部文档也能按要求管理好，但是我不了解我们公司生产产品的技术参数和生产能力，在与客户联系的过程中，需要根据客户的需要为客户量身订制产品的技术参数并在合同中注明交货期限。销售部要求我向客户提供技术方案和我们能为客户量身订制的产品的规格、型号，有时还要决定我们什么时候能给客户供应哪些类型的产品。这些工作需要较多技术方面的知识，何况我不是销售部经理，我也无法决定。目前我承担的工作与应聘时对我提出的工作要求完全不一样。"

问题：小王为什么要辞职？销售经理助理这一职位的工作说明书存在什么问题？有何影响？

第四章　员工招聘与甄选

【本章学习目标】

目标 1：了解招聘与甄选的概念。
目标 2：理解员工招聘的流程。
目标 3：理解招聘的渠道。
目标 4：掌握人员选拔与甄选的方法。

【引导案例 4-1】

美国通用电气公司选拔董事长接班人的"机舱面试"计划

1998 年美国的通用电气公司（General Electric Company，GE）以 93 亿美元的年利润，位列世界 500 强第一。《财富》杂志将 GE 评为全美最受推崇的公司。执掌 GE 董事长、总裁要职达 18 年之久的杰克·韦尔奇，是 GE 光辉业绩的主要创造者。但是，并非人人都明白，GE 发展史上最成功的决策，却发生在韦尔奇上任之前。韦尔奇的前任雷吉·琼斯，用 7 年时间物色了韦尔奇。如果说韦尔奇改写了 GE 的历史，那么韦尔奇改写 GE 的过程是从琼斯决定任用韦尔奇的决策开始的。琼斯用 7 年时间选拔继承人的过程，编织了 GE 历史上最辉煌的一页，也是历史上最成功的决策。

1974 年，琼斯担任 GE 董事长才 3 年，便开始考虑挑选自己的继任人。一开始有一个 97 人的候选名单，经过筛选最后减少到 11 人，韦尔奇名列其中。经过 3 年的考察后，琼斯开始实施他的"机舱面试"计划。

1978 年元旦刚过，他把候选人一个个分别召进办公室，接着开始说出公式般的第一个问题："听我说，你和我现在乘着公司的飞机旅行，这架飞机坠毁了。谁该继任 GE 的董事长？"从这样的谈话中，琼斯了解到许多有关候选人对其他候选人的想法和合作的可能性。

韦尔奇也是在意料之外被招去接受"机舱面试"的，他同样是怀着忐忑不安的心情。他对琼斯说，这个公司有过多的程式、牵扯因素太多，以致缺乏高效的决策机制。根据琼斯的要求，韦尔奇写下了三个董事长的候选人的姓名，其中包括后来成为他的董事会合作者的胡德、柏林盖姆和他本人，当琼斯问及三人中谁最有资格时，韦尔奇脱口而道："还用问吗，当然是我了！"他们都忘了，韦尔奇已经"坠机遇难"了。此番谈话使琼斯对韦尔奇越加欣赏。

三个月后，琼斯把候选人压缩到 8 人，并再次分别召见他们，做第二轮"机舱面试"。当然，问题做了改变："这回，你我同乘一架飞机。但是，飞机坠毁后，我死了，而你幸免于难。你说谁该来做公司董事长？"琼斯要求每人列出三名候选人，候选人本人可以列在其中。令琼斯高兴的是，他最中意的三名候选人，韦尔奇、胡德和柏林盖姆，都在三名董事长候选人名单中写下了另外两位。这时，琼斯心目中的继任者形象和姓名已经明确了，他就是杰克·韦尔奇。

为了让董事会认识韦尔奇，琼斯让韦尔奇、胡德和柏林盖姆进入董事会。经过一段时间的考察，琼斯于 1980 年 11 月召集董事会，进行年度人事评价。琼斯让人事部门提交了包括聪明才智、吃苦耐劳、自我管理、同情心等在内的 15 个项目的测评结果。韦尔奇在所有董事长、总裁候选人中得分最高。这次，不仅琼斯本人，GE 的其他 19 名董事会成员，都表示同意推举韦尔奇为下一任 GE 董事长。韦尔奇无疑是伟大的，但就因为他太伟大，GE 历史上最伟大的决策并不是韦尔奇做了什么，而是他的前任琼斯选择了最合适的接班人。

问题：GE 选拔韦尔奇作为董事长接班人的过程对你的启示是什么？

【正文内容】

作为人力资源管理的一项基本职能活动，招聘录用是人力资源进入企业或者具体职位的重要入口，它的有效实施不仅是人力资源管理系统正常运转的前提，也是整个企业正常运转的重要保证。

第一节 员工招聘

一、招聘的含义

员工招聘（employee recruitment）是指企业根据人力资源规划和工作分析的数量与质量要求，通过发布招聘信息和科学的甄选方法，从在组织内部和外部发现和吸引的有条件、有资格和有能力的人中选出优秀、合适的人员来填补组织的职务空缺的活动过程。

企业为了适应经营环境的变化，会不断提高企业的竞争能力并发展新业务，而这些都相应对企业人力资源的数量和质量提出了新要求，要求企业在发展中不断补充和更新员工；招聘是企业补充人员的主要方法，也是保持企业生存与发展的重要手段，成功和有效的员工招聘意味着组织有更强的人力资源优势，从而为企业带来竞争优势。

二、员工招聘的原则

为了把招聘工作做好，真正选到企业所需的人员，在招聘工作中必须按人力资源管理客观规律办事，遵循反映这些客观规律的科学原则去开展工作，企业在员工招聘工作中必须符合以下原则。

（一）公平原则

企业招聘应符合国家有关法律法规和政策。在招聘中应坚持平等就业、相互选择、公平竞争、禁止未成年人就业、照顾特殊人群、先培训后就业、不得歧视妇女等原则。由于企业的原因订立无效劳动合同或违反劳动合同时，企业应承担责任。只有公平竞争才能吸引优秀的人才，才能使人才脱颖而出，才能起到激励作用。

（二）公开原则

公开原则是指把招聘的职位种类、数量、资格、条件、考核的方法、科目和时间等，均面向社会公告周知，公开进行。一方面给予社会上的人才公平竞争的机会，达到广招人才的目的；另一方面使招聘工作置于社会的公开监督之下，防止不正之风。

（三）全面原则

全面原则是指对报考人员的品德、知识、能力、智力、心理、以往工作的经验和业绩进行全面考试、考核和考察。因为一个人能否胜任某项工作或者发展前途如何是由多方面因素决定的，特别是非智力因素，对其将来的发展起着决定性作用。

（四）"宁缺毋滥"原则

在招聘过程中可招可不招时尽量不招，可少招可多招时尽量少招。招聘来的人如果不能充分发挥其作用，企业的效益会大打折扣。因而，在制定招聘决策时一定要树立"宁缺毋滥"的观念，一个岗位宁可暂时空缺，也不要让不合适的人占据。

三、员工招聘的流程

招聘流程（recruiting process）是指从组织内出现空缺到候选人正式进入组织工作的整个过程。广义的招聘包括招聘准备、招聘实施和招聘评估三个阶段。狭义的招聘包括招募、甄选、录用三个步骤，如图4-1所示。

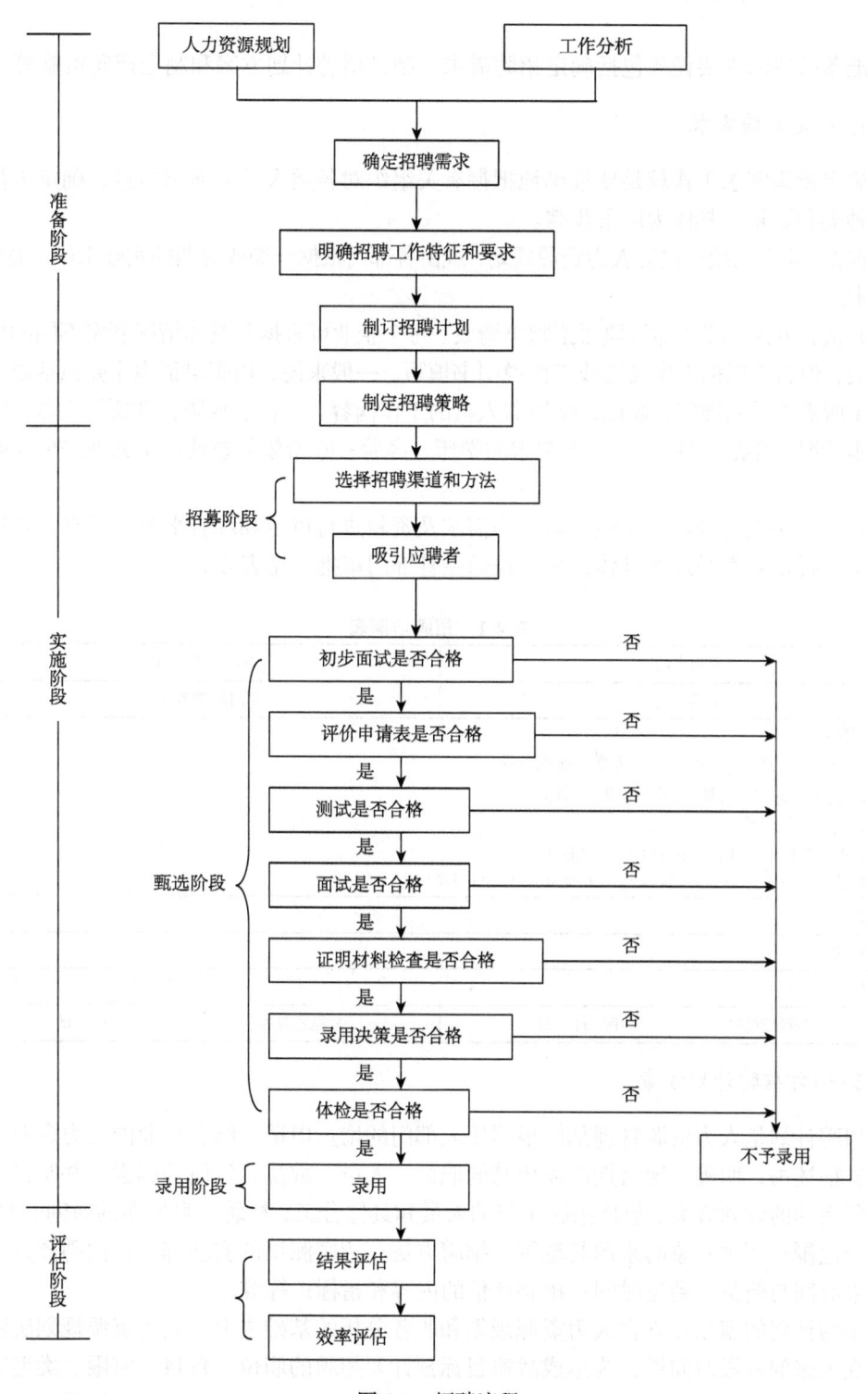

图 4-1 招聘流程

（一）准备阶段

准备阶段的主要任务包括确定招聘需求、制订招聘计划方案和制定招聘策略等。

1. 确定招聘需求

确定招聘需求工作就是要准确地把握有关组织对各类人员的需求信息，确定人员招聘的种类和数量。具体为以下步骤。

首先，由公司统一制订人力资源规划，或由各部门根据长期或短期的实际工作，提出人力需求。

其次，由人力资源部门填写招聘申请表。每个企业可根据其具体情况制定不同的招聘申请表，但必须根据工作描述或工作说明书填写。一般来说，招聘申请表主要包括以下内容：①所需人员的部门、职位；②所需人员的工作内容、责任、权限；③所需人数；④人员基本情况（年龄、性别等）；⑤要求的学历、经验；⑥希望的技能；⑦其他需要说明的内容。

最后，由人力资源部审核，对人力需求及资料进行审定和综合平衡，对有关费用进行评估，提出是否受理的具体意见，报送主管部门审批，见表4-1。

表 4-1　招聘申请表

招聘申请表		年　月　日	
申请部门：		部门经理签字：	
招聘岗位：			
兼职___名　　专职___名　　专职、兼职不限			
人数：___名（其中，男性___名，女性___名）			
年龄：___岁至___岁			
学历：A.大专以上　B.本科以上　C.硕士以上			
工作经验：A.应届　B.一年以上　C.两年以上　D.三年以上			
具体要求：			
特殊要求：			
期望到岗时间：			
主管经理签字：	年　月　日	总经理签字：	年　月　日

2. 制订招聘计划方案

招聘计划是人力资源管理部门根据用人部门的增员申请，结合企业的人力资源规划和职务描述书，明确一定时期内需招聘的职位、人员、数量、资质等因素，并制订具体的招聘活动的计划方案。包括招聘小组的人员和具体分工；招聘信息发布的时间、方式、渠道与范围；招聘对象的来源与范围；招聘方法；招聘测试的实施部门；招聘预算；招聘结束时间与新员工到位时间；招聘评估的内容和指标；等等。

招聘计划的编制建立在人力资源规划和职务分析的基础之上，人力资源规划决定了企业在未来的一段时间里，为达成战略目标预计要招聘的职位、数量、时限、类型等因素。职务分析则是对企业中各职位的责任所需的资质进行分析，它为招聘提供了主要的参考依据，同时也为应聘者提供了关于该职位的详细信息。人力资源规划和职务分析两项基础性工作使招聘能建立在比较科学的基础上。

员工招聘需要是根据企业的人力资源规划和用人部门的增员申请确定的，人力资源规划是为了保证未来人力资源的供给与战略目标的一致性，用人部门的增员申请，则反映了用人部门的实际需求，这可能会与规划有一定的出入。用人部门在出现人员短缺时，定期向人力资源部递交增员申请表，人力资源部复核并签署意见后交上级主管领导批准，最后汇总编制企业的增员计划表。人力资源部根据经批准确定的人员需求，制订相应的招聘计划，制订人员招聘计划为组织人力资源管理提供了一个基本的框架，尤其为人员招聘录用工作提供了客观的依据、科学的规范和使用的方法，能够有效避免在人员招聘录用过程中发生失误。招聘计划一般包括：岗位人员需求清单、招聘信息发布的时间和渠道、招聘组人选、招聘者的选择方案、招聘的截止时间、新员工的上岗时间、招聘费用预算、招聘工作时间表等。

3. 制定招聘策略

招聘策略是招聘计划的具体表现，是为实现招聘计划而采取的具体策略。在招聘中，必须结合本组织的实际情况和招聘对象的特点，给招聘计划注入有活力的东西，这就是招聘策略。招聘策略包括招聘地点策略、招聘时间策略、招聘渠道策略及招聘中的组织宣传策略等。

（二）实施阶段

招聘工作的实施是整个招聘活动的核心，也是最关键的一环，它包括招聘、选择、录用三个步骤。

1. 招聘阶段

根据招聘计划确定的策略及单位需求所确定的用人条件和标准进行决策，采用适宜的招聘渠道和相应的招聘方法，吸引合格的应聘者，以达到适当的效果。每一类人员均有自己习惯的生活空间、喜欢的传播媒介，单位想要吸引符合标准的人员，就必须选择该类人员喜欢的招聘途径。

1）招聘广告的编写

招聘广告编写原则。第一，真实是招聘广告编写的首要原则，招聘的企业必须保证招聘广告的内容客观、真实，并且要对虚假广告承担法律责任。第二，合法，广告中出现的信息要符合国家和地方的法律、法规和政策。第三，简洁，重点突出招聘的岗位名称、任职资格、工作职责、工作地点、薪资水平、社会保障、福利待遇、联系方式等内容。

招聘广告的内容包括以下几个方面：①广告题目。一般是"××公司招聘""诚聘"等。②公司简介。包括公司的全称、性质、主营业务等，要简明扼要。③审批机关。发布招聘广告一般要经过人事主管机关的审批，一般是当地的人才交流中心。④招聘岗位。包括岗位名称、任职资格、工作职责、工作地点等内容。⑤人事政策。包括公司的薪酬政策、社会保障政策、福利政策、培训政策等内容。⑥联系方式。包括公司地址、联系电话、传真、网址、电子邮件地址、联系人等内容。

2）发布招聘信息

发布招聘信息的目的是吸引足够数量的应聘者以供筛选。如果在发布招聘信息这一环节上没有吸引到足够数量的合格的申请人，企业就无法获得符合要求的人才。

3）应聘者申请和资格审查

主要包括求职申请表的设计、申请资格的确定和资格审查三个部分。

（1）求职申请表的设计

求职申请表内容的设计要根据工作岗位的内容而定，设计时还要注意有关法律和政策。例如，有的国家规定：种族、性别、年龄、肤色、宗教等不得列入表内。

求职申请表的内容所应反映的信息有以下几点。

- 个人情况：姓名、年龄、性别、婚姻、地址及电话等。
- 工作经历：目前的任职单位及地址，现任职务、工资，以往工作简历及离职原因。
- 教育与培训情况，包括本人文化的最终学历、学位、所接受过的培训。
- 生活及个人健康情况：包括家庭成员等，健康情况需医生证明。
- 其他

（2）求职申请表示例

求职申请表示例见表 4-2。

表 4-2 求职申请表

姓名		性别		出生年月		政治面貌		
学历		毕业院校				专业		
职称		现从事的专业/工作						
现工作单位				联系电话				
通信地址				邮编				照片
家庭地址				身份证号码				
掌握何种语言				程度如何有无证书				
技能与特长				技能等级				
个人兴趣		身高		体重		健康状况		
个人简历								
离开原单位的主要原因				目前薪金				
欲加入本单位的主要原因								
收入期望		元/年		可开始的工作日期				
晋升期望（职位、时间）								
培训期望（内容、时间）								
其他期望								
家庭成员情况								
备 注								

自愿保证：本人保证表内所填写内容真实。

申请人签名： 日期：

2. 选择阶段

这是组织从"人、事"两个方面出发，使用恰当的方法，从众多的候选人当中挑选出最适合职位人员的过程。在人员比较选择的过程中，应以工作岗位职责为依据，以科学、具体、定量的客观指标为指导。常用的人员选拔方法有初步筛选、笔试、面试、心理测验、评价中心等。需要强调的是，这些方法经常相互交织在一起并需要相互结合使用。

1）申请资格的确定

申请资格是企业对应聘者的最低要求，一般只涉及学历、专业、工作经验、年龄等基础条件。

2）资格审查

资格审查就是根据前面所确定的申请资格标准对应聘者的求职申请表进行审查，也称为初选或初审。在审查求职申请表时，要估计背景材料的可信程度，要注意应聘者以往经历中所任职务、技能、知识与应聘岗位之间的联系。要分析其离职的原因和求职的动机，对于那些频繁离职、高职低求、高薪低就的应聘者要作为疑点一一列出，以便在面试时加以了解，应聘高级职务者还需补充其他个人资料，初审结果对明显不符合条件者可予以淘汰。

3）测评与甄选

测评与甄选是指对初审合格的应聘者进行面试、笔试和其他各种测评，以及对测评合格的人员进行体检和背景调查，最终确定候选人的过程。

测评与甄选是招聘工作中最关键的一步，也是技术性最强的一步，因而其难度也最大。关于人员测评与甄选的方法和技术我们将在下面章节讨论。

3. 录用阶段

录用是依据选择的结果做出录用决策并进行安置的活动，它主要包括录用决策，发录用通知，办理录用手续，员工的初始安置、试用、正式录用等内容。录用决策包括发出录取通知、签订劳动合同及试用期的管理等，招聘者和求职者都要做出自己的决策，以便达成个人与工作的最终匹配。一旦求职者接受了组织的聘用条件，劳动关系就算正式建立起来了。

在这一阶段，劳动合同的签订和试用期的管理是最为敏感和复杂的，在实际操作中存在着很多误区。第一，根据劳动合同的期限决定试用期的长短；第二，同一用人单位与同一劳动者只能约定一次试用期；第三，用人单位只约定试用期而未签订劳动合同是违法行为；第四，试用期中用人单位不能随意解雇员工，也需要证明劳动者在试用期间不符合录用条件；第五，用人单位在劳动合同中约定劳动者在试用期解除合同需承担违约责任是无效条款；第六，试用期内劳动者解除劳动合同无须赔偿用人单位的培训费用。

（三）评估阶段

对招聘活动的评估主要包括两个方面：一是对照招聘计划对实际招聘录用的结果（数量和质量两方面）进行评价总结；二是对招聘工作的效率进行评估，主要是对时间效率和经济效率（招聘费用）进行招聘评估，以便及时发现问题，分析原因，寻找解决的对策，及时调整有关计划，并为下次招聘总结经验教训。

第二节　员工招聘的渠道

招聘渠道主要有内部招聘与外部招聘两种。招聘渠道的选择，取决于企业所在地人才市场，企业拟招聘职位的性质、层次、类型，企业的规模、管理政策等因素。

一、内部招聘和外部招聘的优缺点比较

企业内部招聘是指企业通过企业内部晋升、工作调换、工作轮换、人员重聘等方法，从企业内部人力资源储备中选拔出合适的人员补充到空缺或新增的职务上去的活动。外部招聘就是企业公开向社会招聘企业外人员。

在招聘前，企业要明确是以内部招聘为主，还是以外部招聘为主，二者各有优劣（表4-3）。

表 4-3　内部招聘与外部招聘的优劣比较

招聘渠道	优点	缺点
内部招聘	1. 招聘和训练成本较低 2. 员工熟悉企业 3. 提高在职员工士气和工作意愿 4. 企业了解员工 5. 保持企业内部的稳定性	1. 人员来源狭小造成企业的视野逐渐狭窄 2. 易形成钩心斗角 3. 未被提升的人士气低落 4. 容易形成小集团，近亲繁殖
外部招聘	1. 能够吸收新鲜血液 2. 有利于带来新的观念和方法 3. 引入企业没有的知识和技术 4. 有助于拓展企业的视野	1. 人才获取成本高 2. 新员工需要较长时间适应环境 3. 降低在职员工的士气和投入感 4. 新旧员工之间相互适应期延长

二、内部招聘的渠道与方法

（一）内部招聘的渠道

1. 内部晋升

组织在某些岗位上出现人员（特别是管理人员）短缺时，从组织内部寻找合适的人填补空缺是最常用的一种方法，它可以使组织迅速从员工中提拔合适的人选到空缺的职位上。内部提升给员工提供了机会，使员工感到在组织中是有发展机会的，个人职业生

涯是有发展前途的，这对于鼓舞士气、稳定员工队伍是十分有利的。

2. 工作调换

工作调换即平调，它是职务级别不发生变化，但工作岗位发生变化。工作调换一般用于组织中在某一部门担任领导岗位太长时间的中层管理人员。它是组织内部人员的另一种重要来源，可为员工提供从事组织内多种相关工作的机会，为员工今后提升到更高的职位做好准备和打好基础。

3. 工作轮换

工作轮换主要用于一般员工，工作轮换在时间上往往较短，是暂时性的。它既可使有潜力的员工积累不同岗位的工作经验，为晋升做准备，又可减少员工因长期从事某项工作而带来的枯燥和无聊，从而提高工作效率。

4. 内部离岗人员重新聘用

一些组织由于经营效果不好或机构重组等，会暂时让一些员工离岗，待组织情况好转、机构重组已经就绪时，再重新聘用这些员工。采用这种方式，可达到优化配置组织人力资源的目的。

（二）内部招聘的方法

1. 推荐法

推荐法可用于内部招聘，也可用于外部招聘。它是由本企业员工根据企业的需要推荐其熟悉的合适人员，供用人部门和人力资源部门进行选择和考核。由于推荐人对用人单位及被推荐者的情况都比较了解，被推荐者更容易获得企业与岗位的信息，便于其决策，也使企业更容易了解被推荐者，因而这种方法最为有效，成功的概率较大。

2. 公告法

公告法是最常用的一种内部招聘方法，它是通过向员工通报现有工作空缺，从而吸引相关人员来申请这些空缺职位的。工作公告中应包括空缺职位的各种信息，如工作内容、资格要求、上级职位、工作时间及薪资等。

3. 档案记录法

随着计算机和网络技术的发展，现在很多企业都建立了人力资源信息系统。在企业的人力资源部中，一般都有员工的个人资料档案，从中可以了解到员工在教育、培训、经验、技能、绩效等方面的信息，通过这些信息，企业的高层和人力资源部门就可以确定出符合空缺职位要求的人员。使用这种方法进行内部招聘时，要注意两个问题：一是档案资料的信息必须真实可靠、全面详细，此外还要及时更新，这样才能保证挑选人员的质量；二是确定出人选后，应当征求本人的意见，看其是否愿意服从调配。

三、外部招聘的渠道与方法

企业外部巨大的劳动力市场是企业员工招聘的外部来源。外部招聘的渠道众多，下面主要介绍常用的几种。

（一）外部招聘的渠道和对象

1. 学校

学校是企业招聘初级岗位的重要来源，在中学和职业学校中可以招聘办事员或其他一线生产的应用型技术人才，在大学里则可以招聘潜在的专业人员、技术人员和管理人员。由于学生没有任何工作经验，让他们接受企业的理念和文化相对容易。

2. 竞争者和其他公司

对于要求具有工作经验的职位来说，竞争者或同一行业的其他公司可能是最主要的招聘来源。

3. 失业者

这也是企业招聘的一个重要来源，由于失业者经历过失去工作的痛苦，当他们重新就业后，会更加珍惜现有的工作机会，工作努力程度比较高，对企业的归属感也比较强。

4. 老年群体

包括退休员工在内的老年群体也构成了一个宝贵的招聘来源。虽然老年人的体力可能有所下降，但是他们具有年轻人不具备的工作经验。此外，由于老年人的生活压力比较小，他们对薪资待遇的要求并不是很高，这些都对企业非常有利。

5. 军人

由于军人有真实的工作经历，个人品质可靠，具有灵活、目标明确、纪律性强及身体健康等特点，对企业来说也是非常重要的一个来源。

（二）外部招聘常用的方式方法

1. 广告招聘

这是企业常用的一种招聘方式，其形式有登报做招聘广告，或在电视、电台做招聘广告等。招聘广告的内容一般包括4项,即招聘职位、招聘条件、招聘方式及其他说明。招聘广告必须要符合有关法律,我国《劳动合同法》和《就业促进法》等就明文规定在就业上不得有性别、民族、种族、宗教信仰等歧视,也不能歧视残疾人、传染病病原携带者和农村劳动者。

2. 人员推荐

人员推荐一般是指本企业员工推荐或关系单位主管推荐。这种招聘方式的优点是,由于是熟人推荐,招聘应聘双方在事先已有了解,可减少招聘程序和节约不少费用。关键岗位的职缺人员、专业技术人员等常用此法。缺点是由于是熟人推荐,有时会有碍于情面而影响招聘水平。如果此类录用人员太多,易在企业内形成裙带关系,给管理带来困难。

3. 校园招聘

每年都有大批应届毕业生,为企业招聘工作提供了大量的招聘人选。企业招聘中有两类人员:一类是经验型,另一类是潜力型,应届生属于后者。一批青年人进入企业,给企业注入了活力,带来了生气。但由于他们缺少实际工作经验,企业必须投资对他们进行培训。

4. 借助职业介绍机构

职业介绍机构作为一种就业中介组织,承担着双重角色:既为企业选择人,也为求职者择业。借助于这些机构,组织与求职者均可获得大量的信息,同时也可传播各自的信息。通过职业介绍机构来招聘员工需要缴纳一定的中介费,但对于尚未设立人力资源部门或需要立即填补职位空缺的企业来说,却可大大缩短招聘时间、节约企业费用。

5. 猎头公司

猎头公司是专门为企业"搜捕"和推荐高级管理人员及高级技术人员的公司。猎头公司和职业介绍机构有些类似,但也有区别。与一般职业介绍机构相比,猎头公司具有独特的运营方式和特殊的服务对象。在我国,那些高级人才咨询公司或高级人才顾问公司类似于猎头公司。对于企业来说,猎头公司可以帮助公司的最高管理层节省很多招聘和选择高级主管和高级技术人才的时间,但缺点是猎头公司的收费很高,企业需要支付的费用较多。

6. 招聘会

招聘会是借助一定的场所,组织企业和应聘者面对面进行双向选择的一种人力资源市场。如定期或不定期举办的人才交流会、每周末为下岗员工设立的免费劳动力市场等,招聘会又可分为综合性招聘会和专业性招聘会。招聘会不同于就业中介,它是由供需双方在招聘会现场进行面对面的商谈,快速、高效、低成本,是一条行之有效的招聘与就业途径。

7. 网络招聘

在"E"时代，招聘就已搭上了网络这趟东方快车。这种方法信息传播范围广、速度快、成本低、供需双方选择余地大，且不受时间、地域的限制，因而被广泛采用。然而，网络招聘往往会吸引更多的应聘者，从而需要花费更多的时间进行筛选；部分网站还存在信息发布滞后、更新缓慢、信息失真等弊端；而且相关的法治建设尚不健全，网络招聘陷阱时有出现。

除上述介绍的 7 种常用的招聘方式方法以外，近年来还出现了电话热线接待日等特色招聘方式，其实在招聘方式上企业可因地制宜地进行创新，只要能有效地实现招聘目的便不失为一种好方法。

第三节　甄选与测评的方法

甄选俗称选拔，是指综合利用心理学、管理学和人才学等科学的理论、方法，采取科学的人员测评方法对候选人的任职资格和对工作的胜任程度进行系统的、客观的测量、评价和判断，选择具有资格的人来填补职务空缺的过程。候选人的任职资格和对工作的胜任程度主要包括与工作相关的知识和技能、能力水平及倾向、个性特点和行为特征、职业发展取向及工作经验等。企业在招聘员工时所采用的甄选方法，主要有初步筛选、笔试、测评法、面试法和评价中心技术等。

一、初步筛选

通过求职者填写的申请表，掌握其初步信息，筛选出可参加测试者。申请表、推荐检测是企业筛选过程中最初级的筛选，侧重于考察申请人的背景和工作及学习经历。

二、笔试

笔试主要用于测量人的基本知识、专业知识、管理知识、相关知识及综合分析能力、文字表达能力等素质及能力要素。主要包括工作技能测评和专业知识测评两部分。它是一种古老而又基本的员工甄选方法，至今仍是企业组织经常采用的选拔人才的重要方法。

笔试的优点是一次考试能提出十几道乃至上百道试题，可以增加对应聘者知识、技能和能力的考察信度与效度；可以对大规模的应聘者同时进行筛选，花较少的时间达到较高效率；对应聘者来说，心理压力较小，容易发挥正常水平；同时，成绩评定也比较客观，易于保存。

笔试的缺点是不能全面考察应聘者的工作态度、品德修养，以及企业管理能力、口头表达能力和操作能力等。因此还需要采用其他方法进行补充。一般来说，在人员招聘中，笔试往往作为应聘者的初次竞争，成绩合格者才能继续参加面试或下轮的选择。

三、测评法

测评法也叫测试法。通过测评可以消除面试过程中主考官的主观因素对面试的干扰，实现招聘者的公平竞争，验证应聘者的能力与潜力，剔除应聘者资料和面试中的一些"虚假信息"，提高录用决策的正确性。现代测评方法主要分为心理测评与能力测评两类。

（一）测评的一般程序

1. 明确测评目的

测评是为了招聘还是提升或是其他目的？对象是哪一级？是考评总体管理能力还是专业能力？等等。

2. 测评维度的选择与测定

对于管理人员来说这些维度通常就是所要求的那些能力，如口头及书面沟通能力、分析与决策能力、领导技巧、人际敏感性、独立自主能力、灵活性、组织计划能力、协调与团结能力、对心理压力的耐受力等。

3. 测评活动形式的选择、设计和安排

具体测评方案、测评内容等细节要视被考评对象的特点而定。一般说，对象级别越高，安排的测评活动便越多、越复杂、越有重复之处（即从不同角度考察同一品质或能力），因为级别高则作用更关键，更应不惜人力和时间，人才测评中心的活动可以持续一天至一周。

（二）常用的个性心理测评方法

个性心理测评主要用于测评被测评人的个性特征和素质。

个性是一个人全部内在与外在独特品质的总和，是个人对别人施加影响与认识自己的独特方式。个性的养成不仅受先天遗传因素的影响，也受后天客观环境条件的影响。个性是个人较稳定的心理特征（如态度、兴趣、个人行为倾向等），但不是完全不可改变的；只是个性特征，尤其是其中较深沉、较基本的成分，改变起来很缓慢、很困难。个

性能影响人的行为，但却不是唯一的影响因素，因为人们最终显现出的行为，是个人特征与环境特征共同作用的结果。

1. 人格测验

"16PF 测试"问卷是由美国伊利诺伊州立大学卡特尔（Cattell）教授于 1963 年发明的。此工具自 20 世纪 80 年代初引入我国，卡氏的"16PF 测试"中甚至列有中国经理们的常模。该测评主要测定的是人的个性中的 16 种主要特征。该测评由 187 个问题组成，最后可得出个人的个性特征剖面图，还可进一步分析个人的心理健康、专业有无成就、创造力、成长能力等状况。

2. 认知风格测试

决策与解决问题的过程包括收集信息与分析处理信息两部分，人们在这两个维度上分别会有不同的风格类型。

（1）在收集信息方面，可分为两种极端性的典型风格。一种是感觉型，这种人作风务实，耐心细致，重视信息的具体细节与数据，但往往缺乏远见与全局观点。另一种是直觉型，直觉型的人讨厌和忽略细节，对信息总是着眼于概貌，先建立总的认识；喜动脑、有见解、重理性，但偏重研究事情的可行性而忽视具体实行，幻想多而务实不足。

（2）在处理信息方面，也可分为另两种对立的典型风格。一种是感情型，这种人不愿伤害别人感情，富同情，多关心，处理问题时易掺入感情因素。另一种是思维型，这种人冷静客观、重理性、讲原则、少顾忌、不徇情，但有时不免僵化偏激，而且想得多，做得少。

这两种信息收集风格与两种信息处理风格是相互独立的，并无固定搭配，所以他们两两组合，便可形成四种典型的认知（或处理问题）风格，即感觉—感情型、感觉—思维型、直觉—感情型、直觉—思维型。然而绝大多数人都属某种居中的混合风格，而从管理效能看，不能说某种典型风格在任何情况下总是最有效的，都需做具体分析。

3. 职业风格测评

职业风格测评可称为管理者个性的类型划分。反映了近年来学者对个性的研究越来越倾向于专门化和实用化。这种典型的分类方法是在对一批高科技大公司中数百位高级、中级及基层管理人员做了 6 年深入调查后，所得出的结论。这类组织中的管理人员大约可分为四类。

（1）"工匠"型。他们是技术专家，热爱自己的专业，渴望发明创造，搞出新成果，有坚韧刻苦和努力钻研的精神，是一群"工作狂"；但对行政性事务和职务并无兴趣。

（2）"斗士"型。这类人领袖欲很强，渴望权力，想建立自己的势力"王国"。他们干劲足、闯劲大、敢冒险、有魄力，但不能容忍别人分享他的权力，"一山不容二虎"，只能他说了算。

（3）"企业人"型。管理者中其实这类人最多，他们忠实可靠、循规蹈矩、兢兢业业、只求稳妥；但保守怕变，革新性与进取心不高。

（4）"赛手"型。他们视人生为竞赛，渴望成为其中的优胜者；他们不同于"斗士"的是，并不醉心于个人主宰，而只想当一个胜利集体中的明星；他们善于团结和鼓舞别人，乐于提携部下；但却并非"老好人"，因为他们是有强烈进取心和成就欲的。

从人才使用的角度看，应认清这四种不同类型人才之间的关系，"工匠"是有些书生气的工作迷，他们不断地想出新的革新主意，总希望调整既定计划和追加预算。"工匠"一般聚集于工程技术与科研开发部门。"企业人"常把持中层职能岗位，这些人不愿改变既定之规，怕乱怕变。"斗士"曾出尽风头，称雄企业界，老一辈大亨多属这类。但现在，成功的大公司领导多是"赛手"型特征明显的人物，他们是公司宝贵而稀缺的人力资源。

4. 价值观测评

价值观测评对人员选拔也有十分重要的意义。有些职业或空缺岗位与求职者的工作价值观并不相符，对此用人单位必须慎重考虑是否接收。一些求职者由于某些特殊的原因去应聘与其工作价值观完全不符的职业或职位，对他们所求的职业或职位可能并不满意，这不仅会降低其工作的热情与积极性，而且还会直接影响其工作绩效，甚至影响到组织的效率。测评工作也可包括道德方面，如诚实、质量和服务意识等价值观。通过价值观测评，可以深入了解应聘者的价值取向，以此作为选拔录用的一种补充性依据。

5. 职业兴趣测评

职业兴趣揭示了人们想做什么和他们喜欢做什么。如果当前所从事的工作或欲从事的工作与其兴趣不相符合，那么就无法保证他会尽职尽责、全力以赴地去完成本职工作。在这种情况下，一般不是工作本身，而更可能是高薪或社会地位促使他们从事自己并不热爱的职业。如果能根据应聘者的职业兴趣进行人职合理匹配，则可最大限度地发挥人的潜力，保证工作的圆满完成。霍兰德的职业兴趣测试将人的兴趣分为六种类型：现实型、研究型、艺术型、社会型、企业型、常规型。

6. 智力测评

招聘过程中的智力测评不同于一般的智商（intelligence quotient，IQ）水平测评。智力测评是对应聘者的数学能力和语言能力进行测评。它主要通过词汇的相似、相反和算术计算等类型的问题来进行。一般地，在智力测评中成绩较好的人，在今后的工作中具有较强关注新信息的能力，善于找出主要问题，其业绩也不错。

7. 情商测评

人的情商（emotional quotient，EQ）对成功起到了关键性的作用。EQ包含了五个方面的内容。

（1）自我意识，即认识自己的情绪。这是EQ的基石，要求人们在一种情绪刚露头时就能辨识出来。在工作中，会有各种各样的因素影响人们的情绪，显然，有自知之明的人能更好地把握自己，做好本职工作。

（2）情绪控制，即妥善管理情绪。人在工作与生活中好情绪与坏情绪交替出现，关键是如何控制使它们保持平衡。情绪管理必须建立在自我认知的基础上，学会如何自我安慰，摆脱焦虑、灰暗或不安。这方面能力较匮乏的人常处于情绪低落之中，工作毫无积极性，当然也不可能有高绩效。

（3）自我激励。要激励自己在工作中取得成就，首先，要为自己树立明确的目标，要有良好的工作动机，要有乐观、自信的工作态度与饱满的工作热情；其次，要善于在困境中激励自己努力拼搏，要善于将情绪专注于目标，将注意力集中在目标之上；最后，无论出现何种局面，都要克制冲动，切忌凭一时冲动而做出不理智的决策。

（4）认知他人的情绪。管理是通过他人把事情办好，要借助他人的力量，必须注意他人的情绪，关注他人的需要，否则，只凭管理者自身的愿望与努力不可能实现预期的目标。

（5）人际交往技巧。人在工作中离不开与他人交往，在交际过程中要特别注意他人的情绪变化。人际交往技巧是管理他人情绪的艺术。一个人的领导能力与之有密切的关系。

一个高 IQ 者可能是一个专家，而高 EQ 者却具备综合与平衡的才能，可能成为杰出的管理者。EQ 是组织领导人所必须具备的基本能力。

8. 投射测评

投射测评可以探知个体内在隐蔽的行为或潜意识的深层的态度、冲动和动机。由于采用图片测评，避免了文字测评中常用的社会赞许反映倾向性，即不说真心话而投射测评者所好。在人员选拔上，往往用投射测评来了解应聘者的成就动机、态度等。投射测评的方法主要有：罗夏墨迹测评、主题统觉测评、句子完成式量表、笔迹测评法等。

（三）常用的能力测评方法

职业能力倾向性测评，这是用于测定从事某项特定工作所具备的某种潜在能力的一种心理测评，是用于对应聘人员的职业能力、工作技能和工作情景模拟的测评。由于这种测评可以有效地测量人的某种潜能，因此可以预测他在某职业领域中成功和适应的可能性，或判断哪项工作适合他。这种测评的作用体现在：什么样的职业适合某人；为胜任某职位，什么样的人最合适。因此它对人员选拔配置具有重要意义。

职业能力倾向测评的内容一般可分为以下几点。

1. 普通能力倾向测评

其主要内容有：思维能力、想象能力、记忆能力、推理能力、分析能力、数学能力、空间判断能力、语言能力等。

2. 特殊职业能力测评

特殊职业能力是指从事某些特殊的职业或职业群所需要具备的能力。测评特殊职业能力的目的在于：测量已具备工作经验或受过相关培训的人员在某些职业领域中现有的熟练水平；选择那些具有从事某项职业的特殊潜能，并且能在很少或不经特殊培训的情况下就能从事某种职业的人才。

3. 心理运动技能测评

其主要包括两大类：一是心理运动能力，如选择反应时间、肢体运动速度、四肢协调、手指灵活、手臂稳定、速度控制等。二是身体能力，包括动态强度、爆发力、广度灵活性、动态灵活性、身体协调性与平衡性等。在人员选择中，对这部分能力的测评一方面可通过体检进行，另一方面可借助各种测评仪器或工具进行。

美国劳工部曾花数十年的时间，编制了《一般能力倾向成套测评》。该测评工具主要测定九种职业能力倾向：一般智力、语言能力、数理能力、书写知觉、空间判断力、形状知觉、运动协调、手指灵活度、手腕灵巧度。该测评同时分析了13个职业领域40种职业的能力倾向模式，它既可作为职业指导的依据，也可帮助做出人员选拔的决策。目前，该测评工作已有中文版，并已得到应用，效果良好。

由于不同的职业对能力的要求不同，人们设计了针对不同的职业领域的能力倾向测评，用于人员的选择、配置与职业设计。以我国公务员考试所采用的行政职业能力测评为例，它是专门用来测量与行政职业有关的一系列心理潜能的考试，包括知觉速度与准确性、判断推理能力、语言理解能力、数量关系与资料分析能力五方面，可以预测考生在行政职业领域多种职位上成功的可能性。现在政府公开招聘公务员时，很多就采用了能力倾向测评的方法。

四、面试法

面试是供需双方正式交谈，以使组织能够客观地了解应聘者的业务知识水平、外貌风度、工作经验、求职动机等信息，同时应聘者也能够借此对组织的情况有更全面的了解。与传统人事管理只注重知识水平不同，现代人力资源管理更注重员工的实际能力与工作潜力。进一步的面试还可帮助组织（特别是用人部门）了解应聘者的语言表达能力、反应能力、个人修养、逻辑思维能力等；而应聘者则可了解自己在组织中的发展前途，将个人期望与现实情况进行比较，确定组织提供的职位是否与个人兴趣相符等。面试是员工招聘过程中非常重要的一步。

（一）面试程序

1. 面试前的准备阶段

准备工作包括：确定面试的目的；认真阅读应聘对象的求职申请表，制定面试提纲，明确面试中要证实的疑点和问题，针对不同的对象确定不同的面试侧重点，确定面试的时间、地点，并制定面试评价表。

2. 面试的开始阶段

面试开始，面试者要努力创造和谐的面试气氛，使面试双方建立信任、亲密的关系，解除应聘者的紧张和顾虑。常用的方法是寒暄、问候、微笑，采用放松的姿势，可先让对方简要介绍一下自己的情况，此时面试者注意力要高度集中，注意倾听和观察。

3. 正式面试阶段

面试一般按照面试提纲展开，所提问题可根据求职申请表中发现的疑点，先易后难逐一提出。面试中应注意下面几点。

（1）多问开放性的问题，即"为什么？""怎么样？"，目的是让应聘者多讲。

（2）面试者不要暴露自己的观点和想法，以免对方了解你的倾向，并迎合你，掩盖他真实的想法。

（3）所提问题要直截了当，言语简练，有疑问可马上提出，并及时做好记录。

（4）聆听时，可做一些澄清式或封闭式的提问，但不要轻易打断应聘者的讲话，对方回答完一个问题，再问第二个问题。

（5）针对某一事项，可同时提出几个问题，从不同的角度了解应聘者对这一问题的立场态度。有时回答本身并不重要，重要是应聘者表现出的修养和态度。

（6）面试中，除了要倾听应聘者回答的问题，还要观察他的非语言的行为，如面部表情、眼神、姿势、讲话的语音语调、举止，这些可以反映出对方的一些个性、诚实度、自信心等。

（7）面试中非常重要的一点是了解应聘者的求职动机，这是一件比较困难的事，因为一些应聘者往往把自己真正的动机掩盖起来，但可以通过他的离职原因、求职目的、个人发展、对应聘职位的期望等方面来加以考察，再把其他的问题联系起来加以综合判断。如果应聘者属于高职低求、高薪低求、离职原因讲述不清或频繁离职，则须引起注意。

4. 面试的结束阶段

结束阶段的工作主要包括：整理面试记录、填写面试评价表、核对有关材料、做出总体评价意见。面试结束阶段应注意以下几点。

（1）面试结束时要给应聘者提问的机会。

（2）不管录用还是不录用，均应在友好的气氛中结束面试。

（3）如果对某一对象是否录用有分歧意见，不必急于下结论，还可安排第二次面试。

（4）在总结评价时，对以下情况要特别注意，如不能提供良好的离职理由、以前职务（或工资）高于应聘职务（或工资）、家庭问题突出、经常变换工作等。

（二）面试的类型

1. 从面试的问题结构来分类

（1）结构式面试。此类面试要先制定好所提的全部问题，然后一一提问。这样有准备的系统的提问有利于提高面试的效率，了解的情况较为全面，但谈话方式程序化，不太灵活。

（2）非结构式面试。面试者在面试中可随时发问，无固定的提问程序，可针对不同的应聘者灵活提问。这种面试可以了解到特定的情况，但缺乏全面性，效率较低。

（3）混合式面试，将结构式面试与非结构式面试结合起来，称为混合式面试。这种方法取二者之长，避二者之短，是一种常用的面试方法。

2. 从面试所达到的效果来分类

（1）初步面试。这是用来增进用人单位与应聘者的相互了解的过程。在这个过程中应聘者对其书面材料进行补充（如对技能、经历等进行说明），组织对其求职动机进行了解，并向应聘者介绍组织情况、解释职位招聘的原因及要求。

（2）诊断面试。这是对经初步面试筛选合格的应聘者进行实际能力与潜力的测试。它的目的在于使招聘单位与应聘者双方补充了解深层次的信息，如应聘者的表达能力、交际能力、应变能力、思维能力、个人工作兴趣与期望等，以及组织的发展前景、个人的发展机遇、培训机遇等。

3. 从参与面试的人员来分类

（1）个别面试。这是指一个面试人员与一个应聘者面对面地交谈。这种方式的面试有利于双方建立亲密的关系，双方能深入地相互了解，但这种面试的结果易受面试人员主观因素的干扰。

（2）小组面试。这是由两三个人组成的面试小组对各个应聘者分别进行面试。面试小组由用人部门与人力资源部门的人员共同组成，从多种角度对应聘者进行考察，提高面试结果的准确性，克服个人偏见。

（3）集体面试。它是由面试小组对若干应聘者同时进行面试。在集体面试中，通常是由面试主考官提出一个或几个问题，引导应聘者进行讨论，从中发现、比较应聘者表达能力、思维能力、组织领导能力、解决问题的能力、交际能力等。集体面试的效率比较高，但对面试主考官的要求也较高，主考官在面试前要对每个应聘者都有大致的了解，而且在面试时应善于观察，善于控制局面。

4. 从面试的组织形式来分类

（1）压力面试。压力面试往往是在面试开始时就给应试者以意想不到的一击，通常是故意的或具有攻击性的，主考官以此观察应试者的反应。一些应聘者在压力面试前显得从容不迫，而另一些则不知所措。采用这种方法可以了解应聘者承受压力、情绪调整的能力，可以测试应聘者的应变能力和解决紧急问题的能力。压力面试一般用于招聘销售人员、公关人员、高级管理人员。

（2）行为描述面试（behavior description interview），即 BD 面试。这种面试是基于行为的连贯性原理发展起来的。面试主考官通过行为描述面试要了解两方面的信息：一是应聘者过去的工作经历，判断他选择本组织发展的原因，预测他未来在本组织中发展所采取的行为模式；二是了解他对特定行为所采取的行为模式，并将其行为模式与空缺职位所期望的行为模式进行比较分析。基于行为连贯性原理所提的问题并不集中在某一点上，而是一个连贯的工作行为。例如，"过去半年中你所建立的最困难的客户关系是什么？当时你面临的主要问题是什么？你是怎么分析的？采取什么措施？效果怎样？"，这样能较全面考察一个人。

（3）能力面试。与注重应聘者以往取得的成就不同的是，这种方法关注的是他们如何去实现所追求的目标。在能力面试中，主考官要试图找到过去成就中所反映出来的优势。要确认这些优势，主考官通常采用 STAR 法则，即情境（situation）、任务（task）、行动（action）和结果（result）。其大致过程如下：先确定空缺职位的责任与能力，明确他们的重要性；然后询问应聘者过去是否承担过与空缺职位类似的职位，或是否处于类似的"情境"中，主考官可发现应聘者有类似的工作经历，再确定他们过去负责的"任务"，进一步了解出现问题后他们所采取的"行动"及行动的"结果"究竟如何。

（三）面试需遵守的法则

（1）利用正规的工作分析决定工作的要求。
（2）注意应聘者是否拥有与工作相关的知识、技术、能力和有关特性。
（3）利用工作分析所收集到的资料，制定面谈的问题。
（4）在轻松的环境下进行面谈。
（5）根据应聘者的工作知识、技术和能力，评估应聘者的工作绩效。

（四）影响面试有效性的因素

1. 面试结构

仅就结构而言，结构性面试比非结构性面试有效。

2. 聘用压力

不用面对聘用压力的面试结果更具准确性。

3. 工作资料

面试者若能充分掌握应聘者的个人资料，评定会较可靠。

4. 对比效果

当面试者用前一位应聘者的素质来评定目前应聘者时，会产生对比效果。

5. 预早决定

如果面试者在面试进行期间已做出决定，那么应聘者往后的表现只是用来肯定面试者的正确决定的。

6. 理想人选

面试者只按自己心目中的理想人选标准评分，不以公司既定的要求为标准，会降低面试的可信度。

7. 负面资料

面试者过度挑剔应聘者的负面资料，会给予偏高的负面评分，影响面试的客观公正。

8. 性别差异

面试者对于某项工作与性别之间的关系有偏差的看法，会影响不同性别应聘者的面试结果。

9. 资料数量

有关空缺职位的资料越多，面试的可信度便越高。

面试者应不时提醒自己不要受上述因素影响，尽量减低它们的负面作用。

（五）提高面试有效性的守则

1. 设定面试的目的和范畴

根据面试的目的决定提问的范围和问题，接见应聘者前应重温工作的要求，以及申请表格上的资料、测试分数和其他有关资料。

2. 建立和维持友善气氛

以轻松的态度接待应聘者，表示有诚意、有兴趣知道应聘者的资料，细心聆听，也创造和维持友善气氛。

3. 主动和细心聆听

用心思考和挖掘一些不明显的含义或暗示，好的聆听者对对方面部表情和动作会较为敏感。

4. 留意身体语言

应聘者的面部表情、姿势、体位和动作会反映出其态度和感受，面试者应留意应聘者如何表达其身体语言。

5. 坦诚回应

尽量以坦诚的态度提供资料和详细回答应聘者的问题。

6. 提有效问题

问题应尽可能客观，不应暗示具有任何理想答案，以便取得真实的回应。

7. 把客观和推断分开

在进行面试时记下客观性的资料，并对客观性的资料进行推断，再与其他面试者的意见做比较。

8. 避免偏见和定型的失误

面试者不能心存偏见，认为那些与自己兴趣、经历和背景相近的应聘者，较为可以接受；或把人定型，认为属于某一性别、种族或背景的人，都有相似的观念、思想、感情和做法。

9. 避免容貌效应

面试者应避免歧视外貌不吸引人的应聘者。

10. 提防晕轮效应

提防因应聘者的某些长处（或短处）而对其做出整体的有利（或不利）的评分。

11. 控制面谈过程

让应聘者有足够的机会说话，但同时要控制面试的进度，确保达到面试的目的。

12. 问题标准化

为避免歧视个别应聘者，面试者应对同一职位空缺的应聘者提问相同的问题。若想获得多些资料，或在面对一位出众的应聘者时，可以另外提探查式的问题。

13. 仔细记录

记下事实、印象和其他有关资料，包括提供给应聘者的资料。某公司在招聘员工时使用的面试评分表如表4-4所示。

表4-4 面试评分表

编号		姓名		出生年月		性别	
毕业院校				应聘岗位			
面试内容	所占比重	评分标准					
^	^	具体指标	分数	优秀5分	较好4分	一般3分	较差2分	很差1分
仪容仪表	15	衣着打扮	5					
^	^	言行举止	5					
^	^	精神状态	5					

续表

		具体指标	分数	优秀10分	较好8分	一般6分	较差4分	很差2分
综合能力和素质	60	执行力	10					
		应变能力	10					
		沟通能力	10					
		亲和力	10					
		影响力	10					
		抗压能力	10					
其他	25	具体指标	分数	优秀9分	较好7分	一般5分	较差3分	很差1分
		求职动机	9					
		具体指标	分数	优秀8分	较好7分	一般5分	较差3分	很差1分
		工作热情	8					
		专业知识	8					
（总计分数）级别标准		优秀 95~100		良好 90~95	较好 80~90	一般 70~80	较差 60~70	很差 60以下
评委综合意见								
录取与否								

（六）面试中常用的提问方法

面试中常常会用到各种提问技巧，从面试者的回答中测评其相关的态度、知识、经验、自我认知、价值观等，下面具体介绍几种有代表性的提问技巧。

1. 简单提问

在面试刚开始时，通常采用简单提问来缓解面试的紧张气氛，消除应聘者的心理压力，使应聘者能轻松进入角色，充分发挥自己的水平和潜力。这种提问常常以问候性的语言开始，如一路上辛苦吗？你乘什么车来的？你家住在什么地方？……

2. 递进提问

递进提问的目的在于引导应聘者详细描述自己的工作经历、技能、成果、工作动机、个人兴趣等。提问应采用诱导式提问。例如，你为什么要离职？你为什么要到本公司来工作？你如何处理这件事情？你如何管理你的下属？……避免使用肯定或否定式提问，如你认为某件事情是这样处理，对吗？你有管理方面的经验吗？……因为诱导式提问方式能给应聘者更多的发挥余地，能更加深入了解应聘者的能力和潜力。

3. 比较式提问

比较式提问是主考官要求应聘者对两个或更多的事物进行比较分析，以达到了解应聘者的个人品格、工作动机、工作能力与潜力的目的，例如，现在同时有一个晋升机会与培训机会，你将如何选择？在以往的工作经历中，你认为你最成功的地方是什么？……

4. 举例提问

这是面试的一项核心技巧。当应聘者回答有关问题时，主考官让其举例说明，引导应聘者回答解决某一问题或完成某项任务所采取的方法和措施，以此鉴别应聘者所谈问题的真假，了解应聘者解决实际问题的能力，如请你举例说明你对员工管理的成功之处等。

5. 客观评价提问

这是主考官有意让应聘者介绍自己的情况，客观地对自己的优缺点进行评价，或以曾在主考官身上发生的某些事情为例，以此引导应聘者毫无戒备地回答有关敏感问题，借此对应聘者进行更加深刻的了解。如你如何看待你是刚刚毕业的大学生，没有工作经验？你在处理突发事件时就易冲动，今后有待于进一步改善，你觉得你在哪些方面需要改进？……

下面是面试提问举例。

- 你为什么要申请这项工作？（了解应聘者的求职动机）
- 你认为这项工作的主要职责是什么，或如果你负责这项工作你将怎么办？（了解对应聘岗位的了解程度及其态度）
- 你认为最理想的领导是怎样的？请举例说明。（据此可了解应聘者的管理风格及行为倾向）
- 你来应聘，你的家庭的态度是怎样的？（了解其家庭是否支持）
- 你的同事当众批评辱骂你时，你怎么办？（了解其在现场处理棘手问题的经验及处理冲突的能力）
- 你的上级要求你完成某项工作，你的想法与上级不同，而你又确信自己的想法更好，此时你怎么办？（困境中是否冷静处理问题）
- 请你谈谈我公司在本行业的发展前景。（了解其逻辑思维能力和表达能力）

五、评价中心技术

"评价中心"这种方法是把求职者置于一种模拟的工作情景中，从而观察评价他们在模拟的工作情景压力下的行为。美国从20世纪40年代起开发出一套叫作评价中心（assessment center）的技术，到20世纪70年代渐趋成熟，并开始职业化，成为企业咨询业中一种专门的技术和程序。"评价中心"起源于美国电报电话公司。该公司受到第二次世界大战中美军战略情务局用情景模拟法测评和选拔派赴敌后工作的情报人员的成功实践的启发，在 1956 年和 1960 年，先后为 422 名刚被提拔为基层主管或中层经理的年轻工作人员，设计和实施了一种与传统的考试（笔试或面试）很不相同、被称为"评价中心"的考评活动，以评估他们的能力、素质、价值观和追求。

"评价中心"在字面上往往易被误解为是某一个单位或机构，而它其实是一种人才测评的活动、方法、形式、技术和程序。它可以被企业人力资源管理部门采用，也可被专门的管理咨询机构或大学的教研部门采用。这种活动由一系列按照待测评维度的特点和要求而精心设计的测试、操演和练习组成，目的在于诱发被测评者在选定的待测评方面表现出有关行为而提供评价。评价中心常用的方式有工作情景模拟、公文处理模拟测试、无领导小组讨论和管理游戏、角色扮演等。这几种方法引入中国后逐渐为中国企业所接受并受到了普遍的好评。评价中心主要的方法和使用频率见表 4-5。

表 4-5 评价中心主要的方法和使用频率

评价中心形式名称	实际使用频率
管理游戏	46%
公文处理测验	81%
角色扮演法	27%
有领导小组讨论法	44%
无领导小组讨论法	59%
即席发言法	24%
案例分析法	73%
工作情景模拟测评	31%

以下是几种常用的评价中心技术。

（一）工作情景模拟测评

企业在对应聘人员进行技能测评时常采用工作情景模拟测评。工作情景模拟测评是根据被测评者可能担任的职位，编制一套与该职位实际情况相似的测评项目，将被测评者安排在模拟逼真的工作环境中，要求被测评者处理可能出现的各种问题，用多种方法测评其心理素质、实际工作能力、潜在能力的一系列方法。

工作情景模拟测评主要是针对被测评者明显的行为、实际操作及工作效率等多种方法进行测评，重点测评那些书面测评（智力测评与心理测评）中无法准确测评的能力，包括被测评者的领导能力、交际能力、沟通能力、合作能力、观察能力、集中能力、理解能力、解决问题能力、创造能力、语言表达能力、决策能力等，这些测评方法准确度高，但设计复杂，且费时耗资，因此只有在招聘高层管理人员时才使用它。

工作情景模拟测评至少有两个优点：一是可从多角度全面观察、分析、判断、评价应聘者，这样组织就可能得到最佳人选；二是通过观察被测评者在未来可能面临的工作情景中表现出来的实际操作及工作效率，测评其未来上岗后的实际工作能力，通过这种测评选拔出来的人员往往可直接上岗，或只需有针对性地培训即可上岗，这为组织节省了大量的培训费用。

（二）公文处理测验

这是已被多年实践充实完善并被证明是很有效的管理人员测评方法，即向每一个被测评者发出一套文件，其中第一页是引导语，介绍被测评者现在被委派扮演的角色——某企业某职位上的管理人员，并介绍此人的姓名、个人背景与企业的情况。然后告诉他，现在由于某种特殊的紧急情况，他忽然被匆匆地提升到某个上一级的、本由他上司占据的职位上了。但由于某种条件的限制（如他必须马上出差去赴某一早已约定的会晤等），他必须在给定的时间内（通常是半小时或一小时），处理好本应由他前任（即他原上级）处理但其未做而留下来的文件。这情景虽是虚构的，但趋于详细而逼真，使人不会有"这是在演戏"的感觉。文件约有 15~25 份，包括下级呈上来的报告、请示、计划、预算，同级部门的备忘录，上级的指示、批复、规定、政策，外界用户、供应商、银行、政府有关部门乃至所在社区的函电、传真、电话记录，甚至还有群众检举或投诉信等；总之，有该岗位上的管理人员在真实工作环境下可能会碰到和处理的各种文件。要求每位被测评者要"进入角色"，站在所指派角色立场，完全投入地真刀真枪地按照自己原有的知识、经验、信念及个性特征，以圈阅、批示、草拟函电要点、提纲、起草备忘录，以及以指示安排会议及接见的日程、内容、参加者等形式，去处理这些文件。

处理结果交由测评组，按既定的考评维度与标准进行考评。通常不是定性式地给予评语，而是就这些维度逐一定量式地评分（常用 5 分制）。最常见的考评维度有七个，即个人自信心、组织领导能力、计划安排能力、书面表达能力、分析决策能力、敢当风险倾向与信息敏感性；但也可按具体情况增删，如加上创造性思维能力、工作方法的合理性等。总的来说，是评估被测评者在拟予提升岗位上独立工作的胜任能力与进一步发展的潜力与素质。

这种方法是较为科学的，因为情景十分接近真实的现场工作环境；对每个被测评者也都是公平的，因为所有被测评者都面对同样的标准化情景。但在设计文件时，除真实具体外，还应注意与待测评的各维度相联系，并考虑评分的可操作性。此法若与下列两法结合，则更能收到取长补短，相得益彰之效。

（三）角色扮演法

角色扮演法就是要求被测评者扮演一个特定的管理角色来处理日常的管理事务，以此来观察被测评者的多种表现，是了解其心理素质和潜在能力的一种测评方法。例如，要求被测评者扮演一个高级管理人员，由他来向下级指示；或者扮演一名销售人员，向零售商推销产品；或者要求被测评者扮演一名车间主任，请他在车间里直接指挥生产。在测评中要重点了解被测评者的心理素质，而不是根据他临时的工作意见做出评价。有时可以由主考官主动给被测评者施加压力，如工作时不合作，或故意破坏，来了解该被测评者的各种心理活动及反映出来的个性特点。

（四）无领导小组讨论法

"无领导"是指不指定谁充任主持讨论的组长，也不布置议题与议程，更不提要求；只发给一个简短案例，即介绍一种管理情景，其中隐藏着一个或数个待决策和处理的问题，以引导小组展开讨论。根据每人在讨论中的表现及所起作用，测评者（实际上也是教练员）沿既定测评维度予以评分。这些维度通常是：主动性、宣传鼓励与说服力、口头沟通能力、组织能力、人际协调团结能力、精力、自信、出点子与创新力、心理压力耐受力等。应注意的是，这些素质和能力是通过被测评者在讨论中所扮演的角色（如主动发起者、组织指挥者、鼓动者、协调者等）的行为来表现的。

小组通常由4~6人组成，引入一间只有一桌数椅的小空房中。即使冷场、僵局、争吵发生，测评者也不出面、不干预，让他们自发进行。测评是依据闭路电视或录像进行的。测评者随时记录下所观察到的应注意的事项，以便评分时有事实依据。最后测评组开会，彼此交流记录与看法，经过讨论协商后得出集体评分与鉴定结论。

（五）企业决策模拟竞赛法

竞赛也称游戏，也是一种情景模拟测评技术。被测评者每4~7人组成一个团队，就算是一个"微型企业"。团队成员自愿组合或指派均可，但每人在本"企业"中分工承担的责任与职务，由每人自报或推举，经团队协商确定，不予指派。团队内是否要有分工或分工到什么程度，由各团队自定，不予强求。各团队按照竞赛组织者所提供的统一的"原料"（可以是纸板与糨糊或积木玩具或电子元件与线路板，甚至可是一些单个字母或单词），在规定的工作周期内，通过组合拼接，装配"生产"出某个产品（纸板糊成的小提篮、电子部件或完整的有意义的句子等），再"推销"给竞赛组织者。然后测评者根据每人在此过程中的表现，循既定考评维度进行评分。这些维度与以上两法类似，即进取心、主动性、组织计划能力、沟通能力、群体内人际协调团结能力、创造思维能力等。但此法还可对团队作为一个集体的某些方面，如"产品"的数量与质量、团队协作状况等进行评定。这还可由各团队派代表组成"评委会"来评判，还可给予优胜者象征性的奖励，从而使活动具有竞赛或游戏性质。

近年来，这种活动越来越向计算机化发展，设计了专门的软件，组织者向各团队提供"贷款"来源与条件、市场需求和销售渠道、竞争者概况及市场调研咨询服务等信息，由各团队自行决定筹款、生产、经营策略，输入计算机，求得决策盈亏结果，并据此做出下一轮决策。这类模拟越来越具有拟真性了。例如，欧莱雅全球在线商业策划竞赛就是一个典型代表。该竞赛模拟新经济环境下国际化妆品市场的现状，结合商业竞争的各种要素，让每一位渴望成为未来企业家和职业经理人的参赛者，有机会在虚拟但又近乎现实的网络空间里，通过运用他们的专业知识和技能，管理和运行一个企业，并根据竞争状况对本公司的主要产品在研发、预算、生产、定价、销售、品牌定位和广告投入等方面做出全方位的战略性决策。

（六）访谈法

访谈法主要包括三种类型：电话访谈、接待来访者和拜访有关人士。

1. 电话访谈

被测评者在电话谈话中可以反映出他的心理素质、文化修养、口头表达能力、处理问题能力等。

2. 接待来访者

来访者可以各种各样，有的是来谈生意的，有的是来推销产品的，有的是来叙旧的，也有的是来讨债的。在被测评者接待来访者时，可以观察他接待时的态度，控制谈话的能力如何，如何处理公事与私事的关系等各方面。

3. 拜访有关人士

在管理中主动找某些人谈话是管理活动的一项重要内容。这些有关人士可以包括上级、下级、同事、重要客户、司法人员、新闻界人士等。主要观察被测评者待人接物、语言表达、应付困难的能力，并对有关知识进行考核。

（七）即席发言法

即席发言是指主考官给被试者出一个题目，让被测评者稍做准备后按题目要求进行发言，以便了解被测评者快速思维反应能力、理解能力、思维的创意性和发散性、语言的表达能力、言谈举止、风度气质等方面的素质。即席发言的题目往往是做一次动员报告、开一次新闻发布会、在员工联欢会上的祝词等。在即席发言前应向被测评者提供有关的背景材料。

（八）案例分析法

从被测评者所给的一个或数个管理案例的分析中，可以判断他们在分析、决策、书面或口头表达等方面的能力。

第四节 招聘评估

招聘中因甄选错误而损失的成本包括：招聘成本、训练和指导成本、机会损失、营利减少、竞争优势受损、形象和声誉受损、部门地位下降、招聘机会受损、企业生存能力受威胁、主要员工流失等。

在甄选高级管理人员时做出错误决定，所造成的损失可能会非常严重。因此必须重视招聘评估。

招聘评估是招聘过程中重要的环节之一。招聘评估包括：招聘实施评估、招聘成果的成效评估。

一、招聘实施评估

员工招聘是企业人力资源管理中一个非常重要的环节，对企业的生存和发展有着重要的影响。良好的招聘活动必须要达到 6R 的基本目标。

（1）恰当的时间（right time）：就是要在适当的时间完成招聘工作，以及时补充企业所需的人员，这也是对招聘活动最基本的要求。

（2）恰当的范围（right area）：就是要在恰当的空间范围内进行招聘活动，这一空间范围只要能够吸引到足够数量的合格人员即可。

（3）恰当的来源（right source）：就是要通过恰当的渠道来寻求目标人员，不同的职位对人员的要求是不同的，因此要针对那些与空缺职位匹配度较高的目标群体进行招聘。

（4）恰当的信息（right information）：就是在招聘之前要对空缺职位的工作职责内容、任职资格要求及企业的相关情况全面而准确地做出描述，使应聘者能够充分了解相关信息，以便对自己的应聘活动做出判断。

（5）恰当的成本（right cost）：就是要以最低的成本来完成招聘工作，当然这是以保证招聘质量为前提的，在同样的招聘质量下，应当选择那些花费费用最少的方法。

（6）恰当的人选（right people）：就是要把最合适的人员吸引过来参加企业的应聘，这包括数量和质量两个方面的要求。

二、招聘成果的成效评估

（一）成本效益评估

成本效益评估主要对招聘成本、成本效用、招聘收益—成本比等进行评价。评估方法如下。

1. 招聘成本

招聘成本分为招聘总成本与招聘单位成本。

招聘总成本即人力资源的获取成本，由两个部分组成。一部分是直接成本，包括招聘费用、选拔费用、录用员工的家庭安置费用和工作安置费用、其他费用（如招聘人员差旅费、应聘人员招待费等）；另一部分是间接费用，包括内部提升费用、工作流动费用。

招聘单位成本是招聘总成本与录用人数的比。显然，招聘总成本与单位成本越低越好。

2. 成本效用

它是对招聘成本所产生的效果进行的分析，主要包括招聘总成本效用分析、招聘成本效用分析、人员选拔成本效用分析、人员录用成本效用分析等。它们的计算方法是

总成本效用=录用人数/招聘总成本

招聘成本效用=应聘人数/招聘期间的费用

选拔成本效用=被选中人数/选拔期间的费用

人员录用效用=正式录用的人数/录用期间的费用

3. 招聘收益—成本比

它既是一项经济评价指标，同时也是对招聘工作的有效性进行考核的一项指标。招聘收益—成本比越高，则说明招聘工作越有效。

招聘收益—成本比=（所有新员工为组织创造的总价值/招聘总成本）×100%

（二）录用人员数量评估

录用人员数量评估主要从录用比、招聘完成比和应聘比三方面进行。

录用比=（录用人数/应聘人数）×100%

招聘完成比=（录用人数/计划招聘人数）×100%

应聘比=（应聘人数/计划招聘人数）×100%

（三）录用人员质量评估

录用人员质量评估实际上是在人员选拔过程中对录用人员的能力、潜力、素质等各方面进行的测评与考核的延续，其方法与测评考核方法相似，这里不再阐述。

第五节　网络招聘的发展趋势

对于"网络招聘"这个概念，从微观角度来看，网络招聘是利用互联网技术在网络平台上收集求职者的信息、发布招聘信息，并进行一系列初步筛选而发生的活动；从宏

观上看，网络招聘是一种方式、一种通道、一种工作方法。网络时代的人力资源招聘是利用计算机招聘网络进行的，企业可以在网上公布招聘信息，并在线浏览求职者的信息。互联网使人才需求信息成为公开的消息，企业可以在不离开办公室的情况下，在广泛的地域内展开人才搜索。网络招聘突破了人才集市的时空界限，使人才在网上真正地流动起来，它在很多环节上体现出相比传统招聘形式的优越性，网络招聘这样方便又快捷的求职方式成为企业目前最有效、最高效的主要招聘手段之一。

在竞争激烈的中国网络招聘市场格局中，智联招聘、前程无忧和中华英才网这三大巨头三足鼎立，它们稳定地占据了中国网上招聘市场前排位置。中国的网络招聘发展呈现以下趋势和特点。

一、互联网招聘正式取代线下招聘成为第一渠道

"互联网+"风潮席卷，移动互联网为整个招聘行业注入了新的活力，招聘行业快速发展，跳槽求职变成了"点点屏幕就可以搞定"的简单事情。网络招聘正逐渐取代线下招聘成为求职第一渠道，即便在渗透率相对偏低的蓝领中，也有近60%的求职者首选网络；同时，强大的招聘效果和偏低的招聘成本，也让越来越多企业选择通过网络平台招聘。

二、招聘平台的发展方向从追求数量转向追求质量

招聘平台初期的发展是依靠速度、数据而形成的规模效应，招聘双方数量的增多，对最终匹配的达成具有效用倍增的效果。但是当平台的覆盖面已经达到一定水平的时候，招聘双方数量的增加对匹配度提升的作用就会明显地降低。

三、移动互联网手机招聘潜力巨大，发展迅猛

年轻人都在用手机，通过手机端找工作成为必然，加上线下招聘流程长、新型冠状病毒肺炎疫情让现场面试受阻等因素，导致手机招聘成为主流。特别是智能手机的普及，对市场带来巨大变局。

求职者从 PC 端[①]逐渐转向移动端。据调查，在线招聘 App 用户中，30 岁以下的用户占比 74%，这部分人群多为初入职场的新人。在职业生涯最初的几年，这些年轻人缺乏稳定性，跳槽频率较高，因此成为在线招聘 App 的主要用户群体。

---

① PC 端指电脑端，PC 即 personal computer。

四、大数据推动行业精准匹配进入新时代

大数据和云计算可以将海量的需求进行高效的处理，并针对性地匹配每一类甚至每一个单独的需求，并提供精细化和个性化的需求解决方案，创造出良好的用户体验。AI技术的发展会使得单个需求的价值更容易得到提高。

在精细化方案的基础之上，AI技术能进一步发现、判断、分析并最终解决用户的隐性需求和衍生性需求，这不仅能扩展单个厂商的业务范围和盈利空间，还能在一定程度上推动整体市场规模的扩大。另外，AI技术的发展还能在降低需求方成本、提高需求匹配度上发挥作用。比如，AI可以利用对双方资料的深度掌握，代替招聘方进行针对性的初步面试，既节省了双方的时间成本和机会成本，又能使双方信息的传递更为顺畅、减少失真，提高互相选择的准确性。

五、垂直领域个性化招聘成为新主流

垂直招聘网是根据行业进行划分的招聘网站，相比于综合招聘网，其最大的优势在于专业，网站发布的招聘信息都是与此相关的，这对于想要从事某一特定行业的人来说是非常有利的，这种垂直招聘网也是近几年越来越受到HR的推崇，能够更高效地招聘到合适的人选，人才简历和岗位需求匹配度高，能大大提高HR的工作效率，同时降低企业的招聘成本。例如，BOSS直聘、拉勾招聘等受到企业和求职者的广泛使用，效果比传统的互联网招聘平台效果更好。

六、多元整合，资本渗透日益增多

我国的网络招聘产业虽然起步较晚，但发展较快，中国网络招聘行业因市场潜力巨大、盈利模式清晰而受到中外资本，特别是产业资本的青睐，目前正处于高速发展的黄金期。在互联网招聘后，社交招聘、Wi-Fi位置招聘、社群招聘开始兴起。诸如"脉脉"等有流量的平台都涉足招聘。

2018年8月，职场社交平台"脉脉"宣布完成D轮2亿美元融资。此轮融资由DST领投，IDG资本、晨兴资本、DCM三家老股东跟投；2017年9月，拉勾宣布获得D轮1.2亿美元战略投资，此轮投资方为前程无忧公司。由于相对侧重职业生涯的稳定性和职业技能的积累，通常一个白领主动求职和跳槽的平均频率为1年1~2次；而一个蓝领1年中主动求职和跳槽的频率为4~5次，是白领的近4倍。一方面，这是因为蓝领人群主要来自农民工，受春节、春耕及秋收等农忙季劳动力刚需的被动影响，务工时间被人为肢解；另一方面，蓝领人群受教育程度低，年龄偏小（"90后""00后"为主），思维方式易受情

绪化和从众心理影响，就业的主观性和随机性强。若仅从就业频次而言，蓝领招聘市场会是白领招聘市场的 4 倍。

七、招聘市场"年轻化"，10 个新员工 4 个是 90 后

2017 年，16~59 岁的劳动年龄人口达 9.02 亿，其中"90 后"人数（18~27 岁）达 1.9 亿。这一年，最后一批"90 后"已成年。如今，在互联网迅猛发展时代成长起来的"90 后"群体已经代替"80 后"群体，成了职场中的新生力量和活跃分子，同时他们也是招聘市场中的主要用户群体。

一些企业中，"90 后"员工更是占到了 60%。一位企业人事专员告诉笔者，公司是从事设计、生产、销售礼品的，需要有活力、有创新的员工，所以，招聘时更青睐招年轻人，公司一百多名员工中，有六成多是"90 后"。

在某电子商务网站工作的陈峰也介绍，公司一共有五十多人，"90 后"就有三四十人，大部分是 1990 年、1992 年出生的。这些"90 后"员工大多从事的工作为电话销售、前台及招聘。

【本章内容小结】

市场竞争归根结底是人才的竞争，企业经营战略发展的各个阶段，必须要有合格的人才作为支撑，人员招聘是获取这一人力资源管理要素的具体方法。本章介绍了招聘与甄选的概念；员工招聘的含义和原则；着重介绍了员工招聘的流程；分析比较了不同招聘渠道的优缺点；详细描述了人员甄选与测评的方法。本章为了帮助读者更好地在未来的招聘工作中做好人员招聘，对企业招聘流程介绍、招聘渠道的选择、招聘方法的设计和实施及如何评估招聘效果、评价中心技术在招聘中如何合理利用测评应聘者相关素质等理论进行了详细阐述。

【讨论思考题】

1. 试比较内部招聘和外部招聘的优缺点。
2. 阐述几种常用的评价中心技术。

【案例分析 4-2】

当"人工智能"遇上招聘
——国内首家智能云招聘管理系统

上海大易云计算股份有限公司自 2007 年研发云招聘系统至今，历经 15 年的技术沉淀，在多组织、多模式、跨地域、大批量招聘领域积累了大量的业务实践，为国内首家专注智能化招聘企业，已为国内外数千家企业提供智能化招聘管理系统及解决方案。该公司开创性地将信息技术、AI 技术与人力资源管理相结合，推出云测评、云笔试、校园

招聘解决方案、内部推荐解决方案、微信招聘解决方案、雇主品牌解决方案等，涵盖招聘管理的多元业务场景，大大推动了企业招聘效能的提升。大易云计算股份有限公司总部位于上海，目前在北京、深圳、广州、厦门、苏州均设有分支机构。下面是大易智能云招聘管理系统旗下产品的介绍。

一、招聘管理系统

招聘管理系统属于大易核心产品，主要为大中型、集团化企业提供从招聘计划管理、招聘需求管理、简历筛选、笔面试安排、背景调查到 offer（录用通知）管理的招聘全流程解决方案。设计有招聘官、面试官、猎头三个工作台。

1. 招聘官工作台

从招聘需求发布到候选人入职，提供招聘全流程管理，助力 HR 与多角色高效协同，共同提升招聘效能。其功能和流程如下。

1）发布职位

一站式多渠道职位发布，支持近百个主流招聘渠道及企业内部平台。

2）收集简历

招聘客服机器人，为候选人答疑解惑、推荐职位；多渠道汇总，智能简历解析；猎头端工作台便捷推荐简历，实时追踪同步信息；内部推荐、人脉推荐；微官网/PC 官网。

3）筛选简历

智能简历推荐，智能分析职位描述（job description，JD），从海量简历库自动匹配人才；面试官通过专属工作台参与简历筛选；智能化过滤、除重；自动标签、打分预筛选。

4）面试安排及反馈

招聘外呼机器人，智能语音外呼，批量邀约面试；面试机器人，候选人单向完成视频录制，生成微表情报告；面试官工作台智能协同，面试各环节一键即达，语音面评。

5）offer 管理

便捷多选批量化发送 offer；offer 直达员工信息表。

6）入职管理

候选人保温；数据接口无缝衔接。

7）招聘数据分析

灵活可视化报表，精准抓取招聘各节点数据；自定义报表、图表。

2. 面试官工作台

面试官工作台是专为面试官量身定制的工作平台，支持 PC/移动端，可通过微信一键登录。便于面试官集中处理招聘相关事务，便捷参与简历筛选。可在职位管理权限范围内对系统中尚未处理的简历进行初筛、可对 HR 推荐来的简历进行复筛、随时查看面试安排，集中填写面评等。也可实时知晓面试日程安排，随时调整变动，支持批量面评，可通过语音面评转文字。面试官可以实时跟踪数据进展，所有操作按钮支持权限配置，面试官们各司其职，一站式审批管理，便于对审批任务进行及时跟进。

二、云笔试

大易在线笔试服务平台提供以人才招聘为导向的专业在线笔试服务，技术上可自定义出题，灵活组卷；支持客观题、主观题等多种题目类型，并与职位类别绑定，支持题目批量导入；支持远程和现场笔试方式，避免多轮次笔试；可安排多种笔试形式，实现批量的短信、微信、邮件通知；候选人可通过 PC 或移动端答题，并支持拍照上传答题图片；支持自动判分，进度随时查看，客观题自动判分，充分减少阅卷官的工作量，提升效率；试题自动分发指定阅卷官，阅卷官可在 PC/移动端进行阅卷，HR 可随时查看阅卷状态，全面把控考试的整个流程；支持断点续答、漏题提醒和到点强迫提交；多种监控技术全程覆盖防止作弊，笔试更规范，结果更公允。云笔试使企业招聘过程中的考试环节不再受时间、地域及网络等限制。帮助企业简化考试的组织流程，降低操作成本，候选人也可随时随地进行答题，让复杂烦琐的考试变得简单便捷。

三、云测评

云测评是一款以人才招聘为导向的专业测评工具，根据招聘选拔不同环节的测评需求，包含 8 个校招岗序，16 个社招岗序，涵盖市面上绝大多数岗位，能更为精准地将受测者能力素质与目标岗位要求进行匹配。云测评工具中内嵌了人格测评、通用能力测评、能岗匹配度测评、心理健康测评、职业锚测评、组织文化测评、职业兴趣测评等多类测评产品。云测评不仅支持 PC 端的测试，也可以通过手机、平板电脑等移动端完成。

大易云招聘管理系统的核心竞争力——将 AI 技术与招聘管理深度融合，智能化招聘模式。

大易智能云通过 15 年的潜心研究，从 2007 年启用大易云招聘产品研发起，经历了云招聘 2010 年 3.0 技术、2012 年 5.0 技术、2015 年 7.0 技术、2017 年 8.0 技术、2019 年 9.0 技术的不断更新，目前已将人工智能与招聘管理深度融合，推出了招聘客服机器人、招聘外呼机器人、智能面试机器人、智能简历解析及智能简历推荐五大功能。

1. 招聘客服机器人——给求职者有温度的应聘咨询体验

面对求职者的诉求，HR 没有时间精力回应海量应聘咨询信息，招聘客服机器人应运而生。24 小时执勤，灵活答疑，推荐职位。支持语音交流，以自然语音沟通，可进行上下文情景联系，多对话场景自由切换。

2. 招聘外呼机器人——智能语音外呼，批量邀约面试

批量进行候选人面试邀约，HR 预设面试时间及备选时间，机器人自动记录候选人面试意愿。自动拨打、智能沟通、自动记录、自动分析，解放 HR 的时间。

3. 智能面试机器人——直观了解候选人谈吐形象、微表情等多维度分析

通过设定题目、视频录制、生成微表情报告、筛选视频简历简单四步全方位了解候选人。HR 可一键发送附视频的简历给面试官提供决策参考。

4. 智能简历解析——高精度解析、预筛简历，成倍提高筛选效率

批量解析多格式简历，精准度达 90%；智能判重，有效控制猎头成本；可添加标签查找及支持关键词筛选，设置打分规则系统自动评分预筛。

5. 智能简历推荐——从海量简历库自动匹配你要的人才

主要是应用人工智能与大数据挖掘技术，基于职位描述、公司信息、行业信息和企业偏好等的分析结果，自动分析简历内容，处理海量数据，提取简历分类标签，进行职位画像；对企业简历库中的简历进行挖掘，自动打上需求标签；多维度算法结合智能推

荐引擎根据大数据分析量化匹配度和推荐理由，全程无须人工参与，有效盘活人才库历史数据。

相信随着 5G 时代的开启，大易将继续深耕智能化招聘领域，智能化+移动化+数字化，开启招聘新势能。志在成为享誉世界的招聘技术服务商，助力更多国内外企业更快更准找人才！

问题：请预测未来的人才招聘工作将是怎样的发展前景。

第五章　员工培训管理

【本章学习目标】

目标 1：掌握员工培训的内容、特征及对企业的意义。

目标 2：掌握企业员工培训体系的构建过程中应把握的原则。

目标 3：掌握企业员工培训方案的结构与培训方案的编制过程；学会如何评价培训的效果，掌握当下培训效果评估的主要方法；学会撰写培训效果评估报告。

目标 4：理解员工入职培训的重要性，掌握员工入职培训作用；掌握员工入职培训的过程与需要注意的问题。

目标 5：互联网对企业的影响，互联网背景下的培训思路转型，新型培训学习生态系统建设。

【引导案例 5-1】

员工培训能使公司成功

美娜湖公司是一个位于 L 市，拥有 3000 间客房的酒店度假村。美娜湖公司拥有并经营着三家娱乐公司（美娜公司、金块公司和宝岛公司），每年都会吸引 3000 万名左右的游客。由于 L 市还有其他 89 家酒店，再加上 L 市还有几家国际性娱乐集团公司，娱乐业的市场竞争非常激烈。美娜湖公司是一家非常成功的企业，在过去的几年中，美娜湖公司投资者的投资回报率每年达到 22%，美娜湖公司是 L 市最令人羡慕的企业。该公司的酒店始终保持着 98.6% 的入住率，而当地其他酒店则为 90%。

美娜湖公司成功的关键在哪呢？它主要是以高质量的服务来赢得顾客的回头率。宝岛公司 45% 的收入和美娜公司 55% 的收入来源于到 L 市度假游客的客房出租。回头客在美娜湖公司经营的成功中起到至关重要的作用，公司认为客户服务的关键在于员工的热诚。

除招聘最好的员工外，公司还为他们营造良好的工作环境，并让其从事感兴趣的工作，同时美娜湖公司还将员工的培训放在公司经营的首要位置。为了开发自己的人力资源（包括培训），公司研究了 200 多家包括酒店和生产型企业在内的企业人力资源管理活动，探索员工的成功行为、无效行为，以拟定培训基准。研究结果使公司认识到培训的重要性，因此，公司每年用于培训的支出大约为 1000 万元。美娜湖公司之所以投资于员工培训，不仅是为了提高员工的专业技能，而且是为他们在美娜湖公司的职业生涯发展做准备。例如，通过培训使员工掌握职业成功所必需的关键技术和战略，以此来取悦客户。公司还制定了工作说明书，详细说明了每项工作的职责和最低任职资格要求，这种说明书不仅能满足员工选择感兴趣的职业的需要，还为员工提供了L市5亿元的在建旅游项目的需求岗位信息。此外，美娜湖公司还投资于提高雇员非工作时间里的生活质量的培训上。培训课程从如何贴墙纸到营养学及个人理财，无所不包。美娜湖公司确信通过这些培训，雇员能更好地安排业余时间，以促使他们能够全心全意地完成公司的本职工作。

除了员工的培训外，公司的经理人员也要求接受培训。这种培训会教会经理如何营造一个适宜的工作环境。对经理培训的重点在于：经理不仅要告诉员工要做些什么，而且还要让员工知道为什么要做。这一切都使美娜湖公司中的人际关系非常融洽。

美娜湖公司的成功经验表明：培训时企业的工作效率和竞争力起着重要的作用。美娜湖公司的培训提升了员工所需知识、技能，并激励他们与公司一起发展，最终提升顾客的满意度，使公司在同行业中保持并赢得一定的市场份额和能力，由此获得竞争优势，并且还将培训与公司其他的人力资源管理活动，如招聘、遴选、工作设计、职业生涯管理等结合起来，从公司的战略经营角度出发，开展员工培训，以使其更为有效。

【正文内容】

第一节 员工培训概述

通过培训可以不断开发人力资源的潜力，充分发挥人力资源的优势。员工培训是指企业有计划地实施有助于员工学习与工作相关能力提升的活动。这些活动包括知识、技能和对工作绩效起关键作用的行为。培训是为使员工在自己现在或未来工作岗位上的工作表现能达到组织的要求而进行的培养及训练。

一、员工培训的内容与特征

（一）员工培训的内容

员工培训的内容必须与企业的战略目标、员工的职位特点相适应，同时考虑适应内外部经营环境的变化。任何培训都是为了提升员工在知识、技能和态度三方面的能力。

1. 知识的学习

知识的学习是员工培训的主要方面，包括事实知识与程序知识学习。员工应通过培训掌握完成本职工作所需要的基本知识，企业应根据经营发展战略要求和对技术变化的预测以及将来对人力资源的数量、质量、结构的要求与需要，有计划、有组织地培训员工，使员工了解企业的发展战略、经营方针、经营状况、规章制度、文化基础、市场及竞争等。知识学习的内容还应结合岗位目标来进行，如对管理人员则要培训计划、组织、领导和控制等管理知识，还要他们掌握心理学、激励理论等有关人的知识，以及经营环境，如社会、政治、文化、伦理等方面的知识。

2. 技能的提高

知识的运用必须具备一定技能。培训首先对不同层次的员工进行岗位所需的技术性能力培训，即认知能力与阅读、写作能力的培训。认知能力包括语言理解能力、定量分析能力和推理能力三方面。有研究表明，员工的认知能力与其工作的成功有相关关系。随着工作变得越来越复杂，认知能力对员工完成工作显得越发重要。阅读能力不够会阻碍员工良好业绩的取得，随着信息技术的发展，企业不仅要开发员工的书面文字阅读能力，而且要培养员工的电子阅读能力。此外，企业应更多培养员工的人际交往能力，尤其是管理者，更应注重对其判断与决策能力、改革创新能力、灵活应变能力、人际交往能力等的培训。

3. 态度的转变

态度是影响能力与工作绩效的重要因素。员工的态度与其培训效果和工作表现是直接相关的。管理者重视员工态度的转变会使培训成功的可能性增加。受训员工的工作态度怎样，如何形成，怎样受影响，既是复杂的理论问题，又是实践技巧。通过培训可以改变员工的工作态度，但不是绝对的。关键的是管理者本身。管理者要在员工中树立并保持积极的态度，同时善于利用员工态度好的时间来达到所要求的工作标准。管理者根据不同的特点找到适合每个人的最有效的影响与控制方式，规范员工的行为，促进员工态度的转变。

（二）员工培训的特征

1. 企业发展要求的主导性

社会经济和科技的快速发展、知识的快速更新、信息的快速传播及市场的激烈竞争，使得企业本身需要不断地创新。培训要以满足企业发展需要为目标，按照员工不同岗位的需要，重点传授特定的知识和技能，提高员工的工作能力和水平。尽管企业培训的内容和形式多样化，但是其最终目的是要配合企业的发展，为企业赚取更多的利润。员工得到发展的前提是企业能够顺利发展，企业良好的发展可以为员工的发展提供稳定的平台，为员工发展指明方向。

2. 提高生产效率的实用性

通过培训，可以提高员工的工作水平，提高企业的生产效率，从而为企业赚取更多的利润。培训要确保员工能够将培训的内容运用到工作上。因此，培训成果的转化成功与否，在很大程度上决定了培训是否有效。

3. 结合企业和员工的针对性

员工培训的最终目的是实现企业与员工的统一，这就要求在进行员工培训时要针对不同企业和企业内不同的员工实施不同的培训。针对不同性质的企业，所采取的培训方式、方法和运用的培训内容是不一样的；而在对企业内不同性别、年龄、学历、国籍及岗位的员工进行培训时，要尽可能地在满足企业发展要求的同时满足员工个人发展需求，以增强培训效果，实现企业与员工的双赢。

4. 培训内容的离散性

由于时间和经费的限制，培训通常会按照"缺什么，补什么"的原则，培训内容的系统性不足，很多内容是离散的。此外，除了要根据工作需要提供理论性的知识传授外，培训更多的是传授工作经验。工作经验的传授可以使得培训成果更容易转化到现实工作中，但工作经验的传授通常是缺乏系统性的。

5. 培训方法的多样化

企业培训的形式和方法是多种多样的，既有传统的传递法，也有基于互联网技术的现代培训方法。现今比较流行的是情景体验。传统的讲座式培训着重是讲师在台上讲课，缺乏学生的交流和实践，培训效果不佳。新式的培训比以往的更加重视学生的实践与体验，通过体悟增强培训效果。

6. 培训时间的零散易变性

企业员工培训不同于学校教育，在企业员工培训中，员工必须在做好本职工作的前提下进行培训。因此，员工培训大部分会被安排在业余时间开展，而且经常会根据员工工作时间的变动及业务淡旺季的变化而变动。

二、员工培训的作用

随着社会越来越重视人力资源，企业也越来越重视员工培训。员工培训不仅可以提升员工的个人能力，还可以提高员工对企业的归属感，减少企业人才的流失，从而提高企业的经济效益。但是，在员工培训受到重视的同时，企业对员工培训的认识依然存在许多误区。这些误区会严重地影响员工培训的效果。

（一）培训对企业的作用

1. 促进员工个人素质全面提高

企业通过对员工进行培训，使员工个人素质得到全面提高，适应企业长期发展的需要，从而使企业人才开发利用与企业成长和发展形成互动。

2. 推动企业文化的完善与形成

企业文化是一个企业的灵魂，是企业创造生产力的精神支柱。企业培训可以让员工在了解企业文化的同时，推动企业文化的完善与形成，树立良好的企业形象。

3. 优化人才组合

培训把人的潜能开发出来，淘汰没有潜力的员工。培训能使企业全面了解员工的个性和特点，通过优化组合，有利于员工快速地成长，有利于企业工作效率的快速提高。

4. 增强企业的向心力

企业培训为员工提供了一个完善和提升自我的机会，使员工可以在工作中实现职业生涯规划，对员工有激励作用。此外，员工在培训中相互接触，相互了解，加深了他们对企业的感情，使企业员工的归属感明显增强。

（二）培训对员工的作用

1. 提高员工的自我认识水平

通过培训，员工能够更好地了解自己在工作中的角色，以及应该承担的责任和义务，帮助员工更全面客观地了解自身能力、素质等方面的不足，提高自我认识水平。

2. 提高员工的知识和技能水平

通过培训，员工的知识和技能水平将得到提升。员工技能水平的提升，将极大地提高企业的生产效率，从而为企业创造更多的利润，员工因此获得更多的收入。

3. 转变员工的态度和观念

企业通过员工培训可以让员工转变态度，如对待技术革新的态度、对待企业的态度和责任心问题。此外，员工培训可以让员工转变观念，如树立终身学习的观念、质量意识和观念。

第二节 员工培训体系的构建

一、培训体系概述

(一)培训体系的定义

从微观和宏观层面考察,培训体系有狭义和广义之分,狭义的培训体系是指每个具体培训项目的整个实施过程,实为培训项目实施体系,其所针对的是每次具体的培训流程。广义的培训体系为培训工作组织管理体系,它所涵盖的是整个培训的组织运营机制,是管理的需要。狭义培训体系是广义培训体系的重要组成部分,是广义培训体系的一个子系统,是最关键的部分。

(二)培训体系的内容

培训体系是指组织为完成培训目标所建立的全部系统内容,它至少包括培训组织体系、培训项目运营实施体系、培训讲师体系、培训课程体系、培训管理体系或制度体系等五个子系统。其中,培训组织体系是培训的基础,是实现培训工作的载体,它包括培训的组织机构、人员、组织流程、职责分工和工作机制。培训项目运营实施体系指从需求调查到项目策划再到组织实施最后进行评估的流程(监控贯穿始终)。培训讲师体系是培训讲师队伍的建设和管理。培训课程体系是符合企业发展所必需的基本课程的开发建设。培训管理体系是培训体系长期有效运转的保证,它由众多的制度构成,包括各种学习制度、考评制度、激励办法等。以上各组成部分既相互独立、自成体系,又相互支持、联系密切、缺一不可,构成培训体系的全部框架,是完整意义上的培训体系。

二、企业员工培训体系模型

企业员工培训体系(图 5-1)总体上分三个阶段进行:准备阶段、实施阶段、评价阶段。它是一个循环的闭合系统,主要以系统型培训模式为基础加以改进和完善,以最终建立学习型组织为目标,以企业发展战略为导向,建立完善的企业培训文化和培训战略及培训实施管理系统(即培训需求分析、确定培训目标、制订培训计划、实施培训方案、评估培训方案五大阶段)。企业员工培训体系正是通过培训文化、培训战略、培训实施管理系统的不断完善发展，同时谋求与企业战略及不断变化发展的企业内外部环境之间的协调与适应，以实现培训体系自身的"成长性"。

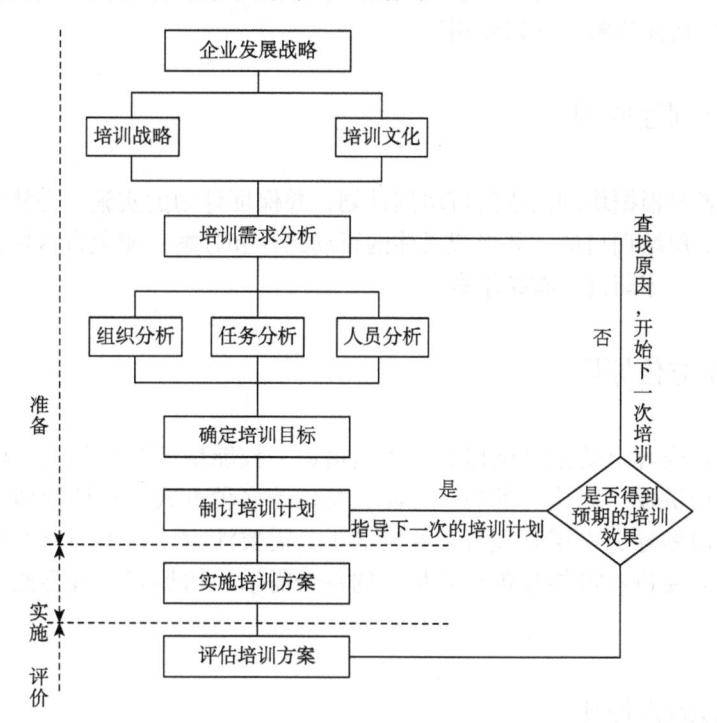

图 5-1　企业员工培训体系模型

三、培训管理体系构建原则

好的培训管理体系通常是具备整体协调性的，不以宏大的目标为追求，而是追求客观效果，追求资源配置的效率和均衡性。

（一）战略性原则

培训管理体系要服务组织的战略，要拥有长期的目标和系统的规划，并形成持续运转的体系和制度。培训管理除了为当前的经营服务、解决组织目前经营中需要解决的问题之外，还要有战略意识，要看到组织未来的发展和需求，变被动为主动。通过培训，使员工能够满足组织变革发展的需要，能够随时迎接未来的挑战。

（二）针对性原则

培训管理体系是为了提高企业的基础能力，提高员工在生产经营中解决具体问题的能力，进而提升组织的绩效。所以，培训管理体系中的培训项目要有目的性，培训内容要与实践相结合，要务实、有效，要针对某一具体待解决的问题、困难，或者实际的培训需求进行，要按需施教、学以致用。

（三）计划性原则

培训管理者要根据培训需求制订培训计划，并保证计划的实施。为使培训计划能够进一步明确和实现培训目的，要形成具体的行动路径和方案，避免盲目性，使培训管理工作有章可循、循序渐进、有条不紊。

（四）全方位原则

培训管理在内容上要把基础培训、素质培训、技能培训结合起来，培训管理在方式上要综合运用讲授、讨论、参观、外聘、委培等多种方式，培训管理在层级上要划分并覆盖到高层领导、中层管理者和基层员工。需要注意，这里的全方位并不代表全覆盖，培训不需要也不可能覆盖每名员工的每个需求。培训管理者要抓大放小，要全方位地考虑。

（五）有效性原则

培训管理体系不是花架子，培训管理工作也不能走过场，培训管理者要针对企业经营管理的需要策划培训的内容、方式、方法，使培训对企业的经营活动产生实质性的效果。为保证培训的有效性，培训结束后要对培训内容进行考核、对培训效果进行评估，以促进培训管理工作的持续提升；培训后要巩固所学强化应用，并定期检查，及时纠正错误和偏差。

（六）经济性原则

培训经费和培训效果并不一定成正比，培训投入的经费越高，并不一定培训越有效。培训管理部门要对培训资金做出合理安排，要保证管理工作与正常经营两不误。

四、培训管理体系的三大层面

一套完整的培训管理体系至少包含三个层面，分别是制度层面、资源层面和运作层面。培训管理体系的组成如图 5-2 所示。

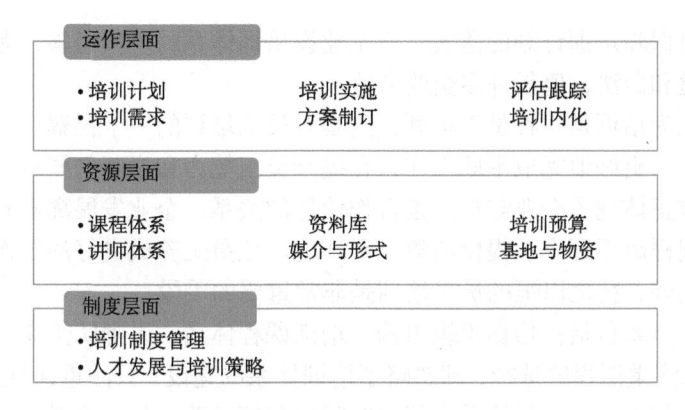

```
运作层面
• 培训计划      培训实施       评估跟踪
• 培训需求      方案制订       培训内化

资源层面
• 课程体系      资料库         培训预算
• 讲师体系      媒介与形式     基地与物资

制度层面
• 培训制度管理
• 人才发展与培训策略
```

图 5-2 培训管理体系的组成

最底层也是最基础的层面,是培训管理的制度层面,是企业基于自身的战略,制定的人力资源规划中有关人才培训的纲领性政策或导向性思路。

中间层是培训管理的资源层面,是企业内部为培训策略和制度能有效实施所提供的可调配或者可以使用的资源。

最上层是培训管理的运作层面,是企业在贯彻培训策略、动用各种培训资源的过程中,为了保证培训能够有效、有序地进行所采取的一系列关键行为。

培训管理者在评估自身企业的培训管理体系建设质量时,如果发现企业当前培训管理工作关注的模块有缺项,那么说明企业当前的培训管理体系是不完整的。当前企业培训效果或效能存在问题的原因很可能就是培训管理体系模块的缺失。

培训管理体系的三个层面之间的关系是互为递进、相互作用、共同发展的。完整的培训管理体系是人才培养与培训系统完整的必要保证,是培训持续有效运转的重要保障。对于培训管理体系还不完善的企业,需要不断地创建和完善这三个层面的内容。

五、知名企业培训体系构建

(一)三星的特色培训体系

韩国三星集团(SAMSUNG,简称三星)在近 70 个国家和地区建立了近 300 个法人机构及办事处,员工总数超过 26 万人,业务涉及电子、金融、机械、化工等众多领域。现拥有 60 家子公司,其中 15 家为上市公司,全部市值超过 3000 亿美元。三星旗下公司 2008 年总收入约 1500 亿美元,相当于韩国 GDP 总量的 1/6。旗舰公司三星电子的年出口额接近韩国出口总额的 1/5,在平板电视、闪存等 9 个领域占据了全球市场份额第一的位置。三星电子在电机、电子业界已经进入了"全球前三名"的行列,能与之相提并论的只有德国的西门子和美国的惠普。

"人才第一"位居三星五大核心价值观之首,也是三星七十年来注重和坚持的价值观。三星把员工培训视为企业经营的一个组成部分,而且是不可或缺的重要部分。无论工作多忙，都要保障培训计划的落实。三星建设培训体系的宝贵经验，尤其在员工培训方面的很多经验和做法，值得许多企业借鉴。

很多企业认为培训是一种员工福利，这是对员工培训的一个误解。对员工进行培训的目的之一是让其更好地完成本职工作，在提升员工能力和素养的同时，也为公司的发展做出贡献，这正体现了企业与员工是合作伙伴的关系。企业发展离不开优秀的员工，而员工的发展同样离不开企业提供的舞台和环境。让员工养成良好的工作习惯，除了依靠公司的制度之外，持之以恒的员工培训是非常重要的手段。

三星的培训体系包括：培训组织机构、培训课程体系、讲师队伍建设、培训支持体系。很多企业只注重课程的选择，却忽略了培训体系的建设；只注重课堂上的培训效果，却忽略培训后的行为改变；只注重在规定时间内花掉经费，却未能对症下药，甚至选错了培训对象；只注重短期目标，却忽略了长期目标；等等。如果企业不能建立适合的培训体系和适用的培训计划，以上的问题就不能得到很好的解决。企业在建设自己的培训体系的过程中，必须分析公司的发展战略和现况，维持层级和职能的平衡，征询企业各部门的建议和要求，制定培训制度，并落到实处，还要兼顾员工自我表现发展的需要。以人才和技术为基础，创造最佳产品和服务，是企业基业长青的关键。市场经济的发展对企业的人才培养提出了新的要求。激烈的市场竞争就是人才的竞争。尊重人才，重视人才，力争建立一套具有国际竞争力的人才培养制度，是企业求生存求发展的前提。

三星的特色培训系统（especial training system，ETS）课程包括十二个课程包，它们分别是：一线员工素养培训、基层管理者培训、中高层管理者培训、理性思维流程、现场管理能力提升培训、极限能力培训、质量管理培训、工业工程培训、全员生产维护培训、六西格玛质量体系培训、办公自动化培训和内部培训师培训。

（二）基于柯式四级评价模型的烟草行业 A 企业内部培训评价体系构建

1. 评价体系框架及工作流程设计

结合柯式四级评价模型的基本原理，形成如下评价体系设计方案（图 5-3），并对方案涉及的评价模型结构、评价指标选取、评价数据采集、评价结果反馈四个末端模块进行进一步细化（图 5-4）。

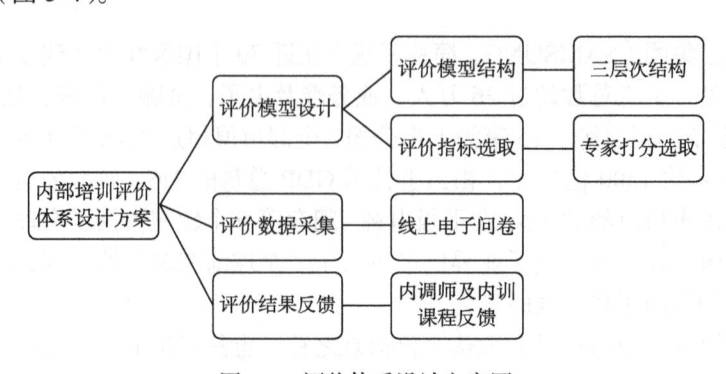

图 5-3 评价体系设计方案图

第五章 员工培训管理

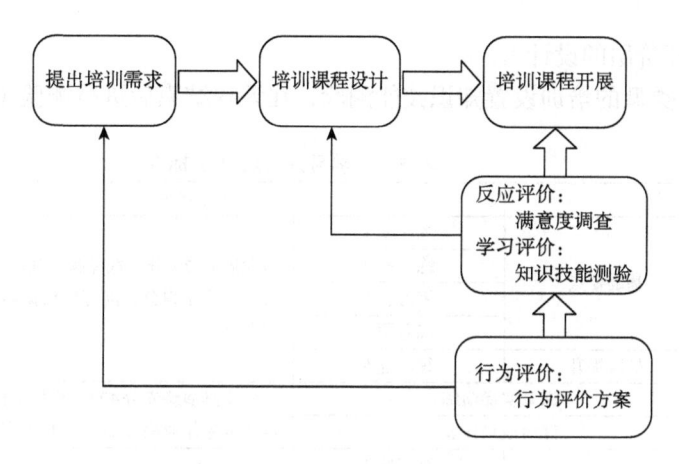

图 5-4 内部培训评价体系流程图

2. 三层次评价指标及方法选取

借鉴柯式四级评价模型的前三个层次,对反应评价、学习评价、行为评价三层次进行进一步细化设计。

1)反应评价层的设计

对参与内训活动的学员进行满意度问卷调查,问卷涉及课程设计、教学过程、讲师表现三方面,见表 5-1。

表 5-1 反应评价层的评价标准

	评价项目	计算方法
课程设计	课程重点内容充实性	每项满分 100 分, 设 3 档评价等级。 "非常满意"得分 100 分, "满意"得分 70 分, "不满意"得分 50 分
	培训内容的专业程度	
	培训教材及课件质量	
	培训内容与实际工作的关联性	
	教学内容对开展具体工作的指导意义	
课程设计总计(40%)		分项平均
教学过程	教学方式的丰富性和合理性	每项满分 100 分, 设 3 档评价等级。 "非常满意"得分 100 分, "满意"得分 70 分, "不满意"得分 50 分
	培训场地安排和设备应用性	
	课程安排合理程度	
	课程时间安排及控制的合理性	
	课堂氛围活跃度	
教学过程总计(30%)		分项平均
讲师表现	讲师的语言表达能力和授课技巧	每项满分 100 分, 设 3 档评价等级。 "非常满意"得分 100 分, "满意"得分 70 分, "不满意"得分 50 分
	讲师对教学内容的掌握程度	
	讲师课堂互动的引导能力	
	讲师的仪态仪表和授课速度	
	讲师对教具的操作能力和多媒体教学能力	
讲师表现总计(30%)		分权平均
总分		加权平均

2）学习评价层的设计

针对不同类型的培训设置知识技能测验，在课程结束后进行测验（表 5-2）。

表 5-2　学习评价层评价标准

评价项目		计算方法	总分
理论知识型	基础要点	练习题 1	每题满分 20 分。选择题、判断题答对得 20 分，答错不得分。问答题根据知识要点回答情况判分	加总
		练习题 2		
		练习题 3		
		练习题 4		
	扩展提升	练习题 5		
技能操作型	课堂实操演练		课堂实操演练满分 40 分，根据掌握情况判分。课后成果作业满分 60 分，根据完成情况判分	加总
	课后成果作业			
综合型	理论知识	练习题 1	理论知识每题满分 20 分，技能运用满分 40 分，根据课堂呈现效果判分	加总
		练习题 2		
		练习题 3		
	技能运用	实操演练或小组讨论		

3）行为评价层的设计

在培训结束后的 1~3 个月撰写行为评价报告，行为评价得分由负责培训管理的专家小组参考行为评价报告打分得出。三层次评价得分加权得出总体评价得分，公式为

内部培训评价总分 = 反应评价得分 × 40% + 学习评价得分 × 40% + 行为评价得分 × 20%

第三节　员工培训方案实施与效果评估

一、培训方案的制订

一份完整的员工培训方案是在确定了培训目标之后，进一步对培训内容、培训资源、培训对象、培训时间、培训方法、培训场所及培训物资设备的有机结合进行设计和安排。

（一）培训方案的内容与结构

1. 培训方案的内容

完整的培训方案主要包含以下十大要素。

（1）培训目标。培训目标是对某一个或几个培训需求要点的细化，反映了组织对该培训项目的基本意图与期望。应从以下方面描述培训项目目标：该项目培训后能做什么？在什么条件下做？达到什么标准？

（2）培训负责人。明确培训的负责人及其职责，确保培训的顺利实施。

（3）培训对象和内容。确立培训对象，如公司领导与高管人员、中层管理干部又或专业技术人员，并根据不同的培训对象确定相应的培训内容。

（4）培训环境及设备。培训环境主要是指有助于受训者学习的环境，一般包括软环境和硬环境。其中，软环境主要作用于学习型组织的创建，硬环境主要作用于具体项目培训环境的创建。在培训前要准备好常用的培训工具，包括教材、资料；白色书写板、粉笔、挂图；录像带、光盘、录音机、投影仪、幻灯机、计算机等。

（5）培训成本预算。培训会产生的相关费用，如场地费、教材费、人员成本、课件制作费等，均应提前做好估算报表并做好与领导的汇报、财务部的沟通。常见的企业培训成本的预算方法包括比例确定法、比较预算法、人均预算法、推算法、公式法、矩阵法等。

（6）培训材料包的开发。培训材料包是指能够帮助培训者及学员达成培训目标，满足培训需求的所有资料的总和。主要是准备培训课程及教辅资料，培训课程可以购买或者自己开发。

（7）培训方法及考评方法。常用培训方法包括课堂讲授法、专题讲座法、讨论法、案例分析法、角色扮演法、游戏法（包含商业游戏）、故事法、小组活动法等。

（8）选择培训师。培训师是整个教学过程的组织者和员工学习的促进者。

（9）培训日期。确定合适的培训时间，并提前通知受训者和培训师。

（10）后勤保障。整个培训过程都需要有后勤保障，包括场地布置和清洁、突发情况处理等。

2. 培训方案的结构

经过培训需求分析，明确了培训需求后，即可确定培训目标和方案。培训目标的确定为培训提供了方向和框架，培训方案的制订则可使培训目标变为现实。培训方案应大致按以下结构进行编制。

（1）培训背景及培训目的、培训目标（符合 SMART[①]原则）。

（2）培训内容（培训的课程大纲、课程设计、教授内容等）。

（3）培训方法（培训方法及其配套教学方法等）。

（4）培训实施安排（时间、时长、地点、场地、人员、考核制度、管理方法、负责人等）。

（5）培训效果评估与考核（满意度、考试、其他考核指标和方法）。

（6）预期投入（预算、人员安排、培训时间等）。

（二）培训方案的编制过程

企业应根据培训需求，结合本企业的战略目标来制订培训方案。制订培训方案的步骤主要包括以下几点。

---

① SMART 即 specific（明确具体的）、measurable（可衡量的）、action-oriented（行为导向的）、realistic（切实可行的）、time-bounded（时间限制性）。

1. 分析培训需求

通过培训需求调查，明确各部门员工的工作现状和工作绩效及其与目标绩效之间的差距，分析和确定各部门各职位员工的培训需求。

2. 进行工作分析

对所需培训的岗位进行工作分析，明确该岗位的工作特征及其工作人员的任职资格和胜任力模型，为确定培训内容奠定基础。

3. 确定培训目标和内容

根据目标绩效和当下的实际情况，确定适当的培训目标，目标要可分、可测、可操作；此外，应根据培训对象来确定相应的培训内容。

4. 确定培训人员

应该根据培训需求确定相应的培训师资。

5. 确定培训方法和形式

应根据不同的培训对象和培训内容，确定培训的方法和形式，使受训者能更好地吸收培训内容。

6. 设计培训课程

企业在组织培训活动时应该编制培训教材，根据培训项目的目标确定培训课程大纲，进行课程设计，为教材开发做准备。

7. 确定培训预算

采用科学合理的方法预估培训的投入和收益，提前做好估算报表并做好向领导的汇报、与财务部的沟通。

8. 培训方案的实施

培训方案制订好后，经领导审核无异议后，应交由企业人力资源部门主要负责实施，以确保培训方案的顺利完成。

二、培训方案实施过程中应注意的问题

（一）目前中小企业培训实施过程中的问题

目前，中小企业的培训体系还未建设完善，在培训实施过程中主要是培训环境、培

训方式与方法、培训需求分析、培训成果转化、受训者和培训教师等方面存在问题。

1. 培训环境方面

（1）缺乏良性的内部学习环境，缺乏对培训的跟踪。
（2）缺乏有效的培训工作流程、工作标准及相应的管理制度。

2. 培训方式与方法方面

（1）培训方式与方法落后，仍旧沿用学院派和研讨会式的学习方法。
（2）培训课程设计不到位，课程开发能力差。
（3）培训体系不健全，应包括课程设置、教案教材建设、师资管理、培训档案管理与培训资格控制等。

3. 培训需求分析方面

（1）培训观念落后，培训意识缺乏，对培训的需求不能有效评估。
（2）重业务培训轻管理培训，重知识培训轻技能培训，培训的针对性差。
（3）培训的计划性差，缺乏与企业发展目标和业务的密切配合，难以体现企业的现实需求。

4. 培训成果转化方面

（1）忽视行为的改变，忽视团队学习。
（2）学员在掌握知识方面的能力强，实践应用方面的能力差。
（3）忽视对培训效果的评估，培训成果在工作中的应用效果差，不能有效提高工作绩效。

5. 受训者方面

（1）学员在培训过程中参与意识差。
（2）学员注重个人资格的取得和职业生涯的发展，而忽略企业的利益。

6. 培训教师方面

（1）培训教师缺乏企业背景。
（2）培训教师实操经验与企业行业背景有差距。

（二）培训方案实施过程的操作步骤与注意事项

1. 培训方案实施过程的操作步骤

培训的实施是培训工作的主要阶段，指根据培训计划、培训目标及培训方案，对培训过程中出现的问题及时做出控制和调整，保证整个培训过程顺利进行。主要包括：

培训前的准备工作、培训中的质量控制、培训结束后的效果评估及档案管理。图 5-5 为培训方案实施过程。

1）培训前的准备工作

（1）教学人员编写好教案。一份完整的课时计划（教案）的要素包括以下几点。①课题名称，如面试技巧。②本次课的教学目标：做什么、怎么做、什么标准。③教学重难点。④教学时间。⑤教学方法，如讲授法、角色扮演法、讨论法。⑥设计教学过程。

具体落实包括：①准备讲什么？②学生怎么学？③讲师怎么讲？

（2）管理者做好培训前的具体准备工作。①印制课程计划、教学大纲、学员学习手册。②教学设备的检查。③教学环境的布置及时间安排。④联系培训教师。⑤落实好学员培训的各种政策。

2）培训中的质量控制

（1）上课前的准备。①准备开班典礼事项。②学员报到签字。③座位安排。④宣布培训纪律。

（2）上课时的介绍。①培训主题介绍。②课程及教师介绍。③学员相互认识（破冰游戏）。

（3）培训过程中严格执行教学计划，保证完成各项教学任务。

3）培训结束后的效果评估及档案管理

①评价培训效果。②听取改进意见。③总结培训情况。④跟踪受训者的工作绩效。⑤建立培训的信息管理系统。

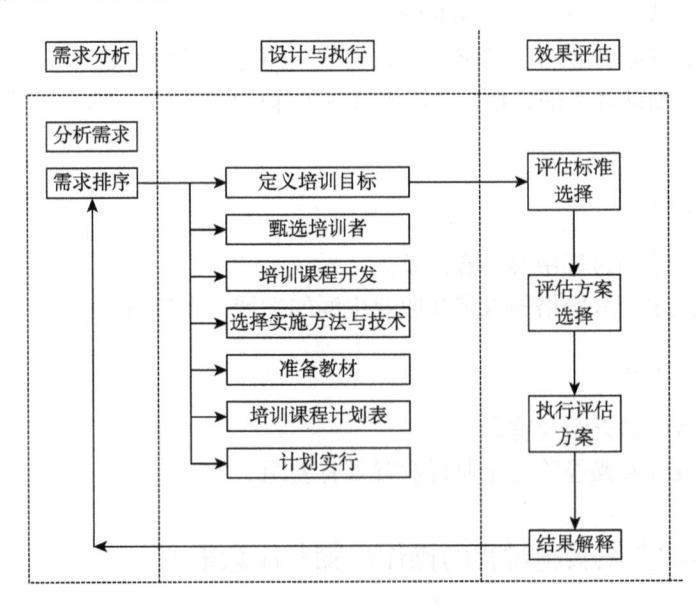

图 5-5 培训方案实施过程

2. 培训方案实施过程的注意事项

（1）做好充分准备。永远不要低估准备的重要性。细心计划总会避免更多的问题。

准备工作包括培训材料的确定和选择、培训方法的选择、培训教师和学员的选择、后勤保障等。

（2）讲求授课效果。实施中关键的一环就是要提高授课效率，调动学员的积极性。作为一名优秀的培训师，要充满激情，精心设计每堂课。授课时注意与学员的沟通交流，要充分调动学员的主观能动性，集中学员的注意力，避免照本宣科、漠视学员的态度等。

（3）动员学员参与。在培训过程中调动学员参与的积极性，是培训工作取得成功的关键之举。当一个成人学员全身心地投入学习的时候，学习过程就开始了。学员的参与程度越高，学习效果就越好。下面列举一些调动学员参与的方法。①提问。②进行体验性操练，开展角色扮演。③记住每一位学员的姓名并使用它们。④在培训中提供信息反馈。⑤让学员参与讲授。⑥让学员示范操作。⑦结合做一些书面练习。⑧签订学习合同。⑨利用专项测评表更深入地了解学员，进行个别访谈。⑩用实时、实干的方式进行培训等。

（4）预设培训考核。没有系统的、科学的、严格的考核制度，就无法检验培训工作的成效。培训考核有以下两种方式。

①培训结束时的考核。对学习的课程进行逐科考试或考查，结合学员平时的表现做出总的评价。也可要求每位学员写出培训小结，总结在思想、知识、技能、作风上的进步，与培训成绩一起放进人事档案。对于业务操作和技术技能方面的培训，则可将学员培训前后的水平进行比较，以确定培训有无成效及成效多大。

②培训结束后的工作评价。学习的目的在于应用，回任后的工作表现是检验培训效果更直接的证明。回任工作考核的主要内容是：思想上有无进步、对企业文化的认同感有无增加、工作态度和作风有无改变、业务能力有无提高、工作效率有无增进。最后综合起来判断培训目标是否达到。

三、培训效果评估

（一）培训效果评估的内容

1. 培训效果评估的概念

培训效果评估是指在受训者完成培训任务后，运用科学的理论、方法和程序，从培训结果中收集数据，并将其与整个组织的需求和目标联系起来，以确定培训项目的优势、价值和质量的过程，其实质是对培训信息进行效益评价的过程。

培训效果评估是一个完整的培训流程的最后环节，是对整个培训活动实施成效的评价与总结，而评估结果又是以后培训活动的重要输入，为下一个培训活动需求的确定提供了重要信息。

2. 培训效果评估的四层次模型

柯克帕特里克的培训效果评估模型（表 5-3）是培训评估最有影响力的、被全球职业经理人广泛采用的模型。柯克帕特里克提出，可以从四个方面来评估培训的效果，分别是反应层面、知识层面、行为层面和结果层面。

表 5-3 培训效果评估模型

评估层次	评估重点	评估方法	评估主体	评估时间
反应层面	考察学员对培训活动的整体性主观感受	问卷调查、访谈法、观察法	培训主管机构	培训进行中 培训刚结束
知识层面	了解学员真正理解、吸收的基本原理、事实与技能	测试、问卷调查、现场模拟、座谈会	培训主管机构	培训结束后
行为层面	了解学员接受培训后行为习性是否有所改变，并分析这些改变与培训活动的相关性	绩效考核、观察法、访谈法	培训主管机构 学员上级主管 同事及下属 直接客户	培训结束后三个月 下一个绩效考核期
结果层面	了解学员个体及组织的绩效改进情况，并分析绩效变化与企业培训活动之间的相关情况	投资回报率、绩效考核结果、企业运营情况分析	培训主管机构 企业管理部门	下一个绩效考核期 一年后

（二）培训效果评估的流程

培训效果评估是一个系统地收集有关人力资源开发项目的描述性和评判性信息的过程，目的是便于企业在选择、调整各种培训活动及判断其价值时做出更明智的决策。基于评估的不同阶段来实施培训效果的评估，其具体流程（图5-6）如下。

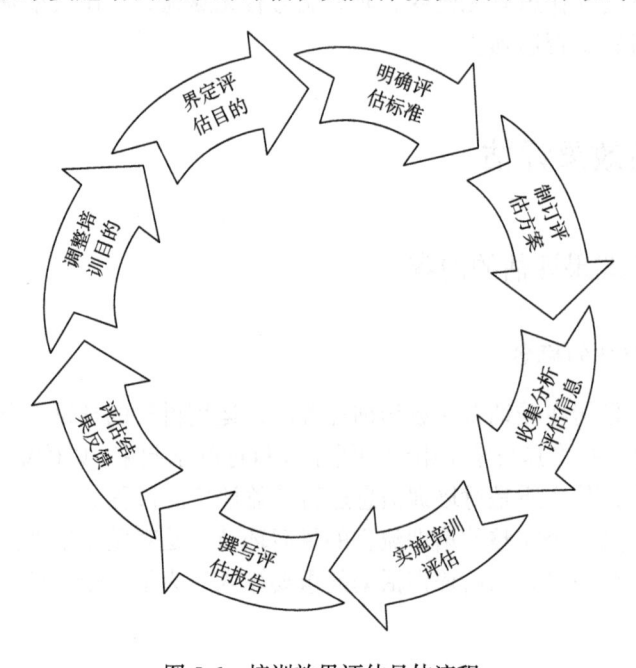

图 5-6 培训效果评估具体流程

(1)评估决策阶段：确定评估的目的、原则。
(2)评估规划阶段：确定范围、重点、方法。
(3)评估实施阶段：确定评估顺序、实施。
(4)撰写评估报告：建立培训管理信息系统。

（三）培训效果评估的方法

培训效果评估的方法（表5-4）有多种，主要包括访谈法、问卷调查法、测试和模拟法、直接观察法和档案记录分析法。每种方法各有优缺点，应根据企业实际情况和实际需要选择合适的方法进行培训效果评估。

表5-4 培训效果评估的方法

方法	具体过程	优点	缺点
访谈	和一个或多个人进行交谈，以了解他们的信念、观点和观察到的现象	灵活 可以进行解释和澄清 能深入了解某些信息 私人性质的接触	成本高，花费较多人力 面对面交流有障碍 需对访谈者进行培训 可能引发回应性反应
问卷调查	用一系列标准化的问题去了解人们的观点和观察到的现象	成本低 可在匿名情况下完成 匿名情况下可提高可信度 有多种答案选项	数据的准确性可能不高 不同的人填写问卷的速度不同 难以控制问卷填写的过程 无法保证问卷回收率
直接观察	对一项或多项任务的完成过程进行观察和记录	不会给人带来威胁感 是用于测量行为改变的极好途径	可能会打扰当事人 可能引发回应性反应 可能不可靠 需要受过训练的观察者
测试和模拟	在结构化的情景下分析个人的知识水平或完成某项任务的熟练程度	费用低 容易计分 可迅速批改 容易实施测试 可大面积采样	可能带来威胁感 也许与工作绩效不相关 对模拟测试的依赖可能会歪曲个人绩效 可能有文化带来的偏差
档案记录分析	用现有的资料，如档案或报告	可靠 客观 与工作绩效关系密切	需花费大量时间 对现实进行模拟往往很困难 开发成本很高

（四）培训投资收益的计算

培训投资收益评估常用的方法包括成本-有效性分析（cost-effectiveness analysis）法和成本-收益分析法。

1. 成本-有效性分析

（1）含义：以货币计算和非货币计算方法共同确定培训收益，是侧重于定量的效果评估方法。

（2）评估方法：定量评估法，公式为

$$TE=(E2-E1)×TS×T-C$$

其中，TE 表示培训效益；$E1$ 表示培训前每个受训者一年产生的效益；$E2$ 表示培训后每个受训者一年产生的效益；TS 表示培训的人数；T 表示培训效益可持续的年限；C 表示培训成本。

2. 成本-收益分析

含义：主要以货币定量形式来表达培训的收益和有效性。
计算方法：

$$投资回报率=\frac{总回报（净收益）}{培训总成本}×100\%$$

1）培训成本计算方法

（1）按时间顺序分为：培训前的费用、培训中的费用、培训后的费用。

优点：对不同时间段成本进行比较，为分析提供基础；有利于对培训总成本进行分析。

（2）按支出类型分为：直接成本、间接成本、开发成本、一般管理者费用、参与者薪酬。

2）培训收益（回报）的确定

培训收益指企业从培训项目中获得的价值，具体的衡量指标见表 5-5。

表 5-5 培训收益（回报）指标

培训收益（回报）	（一）产量或销量增长的价值：较容易确定
	（二）成本和费用减少的价值 常见项目如下： 1. 原材料、燃料减少的费用 2. 人工成本节省的费用 3. 生产次品减少的费用 4. 机器设备维修减少的费用 5. 员工流失率降低的费用 6. 提高设备利用率的费用 7. 降低生产事故节约的费用

四、培训效果评估报告的撰写

（一）撰写培训评估报告的要求

（1）结果具有代表性，关键的信息一定要分门别类地梳理出来，特别是与培训的目标有直接关联的信息。

（2）证明培训的价值，学会应用量化的方式去表达，并在报告中用图或表呈现。

（3）纵观培训整体效果。

（4）避免打击积极性。

（5）中期评估报告。
（6）注意文字的表述与包装。

（二）撰写培训评估报告的步骤

（1）明确培训评估报告撰写的要点和要求。
（2）阐明评估结果。
（3）解释评估结果，提供参考意见。
（4）注重原始数据和图表等附录。

五、培训成果转化

如果企业没有实施培训的评估和跟踪，就很难实现培训的改进和成果转化。优秀的培训评估和跟踪方法能够帮助培训管理者及时了解培训管理体系中存在的问题。在培训评估环节，培训管理者要注意培训评估的时机和层次，不同的时机、不同的培训目的，采用不同的培训评估方式。培训管理要注意培训成果的转化和培训追踪的方法。

（一）培训成果转化的含义

培训成果转化指受训者持续而有效地将其在培训中获得的知识、技能、行为和态度运用于工作中，从而使培训项目发挥最大价值的过程，见图5-7。

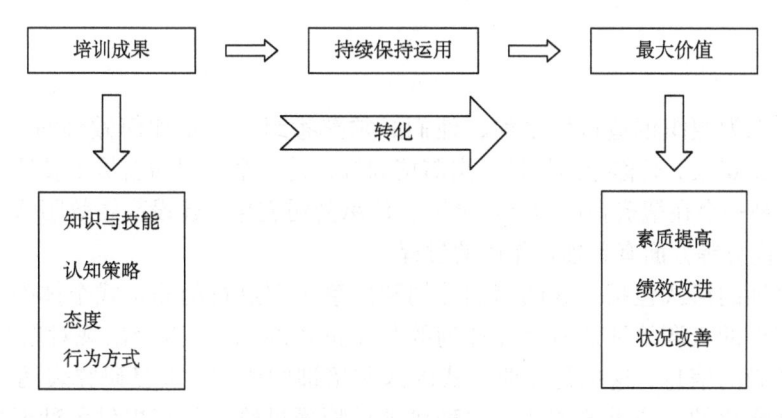

图5-7 培训成果转化

（二）培训成果转化的影响因素

培训成果转化在很大程度上受到工作环境的影响，包括转化的气氛，管理者的支持，同事的支持，运用所学能力的机会，信息技术支持系统，受训者自我管理能力，等等。

（三）确保培训成果转化的方法

1. 寻找组织及学员存在的可能阻碍培训成果转化的因素

（1）受训者本身的原因。
（2）缺少各部门管理者的支持。
（3）缺乏同事支持。
（4）缺乏应用的工作条件。

2. 促使转化的具体方法

（1）明确关键人员在培训中的作用：管理者/主管、培训者、受训者、同事。
（2）激励、强化受训者的学习动机。以相关理论为指导，如目标设置理论、期望理论、需要理论等。
（3）改进培训项目设计环节。①培训环境与应用环境的相似性；②重视一般原理、策略的学习；③培训结束时学员制定行动计划承诺书；④编写行为手册；⑤制定激励政策，如经济待遇、升职、担任要职等；⑥及时验收转化成果。

第四节　员工入职培训管理

在新员工为组织创造价值之前，他们必须熟悉组织"是如何做事的"。入职培训（induction training）又称导向培训、岗前培训等，是一个专门为新员工设计并实施的培训形式，更是一个在塑造企业的合格员工、传承公司文化、建设高绩效团队、赢得企业的持续竞争优势等方面有着独特作用的过程。

入职培训的形式包括正式的培训计划和同事之间进行的非正式个体引导活动。从同事那里获得的入职培训通常是无计划的和非正式的，也常常会出现对新员工的误导和一些不准确的信息，这也是需要正式的入职培训的原因。大量研究表明，入职培训还是组织社会化的一个重要方式，这种培训计划通过给新员工提供各种形式的信息，在组织社会化过程中发挥着重要作用，它使新员工学习成为一名做出贡献的公司成员。有效的入职培训会对新员工产生深刻和持久的影响，甚至决定了他们今后工作的成败。

一、入职培训的作用

协成商务咨询公司一项针对企业培训状况的调查表明,在我国十个行业百家企业中,有 17%的企业只为员工提供最简单的入职培训,61%的员工对入职培训不满意。在人力资源管理的实践中,目前有 80%的企业对新员工实施入职培训,但效果不佳。

绝大多数组织的入职培训都包括介绍组织发展沿革、组织结构和薪资及福利政策,甚至包括火灾防范等组织政策性内容。对于涉及工作如何开展的内容,则在很大程度上依赖职能部门的资深员工来完成。这样的方式会带来某种隐患,当新人变成熟练员工后,他可能难以从整个组织的层面、从其他部门的角度来思考以后工作的开展方式,进而在实际工作中容易出现理解、沟通和协调等方面的问题。此外,由于我国大学毕业生在校期间较难获得社会实践机会,其初入职场后要花费相当长的时间建立完整的工作概念。无论是企业还是新员工本身,都希望能尽快熟悉、适应新的工作环境,尽快融入新的工作团队中,而入职培训具有典型的员工导向或定位作用,这主要体现在以下几点。

帮助新员工尽快实现"组织社会化"。组织社会化是指将新员工转变为精干的组织成员的过程,包括为胜任本职工作做好准备、对组织有充分的了解及建立良好的工作关系三方面的内容。正如美国人力资源管理学专家加里·德斯勒所指出的那样,入职培训实际上是新员工社会化过程的一部分。社会化是一个不断给员工灌输企业所期望的主流态度、标准、价值观及行为模式的持续过程。只有当新员工完成了"组织社会化"的全过程,他们才能全力为企业做出贡献。表 5-6 为社会化过程中员工应学习和培养的内容。

表 5-6 社会化过程中员工应学习和培养的内容

历史	公司的发展目标、价值观、文化传统、行为准则、发展史及成员的背景
公司的目标	公司的指导原则及宗旨
语言	公司独有的语言、行业术语和专业技术用语
策略	怎样通过正式和非正式的工作关系及公司权力机构来获取信息
人员	同公司其他员工建立良好的工作关系
娴熟的技能	需要学习哪些内容,有效地获取和运用工作所需的知识、技术和能力

帮助新员工熟悉、适应新的工作要求。企业应通过实施有效的入职培训,帮助新员工了解企业的经营理念和办事方式,清楚什么行为是企业所期望的,明确企业的组织结构和发展目标,使新员工尽快熟悉、适应工作场所,知道自己的工作职责,顺利地开展新的工作。

培养新员工对企业的认同和归属感。企业通过与新员工进行沟通,或者开办团队协作课程等方式,使新员工树立团队意识,也使得老员工与新员工充分接触、相互交流,形成良好的人际关系,有助于新员工融入公司的文化氛围。入职培训的缺乏或低效实施,将会导致新员工无法有效地融入新的组织环境,使他们产生距离感,变成企业内部的"外人"。

二、员工入职培训的系统设计与实施

加里·德斯勒认为，有效的入职培训应当完成四项主要任务：①新员工应当感到受欢迎和自在。②新员工应当对组织有一个宏观的认识（组织的过去和现在、文化及未来的愿景），并且了解政策和程序一类的关键事项。③新员工应当清楚组织在工作和行为方面对他们的期望。④新员工应当开始进入按企业期望的表现方式和做事方式行事的社会化过程。这就要求入职培训必须为新员工提供公司标准、传统和政策、社会行为及工作技术三方面的信息。

一般将入职培训分成企业（组织）和部门两个层次。前者侧重向所有员工培训共同的内容和政策程序等，后者侧重向新员工介绍所在的特定部门和具体岗位的工作要求，包括部门的结构与职能、工作职责、关键绩效指标、部门的参观、部门员工的介绍等。在实施上述两个层次的入职培训过程中，人力资源部门和新员工的直接管理者共同承担有关的入职培训职责。人力资源部门负责发起和协调两个层次的上岗引导活动，对承担企业和部门入职培训的部门经理在程序上进行培训，进行企业主题的入职培训，并对新员工最初的入职培训进行追踪。从满足实现入职培训的目标和内容来考虑，企业应该系统设计入职培训的内容。入职培训包括正式和非正式两种方式。正式的入职培训由组织实施；非正式的入职培训则通过同事间的日常交流来完成。系统的入职培训要求关注新员工的态度、行为及其所需要的信息。企业除了要及时、有效地发布这些信息外，还应对入职培训进行评价和跟踪。实施一个好的入职培训计划的要点包括以下几个。

第一，入职培训计划需要书面完成的部分不应占用第一天太多的时间。可以将需要书面完成的工作分成两部分：必须要第一天完成的表格和一周或两周内完成的表格。

第二，作为入职培训计划的开始，应该召开一个有新员工直接上级主管参加的非正式会议，会议须简短、准时。目的在于使员工看到其直接上级是一个可以对之表达自己问题的人，也表明公司和主管对员工的重视。

第三，向员工提供组织特有的各种术语表。可通过老员工用行话来进行场景表演，以尽快削弱新员工的"外人感觉"。

第四，为新员工找一个伙伴。将现在的员工和新员工进行搭配，一定要着眼于所需要完成的工作上，有时候在个性基础上对员工进行搭配比在工作基础上对员工进行搭配有用得多。这使得新员工可以与他直接部门之外的员工建立联系，这将进一步加强内部相互协助的企业文化。

非正式入职引导（informal induction guidance）是新员工从其他员工处获得有关组织是如何完成自己工作的信息。组织希望那些从现有员工传达到新员工中的信息与正式的入职培训计划中所传达的信息是一致的。员工对组织文化的信念越强，两种类型的信息就越相近。

当然，各企业在具体设计自身的入职培训内容时，也可以在共同要求的基础上，增加一些本企业倡导的特殊理念或基本管理技能的内容，如专业形象与商务礼仪、团队合作、时间管理、沟通技巧、会议管理等。此外，有的企业在实施入职培训的过程中为每位新员工专门准备了一个完整、详细的"新员工文件袋检查清单"，这也是一种非常细致、有效的方法。

在实施入职培训的过程中，可以从入职培训的实际特点和需要出发，综合应用相关的培训方式，以取得更加理想的效果。根据许多企业的培训实践及成功经验，下列方式应用于入职培训比较有效：公开课或讲座的方式、案例教学或团队训练的方式、研讨或交流的方式、专家或模范员工示范的方式、提问回答的方式、单独辅导的方式、参观的方式等。在实际操作时，建议企业从培训的特定对象特点及需要出发，选择适合、有效的培训方式，也可以考虑采用多种方式的综合应用策略。

三、新员工入职培训的操作流程

新员工入职培训的操作流程分为两部分，一部分是人力资源部统一组织的集中培训的操作流程，另一部分是部门内负责人或师傅对新员工进行的培训的操作流程。由于内容和定位不同，它们的操作流程各有不同。

（一）集中培训的操作流程

人力资源部统一组织的集中培训的操作流程如图 5-8 所示。

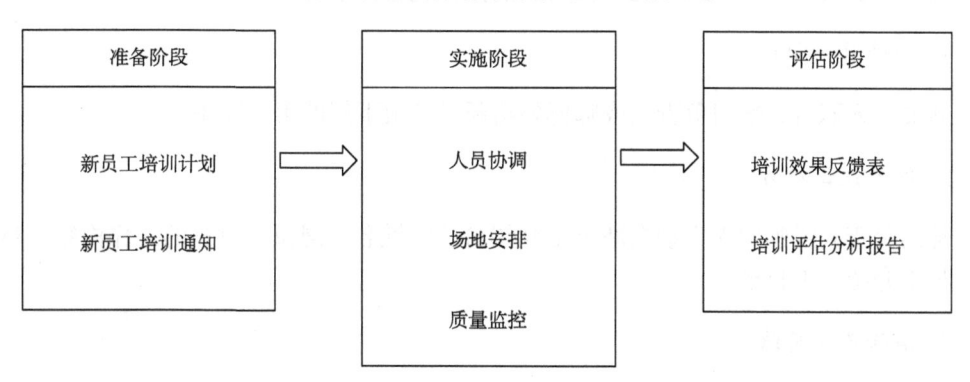

```
┌─────────────┐      ┌─────────────┐      ┌─────────────┐
│  准备阶段    │      │  实施阶段    │      │  评估阶段    │
│             │      │             │      │             │
│ 新员工培训计划│  ⇒  │  人员协调   │  ⇒  │ 培训效果反馈表│
│             │      │             │      │             │
│ 新员工培训通知│      │  场地安排   │      │培训评估分析报告│
│             │      │             │      │             │
│             │      │  质量监控   │      │             │
└─────────────┘      └─────────────┘      └─────────────┘
```

图 5-8　人力资源部统一组织的集中培训的操作流程

1. 准备阶段

在培训开始之前，人力资源部应根据新入职员工的规模等具体情况确定培训时间，拟定培训的具体方案，形成新员工培训计划，报送本部门领导审批，确认后再报送其他相关部门领导确认。待其他相关部门确认无异议并给出反馈后，发送正式的新员工培训通知。通知发送后，人力资源部要做好与培训讲师的沟通，以及场地、设备等这些培训资源的准备。

2. 实施阶段

在培训实施的过程中，人力资源部要和相关部门协调，做好培训全过程的组织管理工作，包括人员的协调组织、场地的安排布置、培训讲师的沟通安排、课程的调整，以及进度推进、培训质量的监控保证等工作，以保证培训能够按照预定的计划顺利运行。

3. 评估阶段

人力资源部在每期培训结束当日，对新员工进行培训评估的反馈调查，填写新员工入职培训效果反馈调查表，并汇总分析新员工反馈的意见，总结出对培训课程、培训讲师、授课方式、授课时间等的改进参考意见。一般在新员工培训结束后的一周内，要提交该期培训的总结分析报告，报相关领导审阅。

这里需要注意，除非是一些企业做不了的特殊项目，新员工培训的讲师一般不宜使用外部讲师。因为外部讲师不在企业内部工作，很难真正了解企业的核心文化和倡导的理念，很难把企业精神的核心精髓传递给新员工。

新员工培训的讲师应该尽量在企业内部寻找，一般可以找优秀的部门领导或者有较丰富工作经验、品行端正、具备正能量的骨干员工。规模不大的企业，可让企业的创始人或最高领导参与讲授企业文化或者企业发展历程。

（二）部门培训的操作流程

部门负责人或师傅对新员工进行培训的操作流程如下。

1. 创造第一印象

新员工入职后，部门负责人或师傅要给新员工留下好的第一印象。

2. 彼此认识对方

部门负责人或师傅先主动向新员工介绍自己的姓名、岗位、负责的工作内容，然后请新员工介绍一下自己。

3. 消除不安情绪

新员工来到一个陌生的环境，难免会有一些不适的情绪反应。这时，部门负责人或师傅应协助新员工消除紧张和不安的情绪。

4. 熟悉工作环境

部门负责人或师傅要带着新人一起在企业内走走，引领新员工熟悉工作环境。

5. 介绍工作关系

部门负责人或师傅要带着新员工认识部门的同事，并介绍与新员工相关的内外部工作关系的联系人。

6. 制订学习计划

在初步熟悉之后，部门负责人或师傅要为新员工制订学习计划。在了解新员工的学习和工作背景之后，要根据岗位技能的要求因材施教，合理安排新员工的学习进度。学习计划要有时限要求和评价措施。制订学习计划时，部门负责人或师傅可以将计划与新员工的职业生涯发展相结合。

7. 实施学习计划

部门负责人或师傅与新员工一起执行学习计划，在这一过程中要持续地指导和纠偏，以保证新员工不断学习和内化技能，还要定期检核新员工的学习情况。

四、入职培训的操作要点

（一）尽早实施——合理安排时间周期

入职培训应该在新员工加入公司后尽早进行，通常，新员工报到的第一天是进行入职培训的最佳时间，更具体地说，第一天新员工需要注册，登记及办理考勤、就餐或班车等基本证件，或者熟悉所在部门和办公室等。在企业入职培训计划中，召开不超过两个小时的简短会议并分散在几天内进行，将提高新员工理解并保留这种信息的可能性。如果企业为敷衍了事将整个入职培训时间定为半天或一天，那么可能会导致部分新员工态度消极。

（二）形成制度——制订具体的实施计划

需要结合新员工管理的系列制度，制定专门的入职培训管理制度或条例，以便有计划地系统实施。人力资源部门在入职培训过程中应承担整体的组织和协调工作，并制订规划详尽、可操作的入职培训计划。

让新员工了解入职培训计划是新员工培训成功的基本保证。企业应该在入职培训开始实施前就根据设置好的目标、企业具体的情况和新员工的特点，制订详细的、可操作的、经济型的计划，就培训的内容、形式、课程设计、日程安排、参与者与负责人、考核方式、费用等做出详细的计划，并落实有关的文件资料、流程细节、责任人员，同时要多考虑相关的细节，投入更多的精力和时间，务必给新员工留下深刻的第一印象。整个执行过程要做好监控，对于计划外的突发情况要及时予以解决，从而保证整个工作顺畅进行，让员工感受到企业对岗前培训的高度重视，从而更积极地配合。

（三）加强管理——记录、考核与追踪、评估

严格意义上，所有的培训都应该做好培训记录，入职培训当然不能例外。需要加强上岗引导的记录管理，以便帮助计划日后的培训活动、提供员工成长的准确记录等。同时，成功的入职培训还需进行必要的考核与测试，以实际评估新员工的理解、掌握程度，甚至还可以规定入职培训不合格者不得上岗等。

（四）后续支持——建立新员工导师制度

即使是成功的入职培训，也只能解决新员工刚进入企业时的部分问题，并不能解决他们遇到的所有问题。可以通过建立"内部导师制"的方法为新员工选定专门的导师，以全程跟踪、辅导、支持、帮助新员工更好地适应企业多方面的需要，有利于新员工的全面成长。

（五）通力合作——汇集企业整体的智慧和力量

培训如果得不到其他部门的支持，将不利于企业整体的运行。公司各层领导者必须从思想上认识到培训的重要性，同时给予人力资源部充分的支持和授权。应该明确，入职培训并不只是人力资源部一个部门的事情。新员工入职培训需要人力资源部、高层管理者、岗位所在部门负责人、相关部门负责人的共同支持与合作，因此必须明确不同的责任主体，清晰各自的职责范围，并在各自部门和岗位的考核中予以体现，以保证各岗位和部门都担负起各自应尽的职责，使工作得以充分地落实。

第五节 互联网背景下的培训新实践

一、互联网对企业的影响

企业作为组织的一种重要表现形式，满足由若干人或群体所组成、有共同目标、保持明确边界这三个条件，即企业是由"人+工具"的结构去实现特定目标的载体。如果承认互联网是作为工具而存在的，那么企业这种"人+工具"的组合将融合互联网的力量去实现自身的目标。

互联网作为信息储存工具时，所带来的变革主要包括信息储存量的扩大、储存时间的延长、企业数据库的完整性和准确性的提高，为企业在短时期内录入大量有效信息及

长时期内有效信息的储存提供了可能。数据库是典型的信息储存工具，建立起企业自身的网络数据库，实施大数据技术已经成为企业数据管理的趋势。企业计算机网络的基础是信息渠道和信息技术的实施。选择正确的符合企业系统软件的实践，最重要的是建立起企业大型的动态数据库，建立起人员、财务、销售和其他大型数据库，这些数据库收集并储存大量信息，而这些信息为信息处理提供了原始的材料，这些信息材料能够大大突破时空的限制留存下来，确保企业信息不丢失、不走样、不渗透、排序正确，并随时可用，以便在信息处理和交互中发挥自身的价值。

互联网作为信息处理工具时，所带来的变革包括综合处理能力提高、信息解释能力增强、处理成本降低等。以管理决策领域为例，自上而下的金字塔形管理结构广泛存在于各类行业中，在这一管理结构中，各层之间的信息传递与交流也是垂直进行的，缺乏横向联系，这一管理结构的特殊性容易导致信息的堵塞和失真，而管理决策需要准确可靠的信息，如何在保留这样的管理结构的同时解决信息失真的问题？互联网技术给出了答案，当企业通过互联网提高了信息处理能力时，各类有效信息能够通过互联网汇集到管理层，则可以大大减少决策失误，而互联网的使用也可以减少企业金字塔结构中的中间机构，各职能部门之间也能进行有机结合，部门的管理效益也可以得到提高。通过开放协议、Web 服务、网络（计算）和 XML（extensible markup language，可拓展标记语言），能够对多个异构资源进行数据继承并通过应用程序实现交互，为管理决策提供信息资源保障。

互联网作为信息交互工具时，所带来的变革主要包括信息传递速度增快、传递范围增广、传递形式增多等。信息更快、更广、更多地交互意味着企业能够获取更多的内外部信息，这也是互联网中最为核心的概念——连接一切。互联网在企业中能够将各个职能部门、各个管理层级、各个员工实现真正的"并联"，这种"并联"意味着部门之间的结构功能往往会被多次重组，原因在于随着知识型员工逐渐成为企业员工的主体及人工智能的发展，以往各部门中重复、简单的工作会被机器所替代，知识型员工、知识型企业需要一种"并联"结构来催生创新与创造，以往的"串联"式的结构与分工已经不能满足这种新的需求，"并联"即"互联网+"的模式，为这种交互结构提供了可能，部门的结构功能会被多次重组。

综上所述，互联网作为一件强大的工具，可将自己的力量赋予人类社会，赋予组织、企业，赋予这个时代下的每一个人。现代企业中的每一个人可以凭借这一工具的力量而变得对企业极为重要，而每一个现代企业则可以通过自身"人+工具"的组合在整个社会中发挥出巨大的能量，实现自身的发展。

以下将结合互联网为培训开发与管理所带来的变革对这一工具进行更加深入具体的描述说明。

二、互联网背景下的培训思路转型

企业实现培训转型首先需要明确自己培训转型的目的及意义，为了"转型"而转型会导致现有培训管理系统的紊乱并造成不必要的资源浪费。例如，在众多的初创型企业中，员工培训需求不大，企业中也并不存在系统的培训管理体系，原因在于初创型企业（从企业生命周期理论角度看正处于婴儿期）关键的问题不是人们在想什么，而是他们在做什么，处于这一阶段的企业要做的是销售、销售再销售，因为如果不能收回资金，新创办的年轻公司将无法存活。企业在一定时期内能够使用的资源总是一定的，合理利用好每一份资源是必要的，所以在这一背景下，稳定的员工培训计划、统一的培训目标更适宜企业发展的需要。如果在这一时期创业者始终沉迷于设法提出新的想法，将是个永无止境的过程，销售会被放在次要位置。

所以尽管企业利用互联网实现培训转型是必然趋势，但仍旧要先考虑企业现阶段的实际情况，明晰自身是否有必要完善培训转型及能否完成转型。在确保自身需要开始培训转型，并有能力完成转型时，企业便需要思考如何完成培训转型，即完善培训转型的有效方式，以下将从人力资源管理者的角度讨论完善培训转型的步骤和方式。

完善培训转型的第一步是收集相关信息，这些信息包括公司内各层级对于现阶段培训管理系统的意见与看法，将这些信息收集整理后配合培训管理系统完善计划正式提请至决策层，决策层批准后进行下一步。

第二步是就现阶段培训管理系统所出现的问题利用互联网工具进行处理，暂不针对整个培训管理系统进行变革，而是有计划地逐步推进，以点带面发挥互联网的结构性功能，改善培训管理生态。

第三步是整合企业培训管理系统，形成企业培训平台。这一步需要将第二步中所进行的局域性变革并联起来，形成新的培训管理体系，制定新的培训管理制度，最终形成企业培训管理平台。

三、新型培训学习生态系统建设

培训学习过程中存在着三类主体——培训者、受训者、培训管理人员，三类主体在各自发挥功能时便能形成良好的培训学习生态系统，同时作为相互联系的三类主体，信息的交互活动必不可少，而若要提高信息交互的水平和质量，则需要通过建立企业网络培训平台来加以实现。

（一）利用移动智能终端的新员工培训计划

移动智能终端是指安装了开放式操作系统，利用宽带无线移动通信技术实现互联网接入，通过下载、安装应用软件和数字内容为用户提供服务的终端产品。主要包括智能手机、笔记本、PDA智能终端、平板电脑等。移动智能终端在互联网系统中作为一种接入装置，主体既可以通过人机的交互活动将信息上传至网络平台，又能从网络平台中获取信息，大大促进了信息的流转。

当移动智能终端运用于新员工培训时，培训系统中的三类主体便可以通过这一终端完成信息的交互，并且信息交互的速度远远快于传统培训下的交互速度，方便了各主体及时获取自身所需的信息内容。例如，在培训过程中，培训师在培训活动正式开始前可以通过移动终端发布本次的培训目标与培训计划，并将培训材料包上传至培训网络平台，受训者即时便可接收到相关提醒并对培训内容进行了解，而培训管理人员也可及时收集相关培训数据。当培训正式开始时受训者可以通过移动智能终端查阅培训所需的各类资料，完成培训测试题并在移动智能终端进行提交，培训师可以通过提前设置测试题答案，利用信息处理技术完成对测试题的批改，最终的数据也能够及时反馈给各个主体。

（二）利用移动学习平台的新员工成长计划

移动学习平台即网络学习平台，员工能够借助学习平台利用移动智能终端完成在线培训学习，移动学习平台储存着大量培训资源，员工可以根据自身需要进行学习。培训管理人员同样可以通过移动学习平台了解员工的学习情况，在某种程度上移动学习平台正在替代传统培训师的角色，正在成为信息时代下的"培训师"，而这一平台是网络培训管理平台的一部分。企业网络培训管理平台需要借助移动学习平台完成对培训师资的整合与管理，把它纳入培训管理的转型升级中，在完成这一步后既能保证内容的一致性（每个人获得同样的内容，以同样的方式呈现，以避免信息在传递过程中由人为因素造成的损伤），也能根据员工不同的学习需要来量身定制教材和培训计划，帮助员工提升自身的技能与能力，实现自身的发展。

四、e-learning 培训课程

（一）e-learning 总述

e-learning 指在线教育或网络教育，即通过网络进行学习的学习方式。这种学习方式离不开由多媒体网络学习资源、网上学习社区及网络技术平台构成的全新的网络学习环境。在网络学习环境中，汇集了大量学习资源，如数据、档案资料、程序、教学软件、兴趣讨论组、新闻组等，形成了一个高度综合集成的资源库。

e-learning 的特点主要包括知识的网络化、学习的自主性、培训的及时性及学习内容的及时更新。当这一新的学习方式运用于企业培训中时，能够帮助企业克服培训时间、地点、讲师费用等方面的限制因素，如培训需求和培训人数的满足受限于培训费用、重复性培训给培训管理者带来了培训负担、培训内容缺乏灵活性和一致性且更新速度缓慢、缺乏对培训活动全阶段的系统管理等问题。e-learning 可以帮助企业实现降低培训成本、强化业务反应能力、保证内容一致性、塑造学习型组织等目标，是互联网概念与技术成功运用于培训教育的良好典范。

（二）e-learning 的培训课程开发

e-learning 作为一类网络学习平台，最为核心的部分是培训课程的开发与管理。培训课程管理一方面要保证每个人获得同样的内容，以同样的方式呈现，另一方面也要保证自身具备根据不同学习需要来定制教材的能力，这就要求 e-learning 具备强大的课程开发能力。实践证明，互联网作为信息工具，培训课程开发者可以借助这一工具收集到大量课程开发所需的材料，并对这些材料进行整合处理，最终开发出新的培训课程，其原理在于通过互联网培训，开发者几乎能同时接触几近无限多的人，人们在互联网上聚集并分享知识和见解，这些信息在被识别收集处理后提供给培训课程开发人员，结合开发人员自身的创造，便能够完成一门新的培训课程。而由上可知，对于使用 e-learning 培训平台的企业而言，培训课程管理是平台管理的核心，而优质课程资源的开发一方面取决于信息工具的开发程度，另一方面取决于课程开发者对于培训课程的理解程度及自身的创新创造能力，只有"人+工具"有效组合才能发挥出"1+1＞2"的能量。

目前更有许多新的学习资源推陈出新：慕课、线上线下共享资源课程等。也有许多新的学习平台涌现，如腾讯会议、钉钉等，这些资源和平台的出现为员工利用互联网开展学习创造了条件。

综上所述，互联网概念及技术为信息时代奠定了基础，而如果承认人类社会离不开信息，那么"互联网+"即是时代发展的一种必然趋势，而作为社会生产重要载体的现代企业，则需要正面这种时代变革并结合自身情况做出反应，工具本身不具备变革的力量，但一经人掌握便可以发挥出变革的力量，现代企业管理、培训需要这种改革的力量。

【本章内容小结】

培训是人力资源管理的重要职能之一，本章主要讲解了员工培训的基本概念及其意义；培训体系构建的思路与方法；介绍了培训的实施过程及培训的效果评估等内容；也重点讲授了新员工入职培训的思路与方法，以及互联网背景下员工培训的生态构建。

【讨论思考题】

1. XD 公司准备对公司全体员工进行培训，请协助人力资源部培训经理制定一份培训课程描述表。
2. 培训课程的实施步骤包括哪些？
3. 请结合实际论述培训质量管理应把握的关键点。

【案例分析 5-2】

国网安徽省电力公司黄山供电公司新员工入职培训纪实

近年来，随着企业的不断发展，人才队伍也不断壮大，自 2012 年至今，市县公司共新进员工 178 人，将近占员工总数的 10%。加强新员工管理可以帮助青年员工成长，也是中国共产主义青年团工作的一项重要议题。为此，国网安徽省电力公司黄山供电公司（以下简称公司）结合"家园工程"建设，根据公司与地域的实际情况，深入分析当前电网企业入职管理现状，重点关注新员工实际需求，认真探索新员工入职管理策略，构建了"四位三融"新员工入职管理模式，从而全面实现满足新员工自身发展的需要，尽快提升新员工工作的积极性、主动性，使他们更快成为企业发展的中坚力量，在为企业培养人才的同时，更好地为企业创效增益服务。

新员工入职需求分析是企业员工管理工作的起点，入职管理成效的好坏影响着后续工作的开展，更直接影响着员工的满意度、敬业度和忠诚度，企业必须重视新员工的入职管理，唯有如此，新员工才会真正成为企业价值的创造者。

（1）适应环境，满足新员工了解企业与地域文化的需求。无论是职场新人还是已有社会经验的员工，当加入另外一个新的集体时，总希望能快速地熟悉自己的办公环境、部门环境、人文环境、企业环境等，因为这些都可以为新员工的适应能力加分。开展新员工入职管理可以使新员工尽快熟悉工作场所，了解企业规章制度、组织结构和发展目标等，对企业有一个全方位的了解，有利于新员工适应新的环境。

（2）熟悉组织，满足新员工获得信赖感、归属感的需求。新员工在入职后，希望能尽快得到其他员工的认可，并加入团队。当前，企业中一般都存在正式组织和非正式组织，新员工进入企业后，代表正式组织已经接纳他的加入，但从情感需求和员工之间的人际关系上，新员工也十分希望得到企业中非正式组织的认可，并能尽快加入相关团队。因此，实施积极有效的新员工入职管理模式，可以降低人员流失率，使新员工对企业产生信赖感和归属感，能更有效地为企业的发展贡献出自己的力量。

（3）岗位胜任，满足新员工个人发展前景的需求。新员工入职后，总是带着满腔热情进入新的集体，想象着自己能在工作岗位上大展身手。因此，新员工总希望自己的能力应该与企业实际给予的工作岗位吻合。此外，从长远角度，新员工更加注重思考的是个人发展空间，更希望企业也能从员工的职业生涯规划整体出发，给他们的成长提出建议和指导。因此，要开展新员工入职管理，做好新员工的岗位培训，建立相应的青年员工成长成才机制，明确角色定位，不断发挥员工才能，推动企业发展，最终实现"企业以职工为本，职工以企业为家"的和谐局面。新员工入职管理以实现员工与企业共成长为目标，以关注青年成长、服务青年成才为主线，做到"四到位"服务。到位一：入职接纳、贴心温馨。到位二：生活引导、细致入微。到位三：认知体验、有效融入。到位四：培养培育、成长成才。通过以下四类做法探索建立"四位三融"的新员工入职管理模式。

1. 迎接到位：接纳入职、贴心温馨

（1）提前对接联络。提前多渠道对接新员工入职信息，设计暖心"欢迎函+入职须知"，制作详细《新员工入职手册》，并邮寄到校，使新员工入职之前就对公司产生良好印象，培育新员工入职前的期待感。

（2）做好入职接纳。详细登记并反复核实新员工报到车次、时间等信息，组织安排接站，实现安全报到。温馨布置新员工入住公寓，购置各类生活必需品，让新员工感受家的温暖，孕育好感受。

（3）打造青年之家。积极改建公司青年单身公寓，在公共场所增设企业文化、思想教育等宣传专栏，为青年员工营造良好的学习交流环境，使之成为青年员工的生活家园、文化家园和精神家园，让青年员工感受到企业大家庭的温暖，加深好感度。

2. 引导到位：生活引导，细致入微

（1）引荐结伴导师。根据新员工的籍贯、毕业院校等信息，量身筛选出公司内已在职的同为老乡或校友等存在共同信息点的青年，使其成为新员工的"结伴导师"，为新员工提供生活、学习、工作等方面的咨询和指导，消除新员工面对新环境、新角色的困惑和迷茫。以"老乡情""校友情"消除距离感，建立信任感，增强情感认同，实现"新老"青年员工一同成长。

（2）引领文化之旅。通过开展"逛一逛"大街小巷、"讲一讲"人文故事、"看一看"文化演出等系列主题活动，促使新员工了解徽州文化，熟悉当地历史地理、风土人情、人物古迹、饮食文化，以及黄山近年来的发展变化等，让他们尽快了解黄山、热爱黄山，真正融入、喜爱上徽州地域文化。

（3）引入文体组织。通过第一时间开展新进人员信息调查，了解新员工的兴趣爱好和特长，联系新员工加入公司各类文体组织；不定期组织开展各类文体活动，丰富新员工业余生活，增强新老员工之间的感情，切实在新员工中营造积极向上、健康文明、团结奋进的良好生活氛围。

3. 认知到位：认知体验、有效融入

（1）学习理论知识。由公司人力资源部门对新员工知识层次、个人特长、培训需求等情况进行调查，制订新员工入职培训计划，并安排相关职能部门培训讲师，围绕企业文化、安全生产、规章制度等方面内容对新员工开展理论培训，使其尽快熟悉行业和公司基本概况及相关规定。

（2）实施岗位体验。通过开展变电站参观学习、参与输电线路巡视及组织开展一线生产岗位体验等活动，增强新员工的认知度；通过组织新员工深入学习电网主要业务流程和岗位工作要求，为入职工作打下良好的工作基础。

（3）交流互动融入。通过组织召开新员工座谈会，开展新员工入职宣言、交流入职感受和学习认知培训情况等方式，强化新进人员角色转换；通过领导就工作和生活方面提出要求、公司先进模范人物讲解个人事迹、青年干部谈工作经历等方式，激励新员工在工作中敢想敢干、富有激情、求真务实、敬业奉献。

4. 培养到位：培养培育、成长成才

（1）实施"四式"教育。开展"认知式"教育，即通过开展形势任务教育、业务技能培训、道德讲堂、法律法规普及、企业文化传播等主题实践活动，增强学习意识，引导员工认知自我、认知责任。开展"关爱式"教育，即通过开展企业关爱员工、员工关爱企业、企业和员工共同关爱社会等活动，增强情感认同，引导员工忠诚企业，奉献社会。开展"激励式"教育，即实行"4+3"先进模范选树、一月一传播、党员"1+1"工程、重大项目我参与等活动增强进取意识，引导员工立足岗位、成长成才。"体验式"教育即通过技能体验、环境体验、责任体验、生活体验等方式增强员工内心感悟，引导员工爱岗敬业。

（2）搭建"多元"平台。积极组织和推荐青年员工参加技能大赛、技术比武，对生产运行一线青年人员从理论笔试、现场认知、实际操作等方面进行全方位跟踪，并适时调整培养策略，促进青年员工立足岗位，学精技能；借助青年员工学技能"导师带徒"

"兼职补位""上挂下派"等方式方法，为青年员工的成长成才搭建多样化的平台；开展青年文明号、青年岗位能手、党员示范岗、党员示范区等载体建设，增强青年员工的敬业爱岗责任意识，鼓励青年放飞梦想，扬帆起航，进一步发挥青年员工在公司安全生产和经营管理中的主力作用。

（3）建立"推优"机制。逐步建立完善青年人才培养、激励、使用、管理长效机制，通过基层推选、群众测评、政治考察等方式选拔政治素质优、工作能力强、发展潜力大的优秀青年进入青年人才库；积极做好推优入党、推优上岗"双推"和青年典型选树工作，建立有利于青年人才脱颖而出的有效机制；积极鼓励团员青年立足岗位自我成才，充分利用公司门户网站、QQ群、微信群、网络等媒体对先进典型做好宣传报道，形成正向激励；建立员工之间的"分享机制"，借助"道德讲堂""内部讲师授课"等载体，通过青年员工自己讲、讲自己的方式，分享知识技能和工作感悟，既给青年员工提供登台分享成长经验的机会，又帮助青年员工成长进步。

问题：请问国网安徽省电力公司黄山供电公司新员工入职培训有什么成功经验？还有什么需要改进的地方？

第六章　职业生涯管理

【本章学习目标】

目标 1：掌握职业生涯、职业生涯管理、职业生涯规划、组织职业生涯规划、组织职业生涯开发的内涵与特征。

目标 2：理解职业生涯发展阶段及职业生涯发展阶段理论；掌握自我认识的分析方法，会进行自我分析和环境分析；了解自我和工作的领域，培养出一种可开发、可改善的职业决策能力。

目标 3：理解并掌握职业生涯早期、中期及晚期的个人特征、任务及管理策略，了解有效的职业生涯管理的原理。

目标 4：了解组织职业生涯规划的原则、实施机构及实施过程，掌握组织职业生涯开发的内容。

目标 5：了解工作-家庭平衡管理和员工援助计划。

【引导案例 6-1】

乔治的烦恼

39 岁的乔治应该是很满足的。他有一个骄人的经历，大学毕业后，他进入一家著名的计算机软件开发企业做销售代表，在本地区和整个区域的销售业绩都富有传奇色彩，很快就被提升为销售副总裁。他并没有刻意寻求这一职位，他本人更愿意做销售，而不是批文件，进行管理。但是，由于丰厚的薪资增长和额外福利，要谢绝这一提升是很困难的。

尽管乔治对这份工作没有任何抱怨，但是他对工作中的疑惑感到苦恼。首先，他对公司的产品质量抱有强烈的保留态度。他发现自己越来越难以对达不到个人和工业标准的软件系统产生热情。研发和营销部门对于乔治的意见总是充耳不闻。实际上，他已经在许多领域内提出了建议，而公司好像并不愿认真对待。另外，他所害怕的文山会海和行政性事务也已经成了现实，这使他感到烦扰不堪。再者，无休无止的出差，最初还很有趣，但长时间无法待在家里，已经使他疲惫不堪并变得急躁易怒。

乔治不得不抑制住这些感觉。毕竟，他的月薪资和福利已经稳稳达到了 6 位数，家庭也已经养成了高消费的习惯，两个孩子马上就到了上大学的年龄，而且他全家想要有一所靠近湖边的大一点的度假别墅。他甚至不敢与其家人说出这些情绪——他们已经很习惯过"好日子"了。

乔治为家庭考虑，必须干这份工作。他在上班的大部分时间里都不快乐，只是感到他在公司中的地位还差强人意。他发现，不管怎么说，在喝完航班上4杯苦涩的饮料后，旅程还不是那么糟糕。为了妻子和孩子，乔治决定还要在剩下的15年或20年继续干下去，直到提前退休为止。

但是，乔治再也看不到这一天了。他与高级副总裁的月度会面可不是例行公事。乔治被解雇了！作为改组步骤的一部分，乔治所干的这个职位被取消了，目的是让实行自我管理的销售队伍对高级副总裁直接汇报工作。尽管乔治还可以继续做销售代表，但是公司认为，彻底了断对双方都更有好处。很明显，乔治对他的工作和雇主缺乏热情，影响到了他的工作成绩，并且销售人员也一直在抱怨乔治有时不关注细节问题。震惊之余，乔治离开了会议室。尽管他即将结束在公司里那些令人沮丧的经历，但他却恐惧得要死。他该如何把这件事告诉家人？下一步他要做什么？他真是一筹莫展了。

问题：乔治在自己的职业生涯中树立了职业生涯目标吗？他获得了喜欢的工作环境吗？

【正文内容】

绝大多数人都把工作看成人生中的一个重要组成部分。人生的幸福感和满足感一部分来源于工作所获得的成就。事实上，任何年龄的人，要从工作中获得满足感，都需要认真仔细地对待职业生涯管理问题，并掌握能使自己做出正确决策的相应知识。

第一节 职业生涯管理概述

一、职业及相关概念

（一）职业

职业（occupation）在《现代汉语词典》中被解释为："个人在社会中所从事的作为主要经济来源的工作。"中国职业规划师协会将其定义为性质相近的工作的总称，通常指个人参与社会分工，用专业的技能和知识创造物质或精神财富，获取合理报酬，服务社会并作为主要生活来源，丰富社会物质或精神生活的一项工作。从社会角度来看，职业是劳动者获得的社会角色，劳动者为社会承担一定的义务和责任，并获得相应的报酬；从国民经济活动所需要的人力资源角度来看，职业是指不同性质、不同内容、不同形式、不同操作的专门劳动岗位。

（二）职业期望

职业期望又称职业意向，是个体对某项职业的向往与期望，即自己从事某项职业的态度倾向。职业期望直接影响人们对职业的选择，进而影响其生活。职业期望属于个性倾向性的范畴，是职业价值观的外化，也是个体人生观、世界观的折射。职业期望是个体将自身的兴趣、价值观、能力等与社会需要、社会就业机会不断协调，从而力求实现的个人目标，它是来自劳动者个体方面的行为。职业期望伴随个体的整个职业生涯。研究人员发现，职业期望与性别、年龄、教育背景、家庭等因素都有着密切关系。

（三）职业声望

职业声望是人们对职业的社会评价，包括职业发展前景、收入、权力、晋升机会、社会地位等，它是职业社会学研究的范畴之一。决定职业声望高低的主要因素有：①职业环境，即任职者所能获得的工作条件的便利与社会经济权利的总和，包括职业的自然环境与社会环境，如工作的技术条件、空间环境、工资收入、劳动强度、晋升机会、福利待遇等。②职业功能，某一特定的职业对于提高国家的政治、经济、科学、文化水平的意义及其在社会生活中对于人们的共同福利所担负的责任。③任职者素质，如文化程度、能力、政治态度、道德品质等，职业环境越好，职业功能越大，任职者素质越强，职业声望就越高。④社会报酬，职业的社会报酬是指职业提供给任职者的工资收入、福利待遇、晋升机会、发展前景等。一般来说，工作收入高、福利待遇好、晋升机会多、发展前景大的职业，其声望评价也越好。职业声望在一定时期具有相对稳定性，人们对职业声望的评价具有相当大的一致性。但由于年龄、文化、社会发展阶段的不同，人们对同一职业的评价也会存在差异。

二、职业生涯与职业生涯管理

随着社会的不断发展，职业也在不断地发生变化。

（一）职业生涯

生涯在现代汉语中一是指生命、人生；二是指生活；三是指生计。在《现代汉语词典》中，生涯被解释为从事某种活动或者职业的生活，而职业生涯是指个人从事某种职业的生活经历，如律师生涯。学者对职业生涯存在不同的认识。罗斯威尔和思莱德认为职业生涯是人一生中与之紧密联系的所有工作涉及的价值理念、情感需求、意愿和态度的集中体现。职业生涯是生活中各种事件的演进方向和历程，是统合人一生中的各种职业和生活角色，由此表现出个人独特的自我发展脉络；是人在青春期甚至到退休之后，一连串有酬或无酬职位的综合，甚至包括了副业、家庭和公民的角色。在我国，林幸台于1987年首次为职业生涯定义。学者对职业生涯大致有两种观点：一种观点是把职业生涯看作由一系列职位构成的总体；另一种观点是强调职业生涯是从事某一特定岗位的工作经历。本书认为，职业生涯是指与工作相关的整个职业历程，是从进入到退出的完整职业发展过程。具体包括以下含义。

（1）职业经历的客观事件或情境，如工作岗位、工作职责及从事的相关工作等客观描述。

（2）职业经历的主观解释，如工作意愿、价值观、期望、态度等工作经历的感受。

（3）职业生涯是一个全过程，包括所有与工作相关的经历，而不仅仅指一个工作阶段。

职业生涯的内涵极为丰富，既包含个人主观条件，即个人的素质、价值观、成就感、满足感和收入等，又包括与工作有关的组织状况、职业活动及社会的客观环境等。它是由主观条件和客观环境综合形成的，因人而异，因而丰富多彩。事实上，无论何人，只要参加了与工作相关的活动，就是在继续其职业生涯。当一个人进入工作岗位，开始参与社会生产活动后，其职业生涯就已经开始，并随着时间的流逝直到其退出社会生产活动才最终结束。

从职业生涯的内涵出发，职业生涯具有以下特征。

（1）动态性。职业生涯是一个不断成长的发展过程，从青年期直到老年期，持续不断。人们通过职业经历的积累，也在不断地转换职业角色，努力寻求个人能力的发展机会和条件，以做出更大的贡献，并获得更好的收益。

（2）独特性。每个人都有不同的职业动力和个人需求，受个人条件的限制，有着不同的职业选择，借助不同的职业发展路径寻求个人成长和发展，因此每个人的职业生涯往往具有独特性。

（3）交互性。个人的职业发展离不开家庭、组织和社会各种因素与条件的相互影响，是个人和他人、个人和组织、个人与社会互动的结果。因此，个人职业生涯的发展无法脱离客观环境的影响和制约，存在非常强的交互作用。

（4）整合性。由于个人所从事的工作或职业往往会决定其生活形态，与其家庭和生活的各个阶段紧密相连，因而职业与生活两者之间很难区别，所以职业生涯具有整合性，涵盖人生整体发展的各个层面，而非仅仅局限于工作或职位。

（二）职业生涯管理的内涵

和职业生涯这个概念一样，职业生涯管理也有很多种定义。杰弗里·H.格林豪斯认为，职业生涯管理是个人对职业生涯目标与战略的开发、实施及监督的过程。

本书认为，职业生涯管理是个人实现职业生涯目标、管理职业生涯的过程和责任，但这个过程中离不开组织提供的环境和平台。只有组织关注个人的成长和发展，个人才会有更多的成长空间，如组织帮助员工进行职业生涯管理，制订职业生涯规划，建立职业发展通道，给予培训和职业指导等，促进员工职业生涯的成功（周文霞，2006）。职业生涯管理实际上是个人在组织的协助下，完成职业生涯目标与战略的开发、实施及监督的过程。职业生涯管理只有同时满足了个人和组织的双重需要，才可能得到有效实施，个人目标和组织目标才能相互协调，共同实现。

三、职业生涯管理的必要性

从个人和组织两个角度看，职业生涯管理都是必要的。

（一）个人职业生涯管理的必要性

（1）不断变化的工作环境使个人职业生涯管理成为必要。

我们的世界正在迅速地变化，经济、政治、技术和文化都对工作领域有着深远的影响。个人在职业选择方面的自主性越来越大，职业生涯方面呈现多元化，职业发展空间更加广阔，人们对于自己的职业期望值也越来越高，这在客观上必然要求人们对自己的职业生涯发展进行全面有效的管理。

（2）个人寻求明确的职业发展目标使个人职业生涯管理成为必要。

个人职业生涯管理可以帮助自己更好地认识职业发展的需求和动机，并依据环境条件的变化，寻找可能的机会，选择适当的职业发展方向和路径，谋求令自己满意的职业。

（3）个人为更好地实现工作和家庭生活的平衡使个人职业生涯管理成为必要。

将工作和家庭截然分开而互不相扰，是完全无法做到的。如何管理工作和家庭生活，是对员工也是对雇主的一项重大挑战。工作和家庭中的角色，随着科技的发展，界限逐渐变得模糊。职业生涯管理可以帮助个人追求更大的职业自由，实现工作和家庭的平衡，提高工作生活质量。

（二）组织职业生涯管理的必要性

（1）职业生涯管理关系到组织核心竞争力的形成，有助于实现人力资源的合理配置、开发和利用，最大限度发挥人力资源价值。

从组织人力资源管理角度看，组织所开展的人力资源招聘录用、培训开发、职业生涯规划、工作和家庭的平衡等活动都可以帮助企业更加了解自己的员工和他们的真实需要，以便有针对性地进行管理，获得高效的人力资源产出，从而形成本组织区别于其他组织的核心竞争力。组织为员工提供职业生涯管理，既有助于员工个人成长发展，提高员工的忠诚度，也是减少员工流失的重要举措。

（2）职业生涯管理可以满足个人和组织双赢的需要，实现组织成长。

现代组织中，员工十分关注从工作中获得的报酬和职业安全感。从组织角度出发，职业生涯管理有助于组织了解组织成员的个人发展愿望，帮助员工进行职业生涯规划和管理，在满足员工个人需求的同时，获得源源不断的发展动力和活力，以确保组织目标的实现。

四、职业锚的引导

职业锚又称职业系留点，是美国著名职业生涯管理学家埃德加·H.施恩教授在对毕业生的职业生涯研究中演绎而成的。职业锚是指当一个人不得不选择的时候，他无论如何都不会放弃职业中那种至关重要的东西或价值观。这其实就是人们选择和发展自己的职业时所围绕的中心。

（一）对职业锚的理解

职业锚是以个人习得的工作经验为基础的。职业锚发生于早期职业阶段，员工习得工作经验后，方能够选定自己稳定的长期贡献区。这在某种程度上由员工实际工作所决定，而不只是取决于潜在的才干和动机。

职业锚是员工在工作实践中，依据自身和已被证明的才干、动机、需要和价值观，现实地选择和准确地进行职业定位；是员工在自我发展过程中，动机、需要、价值观与能力相互作用和逐步整合的结果。

职业锚是个人稳定的职业贡献区和成长区。职业锚本身也可能变化，员工在职业生涯的中后期可能会根据变化了的情况，重新选定自己的职业锚。

职业锚是个人同工作环境互动作用的产物，在实际工作中需不断调整。

（二）职业锚的类型

1978年，施恩教授提出的职业锚理论包括五种类型，后来他将职业锚增加到了八种类型。

1. 技术/职能型

技术/职能型（technical functional，TF）的人，追求自己的成长和技能的不断提高，以及应用这种技术/职能的机会。他们对自己的认可来自他们的专业水平，他们喜欢面对来自专业领域的挑战。他们通常不喜欢从事一般的管理工作，因为这意味着他们将放弃在技术/职能领域的成就。

2. 管理型

管理型（general managerial，GM）的人致力于追求工作晋升，倾心于全面管理，可以跨部门整合其他人的努力成果，想去承担整个部门的责任，并将让公司成功看成自己的工作。具体的技术或职能工作仅仅被看作通向更高、更全面管理层的必经之路。

3. 自主/独立型

自主/独立型（autonomy/independence，AU）的人，希望随心所欲安排自己的工作方式、工作习惯和生活方式，想最大限度地摆脱组织的限制和制约。他们宁可放弃提升或工作扩展机会，也不愿意放弃自由与独立。

4. 安全/稳定型

安全/稳定型（security/stability，SE）的人，追求工作中的安全与稳定感。他们会因可以预测将来的成功而感到放松。他们关心财务安全，如退休金和退休计划。他们对组织忠诚，并希望以此换取终身雇用的承诺。

5. 创业型

创业型（entrepreneurial creativity，EC）的人，希望用自己能力去创建属于自己的公司或属于自己的产品（或服务），敢于冒险，并克服面临的障碍。他们想向世界证明公司是他们靠自己的努力创建的。他们可能正在别人的公司工作，但同时也在学习并评估将来的机会。一旦感觉时机到了，他们便会走出去创建自己的事业。

6. 服务型

服务型（service，SV）的人指那些一直追求他们认可的核心价值的人，如喜欢帮助他人、改善人们的安全、通过新的产品消除疾病。他们一直追寻这种机会，即使这意味着变换公司，他们也不会接受不允许他们实现这种价值的工作变换或工作提升。

7. 挑战型

挑战型（pure challenge，CH）的人喜欢解决看上去无法解决的问题，战胜强硬的对手，克服无法克服的困难障碍等。对他们而言，参加工作或职业的原因是工作允许他们去战胜各种不可能，新奇、变化和困难是他们的终极目标。

8. 生活型

生活型（life style，LS）的人是喜欢允许他们平衡并结合个人的需要、家庭的需要和职业的需要的工作环境的。他们希望将生活的各个主要方面整合为一个整体。正因为如此，他们需要一个能够提供足够的弹性让他们实现这一目标的职业环境，甚至可以牺牲他们职业的一些方面。

第二节　职业生涯发展各阶段的个人职业生涯规划与管理

一、职业生涯发展阶段

职业生涯发展是一个持续进行的过程，在这个过程中，个人沿着一系列阶段前进，每个阶段都有相应的主题、使命和问题存在。职业生涯发展阶段是指个人职业生涯中具有各种不同特征，如在职业、职务、部门、工资报酬、福利待遇，以及需要、价值观、工作内容和活动方式等方面不同的时期。每个人的职业生涯都要经过几个阶段，了解不同职业阶段的特点有助于更好地促进职业生涯规划与发展。

学者开创了职业生涯发展阶段理论，来阐述一个人可能经历的主要职业生涯阶段的特征及发展重点。

（一）萨伯的职业生涯发展阶段理论

美国职业管理专家萨伯以年龄为标准，从人的终生发展角度出发，结合职业形态发展，将一个人可能经历的主要职业阶段大体划分为成长阶段、探索阶段、确立阶段、维持阶段和衰退阶段。

（二）格林豪斯的职业生涯发展阶段理论

格林豪斯结合莱文森对成人生命发展的划分观点，研究人生不同年龄段职业发展的主要任务，并以此将职业生涯发展划分为5个阶段。

第1阶段：选择职业，为工作做准备。典型年龄段为0~18岁。该阶段的主要任务是发展职业想象力，对将来的职业进行自我设计，对职业进行评估和选择，接受完成工作所需的教育或培训。个体在此阶段所做的职业选择，是最初的选择而不是最后的选择。实现上述使命必须充分理解和洞察自己的才能、兴趣、价值观、渴望的生活方式，目的在于探索并建立个人职业发展的方向。

第2阶段：参加工作。该年龄段一般为18~25岁。该阶段的主要任务是：在一个理想的组织中获得一份工作，即在获取足量信息的基础上，尽量选择一种合适的、较为满意的职业。在这个阶段中，个体所获得信息的数量和质量将影响个人的职业选择。

第3阶段：职业生涯早期。典型年龄段为25~40岁，该阶段可以再次划分为两个阶段：一是为自己在成人世界中找一个立足点，二是沿着已选择的道路去奋斗。选择好工作后，首要的关键使命是在组织中站住脚。在早期阶段，个人的主要使命是学会工作，学习职业技术，提高工作能力；了解和学习组织纪律和规范，逐步适应工作，适应和融入组织；为未来的职业成功做好准备。

第 4 阶段：职业生涯中期。其年龄段一般为 40~55 岁。一旦真正进入中年时期，人们有必要建立一个新的生活结构。该阶段的主要任务是：对早期职业生涯进行重新评估，以便强化或改变自己的职业理想；持续学习，努力工作，并力争有所成就。

第 5 阶段：职业生涯晚期。其年龄段一般为从 55 岁到退休。职业生涯后期的主要任务是：继续保持已有的职业成就，维护尊严，准备引退。

二、个人职业生涯准备

科学的职业生涯规划是个人事业发展的战略指南，为个人事业的成功提供了强有力的保障。职业已不仅仅是现代人的谋生手段，它寄托了人们的理想，人们会依托一定的职业来实现自己美好的人生理想从而达到自我实现的目的。

（一）个人职业生涯规划的内涵

个人职业生涯规划是个人在自身的主观因素和对客观环境的分析、总结和测定的基础上，确立自己的职业生涯发展目标，制订相应的学习、培训和教育计划，并通过必要的行动选择实现目标策略的过程（邹开敏，2006）。个人职业生涯规划是个人对自己生命历程中的职业发展道路的规划，包括选择什么行业、从事何种职业，以及在组织中担任何种职务等。个人通过职业生涯规划，可以使自己的事业有较为清晰的发展方向，从而努力围绕这个方向发挥潜能，使自己逐步走向成功。个人职业生涯规划的内涵体现在以下三个方面。

1. 职业生涯规划是个人对其职业生涯的预期性安排

职业生涯规划是个人对其一生中所有与职业相关的活动与任务的预测与计划，既是个人的人生理想、职业价值观、兴趣爱好的体现，也是个人对其职业发展、职位变迁及工作理想实现过程的设计。

2. 职业生涯规划的出发点是实现个人自身的最佳发展

有效的职业生涯规划可以通过对个人的分析，更清楚地认识和评价自己的性格，明确自己的优势，衡量自己的差距，以此来开发自己、改变自己、塑造自己。职业生涯规划要求一个人根据自身的兴趣、专长，同时也考虑外在条件的支持与制约，然后将自我定位在一个最能发挥自身优势的职业位置上，选择最符合自身综合因素的事业去加以追求。

3. 个人职业生涯规划是一个不断解决问题和决策的过程

个人对于自我的认知和对于职业生涯的预期安排,是一个循序渐进、不断认识、评估和决策的过程(图 6-1)。在此过程中,个人需要做决策,进行职业生涯探索,规划职业目标,制定自身的职业生涯发展战略,最终不断前进。所有这些构成了一个不断地进行职业生涯评估和规划的流程,而组织和环境作为个人职业生涯发展的外部因素始终影响着这一过程。

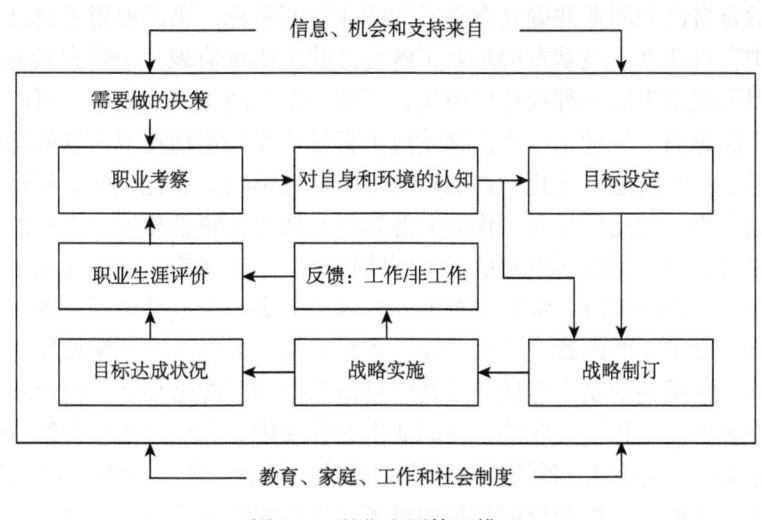

图 6-1 职业生涯管理模型
资料来源:格林豪斯等(2006)

(二)自我认识与了解环境

自我认识是有效管理职业生涯的基石。了解环境,如地区、行业、职业的发展前景,可以帮助我们找到喜爱的工作环境类型。

1. 自我认识的含义

自我认识是心理学中的概念,是指个体对一般的思维、感受和行为模式准确的自我知觉,以及对他人如何理解这些模式的感知。这也是自我分析、自我测评的过程。职业生涯规划的第一步就是分析与认识自己的个体差异。自我认识包括对生理自我、心理自我、理性自我、社会自我几个部分的认识(袁庆宏等,2019)。

(1)对生理自我的认识,主要指对自己的外在形象等方面的认识。

(2)对心理自我的认识,主要指对自我的性格、兴趣、气质、意志、能力等方面的评估与判断。

(3)对理性自我的认识,主要指对自我的思维方式和方法、道德水平、情商等因素的评价。

(4)对社会自我的认识,主要指对自己在社会上所扮演的角色,在社会中的责任、权利、义务、名誉,他人对自己的态度及自己对他人的态度等方面的评价。

2. 自我认识

1）自我测评

个人常常需要收集大量有关自我素质和态度的信息，才能够做出职业生涯方面的决策。依据格林豪斯对自我测评的描述，我们将这个过程整理为如图 6-2 所示的框架。自我素质包括价值观、兴趣、个性因素、天赋、才能、生活方式、喜好及任何弱点或缺点。如果想找到适合自己的职业并确立有意义的职业生涯目标，则需要思考自己希望从工作和业余生活中获得什么，最基本的是要了解自己的工作价值观、个性和兴趣。价值观是人们希望获得哪些结果的一种抽象化说法，了解一个人的工作价值观，可以让我们充分了解其职业生涯志向。兴趣是指人们喜爱或不喜爱某项特定活动或对象的态度，受价值观、家庭生活、社会阶层、文化和物质环境等因素的影响。研究表明，兴趣与职业生涯选择之间一致与否，和此后他对工作的满意程度与持久性紧密相连。工作的兴趣是个性的一种重要表现，个性可以影响对职业生涯的选择。一般来说，组织在人事选任、雇员发展和开展个人自我评价时，都普遍按图 6-2 这种分类法来设计个性调查问卷。职业生涯管理中还有一个重要的因素是人的才能。才能是指个人的学习天赋或能力及现有的技能或熟练程度，它反映的是人能做什么及经过适当培训后能做什么。价值观、兴趣、个性和才能在许多方面是相互关联的，在职业生涯管理中，它们是个内在统一的整体，最后形成了职业定位。艾德佳·沙因引入职业定位这一概念，来认清各种不同的工作倾向。人们自我感知的才能、动机和价值观等构成了对自我的职业定位，职业定位是职业观念的核心，为选择职业提供一种基础。

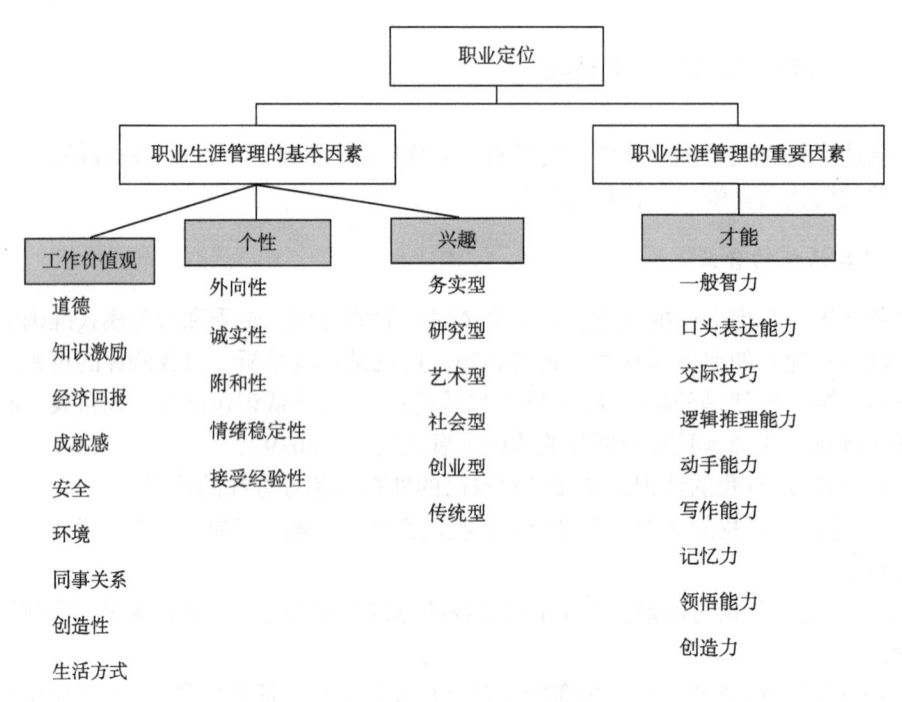

图 6-2 格林豪斯对自我测评的描述

2）自我认识的分析方法

（1）自我测试是通过自己回答有关问题来认识自己、了解自己的一种方法。自我测试的内容包括：性格测试、气质测试、记忆力测试、创造力测试、智慧测试、分析能力测试、人际关系测试、管理能力测试、职业兴趣测试、智力测试、情商测试等。需要注意的是，测试题目应该经过心理测评专家的精心设计，以保证其科学性和实效性。同时，个人在回答时一定要反映自己真实的想法。全面了解个性特征是进行职业定位的基础。

（2）橱窗分析法。橱窗分析法是一种借助直角坐标不同象限来表示人的不同部分的分析方法。它以别人知道或不知道为横坐标，以自己知道或不知道为纵坐标，橱窗分析法也是进行自我认识的一种常用方法，如图 6-3 所示。

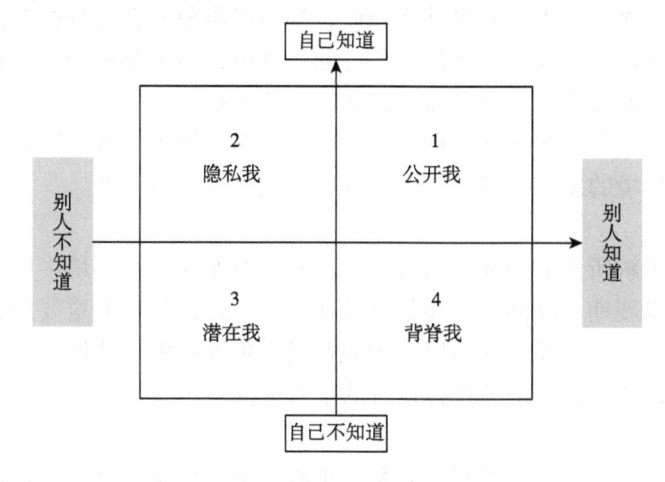

图 6-3 橱窗分析法

橱窗 1 为"公开我"，即自己知道、别人也知道的部分，其特点是个人展现在外，无所隐藏。对于橱窗 1，只能从一些硬件着手，如身高这类基本情况和能给别人留下最初印象的性格特征等。

橱窗 2 为"隐私我"，即自己知道、别人不知道的部分，其特点是属于个人私有秘密，不外显。对于橱窗 2，可以采取撰写自传或日记的方式来了解自我，撰写自传可以了解自身成长的大致经历和自我计划情况等；而日记则是通过对自己一个工作日和一个非工作日经历的对比，了解些侧面的信息。

橱窗 3 为"潜在我"，即自己不知道、别人也不知道的部分，其特点是开发潜力巨大。"潜在我"是影响一个人未来发展的重要因素。了解和认识"潜在我"是自我认识的一个非常重要的内容，了解"潜在我"的主要方法有积极性暗示法、观想技术法、光明思维法等。

橱窗 4 为"背脊我"，即自己不知道、别人知道的部分，这个部分犹如一个人的背部，自己看不到，别人却看得很清楚。如果自己诚恳地真心实意地征询他人的意见和看法，就不难了解"背脊我"。我们可以采取同自己的家人、朋友、同事等交流的方式，可以借助录音、录像设备，尽量开诚布公。要做到这一点，需要开阔的胸怀，确实能够正确对待，有则改之，无则加勉。

运用橱窗分析法进行自我剖析时，重点是了解橱窗3的"潜在我"和橱窗4的"背脊我"这两部分。这是深化自我认识，做好个人职业生涯规划的重要前提。

3. 了解环境

个人在职业生涯中，选择喜欢的工作环境也是非常重要的一项内容。研究表明，人的兴趣、才能、偏好与工作环境的适应程度会对工作满意度、任职期限和职业生涯的选择等产生很大的影响。从外部到内部，环境包括方方面面，在职业生涯管理中，有四个重要方面：社会环境、职业环境、组织环境、家庭环境。

1）社会环境

我们身处社会之中，无论从事什么职业，都不可避免地会受到社会大环境的影响。外部的大环境包括政治、经济、法律等各方面，其中，经济条件和消费者偏好使某些行业和职业比其他行业和职业更有前途。比如，消费者购买力的持续增长及消费者对休闲生活方式的偏好，引发了服务业的增长。在职业生涯规划中，我们所要做的则是精准地抓住社会这个大环境的发展趋势，然后尽可能地顺应社会的发展。

2）职业环境

我们要充分了解所选的职业，清醒地认识所选职业在社会环境中所处的地位，所选职业究竟是处于发展期、高峰期，还是衰败期。这一点也是至关重要的，它关系到择业者今后的职业生涯，一个发展潜力巨大的职业具有更大概率，能给择业者带来一个充满阳光的职业生涯，也能更好地体现择业者的个人价值。

3）组织环境

所有的工作都无法摆脱与组织的联系，正确的企业战略、良好的企业文化、优良的管理制度、合理的人力资源管理配置，对于企业来说都是高竞争力的体现，对于择业者来说选择自己认同的组织，对今后的职业规划也是很有帮助的。

4）家庭环境

要处理好工作和业余生活的关系，就有必要理解你的家庭在情感上和经济上的需要，以及对职业生涯的志向和所希望的生活方式。因此，在家庭环境上要考虑配偶的职业生涯志向、配偶的情感需求、子女的情感需求、其他家庭成员的需求、家庭的财务需求、家庭期望的生活方式、家庭的发展阶段及本人和配偶在职业生涯上所处的阶段。

三、职业生涯早期管理

（一）职业生涯早期的个人特征

职业生涯早期阶段主要是指个人由学校进入组织，为组织所接纳的过程，一般发生在25~35岁。这一时期，个人不仅要实现由学生向雇员角色的转变，而且往往还伴随由单身向拥有家庭的身份的转变。了解这一时期的主要特征，有利于帮助个人实现这一系列角色和身份的转变，做好管理职业生涯早期的相关任务。这一时期的个人特征主要体现在以下方面。

（1）进取心强、精力旺盛、积极向上。在职业生涯早期阶段，个人对前程或多或少抱有一定幻想，希望尽快得到别人的认可，个人表现出较强的上进心。这种心理状态能够促使个人不断上进，寻求发展，旺盛的精力也给刚入职场的年轻人提供了实现抱负的可能。

（2）职业竞争力不断提升，同时渴望职业成功。对于刚入职场的新人而言，精力旺盛、充满朝气、初生牛犊不怕虎都是他们身上最明显的标志。对远大抱负的强烈追求和实现成功的巨大渴望，都促使他们敢于学习新的理念和新的技术，也让他们敞开心扉不断吸取别人的经验和忠告。伴随时间的推移，在逐渐熟悉工作环境和学会如何融入组织的基础上，个人竞争力的增加促使个人对前途的预期越加现实和理性，决心做出一番事业成为很多人在职业生涯早期的美好愿望。

（3）成家立业，结束单身生活。职业生涯早期，除了在事业上的逐步进步外，个人的社会身份也在悄然发生变化。这种变化主要是个人结束单身生活，有了家庭和孩子。这一时期，学会同配偶相处、分担责任、抚育子女成为家庭生活的主要任务。家庭责任一方面促使个人意识到自身职业发展对家庭经济收入的影响，另一方面也促使个人降低对个人意识的关注，开始学习如何平衡工作与家庭角色的冲突。

（二）职业生涯早期的任务

职业生涯的早期阶段是一个人从学校踏入社会，加入组织，在组织内逐步"组织化"并被组织接纳的过程，主要经历职业探索和初步立业阶段，这一阶段个人有两大任务：立业和取得成就。

1. 社会化的任务

个人由学校踏入组织，刚进入职业生涯的早期阶段，需要学会如何在组织中为人处世，接受组织文化，逐步成为社会中人。

2. 持续性任务

职业生涯早期阶段，个人在工作与生活的过程中，必定会持续不断地完成社会化和自我实现。在这个过程中，无论是个人还是组织，都会持续获得某些应及时反馈的具体信息，促使员工进行持续性改进，使其在组织约束下更有效率地工作，并在自己的工作领域形成未来职业发展的基础。

3. 探索性任务

不断探索适合自己的职业，在经历中摸索学习。个人在其早期职业生涯阶段会遭遇大量的不确定性和挫折。因而，个人在职业生涯早期需要经历多次的尝试，在摸索中不断学习并提升自己，才能在工作中找到合适的位子和职位。

4. 雇用能力的培养

雇用能力由英国学者希拉吉（Hillaga）和波拉德（Pollard）在1998年提出，它指的是获得最初就业、维持就业和必要时获取新的就业所需要的能力。雇用能力研究以学生的雇用能力为重点。毕业生处于从学校到社会的转型期，开始形成自己的职业生涯观，进行初次职业选择。此时的雇用能力是其职业选择过程成败的重要决定因素，具备企业需要的雇用能力的离校学生才有可能找到符合自身需求的工作。

（三）职业生涯早期的管理策略

1. 个人管理策略

1）考察职业生涯和设定目标

员工在职业生涯早期，最基本的是要明确自己的发展需要。职业生涯早期是个相互考验的时期，个人和组织都在估量彼此是否能相互适应。因此，关键在于新员工干好本职工作、正确对待业绩评价、逐日做好观察及利用好那些非正式关系，以求多了解自己，多了解组织。掌握了有关知识和信息，他们就愿意并能够在必要的时候调整职业生涯目标。

2）确定影响环境的职业生涯战略

在职业生涯早期，虽说个人须按新环境的要求来调整自己，但新员工并不是完全被动地任组织安排的。对自我能力有强烈自信的新员工可以采取积极的战略和妥善的应对策略，去理解组织的文化、影响环境，确定职业生涯战略。

3）努力培养职业胜任力，提高职业适应性

个人经过组织招聘的双向选择、自我定位和职业探索等一系列准备过程后进入组织，这意味着得到组织的初步认可。提高个人的职业适应性就是要尽快习惯、调适、认可各种因素，保证自身在工作中获得最大的满足感。

4）重铸心智模式，实现自我激励

心智模式是指个人看待身边事物及处理问题的习惯性态度和行为模式。心智模式的形成与一个人的个性、生活环境及后天的培养都有关系。良好的心智模式可以改善个人看待事物的偏差，纠正错误的态度，提供有建设性的解决方案。大量事实表明，新人在入职初期很多问题都与自身的心智模式有关。

5）借助家庭支持，发展职业空间

大多数人在进入职业领域时都需要他人的鼓励、表扬和支持，其中，家庭成员的帮助具有重要的影响，父母、配偶、兄弟姊妹的建议和关心对职场新人而言显得尤其重要。对职场新人而言，经常性地与家人交流，能够让个人保持平和的心态，获得职业发展的信心。

2. 组织管理策略

1）有效的职业定向计划

新人进入工作环境最初的几天或几周，是组织帮助他们确定工作方向的关键时期。有效的定向工作能帮助新员工真正成为组织的一员，使他们熟悉组织的政策、福利和服务。新员工定向计划包括：讲解公司发展史、重要政策和做法，以及福利等内容；介绍组织对新员工的期望，明确新员工所应持有的期望；介绍同事和新工作（Smith，1984）。给新员工提供最全面、有用的信息，也可以直接解决新雇员的具体问题。

2）帮助新员工进行职业生涯规划

在对新员工有了一定了解的基础上，要着手帮助新员工制定职业生涯目标和规划，让其取得早期职业成功的体验。组织在帮助员工制定职业生涯目标与规划时，一方面要结合员工的工作表现，另一方面还要适当地观察员工工作之外的其他方面，如集体休闲活动等，以全面、科学地帮助员工制定未来的职业生涯目标。可设计如表6-1所示的员工职业生涯规划表，帮助员工和组织双方明确努力方向，采取具体可行的方式保证目标的达成。

表6-1 员工职业生涯规划表

姓名		性别		年龄		工作岗位	
现工作部门				现任职务/职称		到职年限	
个人因素分析结果							
环境因素分析结果							
职业生涯路线选择							
职业生涯目标		长期目标			完成时间		
		中期目标			完成时间		
		短期目标			完成时间		
完成短期目标的计划与措施							
完成中期目标的计划与措施							
完成长期目标的计划与措施							
所在部门主管审核意见							
人力资源开发部门审核意见							

3）为员工提供职业咨询和人才测评服务

（1）加强职业咨询建设。新员工缺乏社会经验，对职业世界只有模糊的感性认识，加强面向个体、个性化的职业咨询辅导可以满足员工的需要。

（2）加强人才测评建设。只有通过科学的手段进行测评，才能进行一个更为科学、客观的自我评估。如果员工掌握了测量结果，就能很好地认识自己，消除职业生涯规划过程中的迷茫。组织可采用心理测量及自我评定等方法，帮助员工了解自己的能力倾向、兴趣、个性等方面心理特质，指导员工进行合理的生涯规划，激发他们的潜力。

4）不断给予建设性的反馈

绩效评价和反馈在职业生涯发展各阶段都很重要。新雇员急需增长能力并获得他人肯定，在职业生涯早期对他们做出评价并给予反馈就变得尤为关键。不过，若要使反馈有效，则必须是指导性和支持性的。

四、职业生涯中期管理

（一）职业生涯中期的个人特征

个人在职业生涯早期完成与组织的相互适应及初步立业后，随即步入了35~50岁的职业生涯中期，这一时期将持续大约15年时间。其特殊的生理、心理和家庭特征使职业生涯中期的个人特征、问题与管理任务都不同于职业生涯早期。

职业生涯中期的个人职业能力不断提高，各方面都逐渐趋于成熟。这种成熟主要表现在个人有了相当的生活阅历，价值观更为成熟，事业心和责任心更强，职业素养不断提高，同时逐步形成了沉稳踏实、一丝不苟的工作作风，并在组织中确立了一定的威信。

职业成就动机较强，具有做出一番事业的心理准备。个人在处于职业生涯中期时，立业的心理要求强烈。此阶段，个人已有初步的工作能力和经验，熟悉了工作环境，也正是精力最旺盛、充满朝气的时候，工作的职业理想和抱负正是实施之时，所以工作动机较强，决心做出一番事业。

职业生涯中期容易出现职业生涯高原。人到职业中期后，会逐渐意识到职业机会随着年龄增长越来越受到限制，个人更加难以做出职业选择。在越来越多新人的成长压力下，个人会出现职业焦虑和担忧，自身能力的难以继续提升与对成长空间的质疑将导致"职业生涯高原"的出现。为此，也可能遇到一系列心理障碍。

生活方式和家庭角色的变化，使个人开始具备调节家庭关系，承担家庭责任的心理。职业生涯中期的个人都基本结束了单身生活，拥有了家庭和子女。这不可避免地需要处理同配偶的关系，承担抚育子女的任务。此阶段，个人开始意识到生命的脆弱和个人快乐的重要，部分人还会经历父母或朋友的离世，从感情上加深对生命和家庭意义的认识。人到中期后产生的焦虑不安的心情可能影响到个人的家庭生活及与家人之间的关系。

（二）职业生涯中期的任务

施恩认为，经历过职业生涯早期的员工和组织初步形成了相互接纳的心理契约，达成心理契约是员工和组织之间谈判和再谈判的一种不断发展和相互接纳的过程，相互接纳的过程是职业生涯展开的一个重要里程碑。接下来的职业生涯阶段的重要意义在于，员工进一步认识自我，发展出一种更加清晰的职业自我观，明确自身的职业锚。职业生涯中期的员工将会面临两大任务：一是要面对中期的转变，包括对照原来的抱负和梦想，重新评估自己的成就，重新审视工作对自己生活的重要性；二是在职业生涯中期阶段保持生产率（格林豪斯等，2006）。如果个人无法妥当处理这两个任务，那么不仅会影响到职业发展的后续过程，还会对个人身心状态造成不必要的伤害。

（三）职业生涯中期的管理策略

1. 个人管理策略

（1）积极参加学习，有效应对"职业生涯高原"和"落伍"。职业生涯高原是指职业生涯到了"再晋升的可能性非常小的那一刻"（格林豪斯等，2006）。落伍是指组织的专业人员，缺乏胜任现在或将来的工作角色中应保证的有效绩效所必需的最新知识和技能（格林豪斯等，2006）。大量事实表明，终身学习能力的维持是个人适应快速变化的环境、应对组织变革的最佳方法。在信息技术高速发展、知识更新速度加快的外部环境压力下，个人可以通过学习来结交更多志同道合的朋友，拓展自己的社会网络，优化自己的知识结构；将学习当作个人生活的必然内容，学习的效果就会得到保证，个人也会保持学习的主动性并运用到工作中，不断改善自己的工作质量和提高绩效水平。这样，可以在一定程度上防止落伍或职业生涯高原的出现。

（2）拓宽社会网络，乐观面对再次"择业"。在对待中年择业的态度上，因个体不同而不同。这与个人经济条件、社会关系和地位、自信与自尊程度及个人对生活的理解有关系。总的来讲，中年择业会打乱人们生活中的平衡，包括经济、心理、生理和社会等各方面。寻找一个新的职位对于中年人来说会有很大的挑战，这种挑战主要是由于年龄较大、精力不够，以及对新业务不熟悉等引起的，这样会引起雇主的担心。因此，增加雇主对自己的信任和了解对个人重新找到工作影响很大。如果在社会交往和工作中，注意积极拓宽交际圈，积极参加一些社会活动，对于重新寻找工作的人来说，会多很多机会。

（3）平衡好工作与家庭的关系。职业生涯中期处于个人总体生命空间中生物周期、家庭周期和职业周期三者相互重叠、作用最强烈的时期。工作被界定为个体为维持生计而提供商品和服务的工具性活动，而家庭被定义为通过生物性纽带、婚姻、社会习俗和收养方式而联系在一起的人群。工作可以丰富家庭生活资源，家庭可以改善工作质量。个人在职业生涯中期，要不断协调工作和家庭的责任，平衡工作与家庭的关系。

2. 组织管理策略

（1）帮助员工理解职业生涯中期经历。组织要重视职业生涯中期阶段的员工所面临的问题。这样，对那些不善于应对中年期变化调整的员工，组织就要着手制定有效的措施。作为组织，还必须认识到，不同的员工对自己的职业生涯中期阶段将会做出的反应可能差别很大。帮助员工理解不同的职业生涯处境，可以更有效地处理好中年期的思想变化、职业生涯高原、落伍及焦虑不安等问题。

（2）提供更广泛、更灵活的流动机会。职业生涯中期阶段的晋升机会毕竟有限，因此，用工作轮换和平级调动的办法也可刺激、驱动那些处于职业生涯高原状态的员工。平级调动尤其是不用到外地去的调动，对处于职业生涯高原的员工有一定吸引力。平级的工作轮换不仅充分利用了员工的能力并给其激励，而且为组织解决某些问题提供了新视角。

（3）协助员工挖掘当前工作潜力，帮助其提高生产率。尽管许多处于职业生涯中期阶段的员工不再期望晋升，但是他们对于成功和自主权的需要依然很强烈。有一种代替或补充职业生涯中期阶段平级调动的方法，就是改进当前的工作，使之更具多样性、挑战性和责任感。加入任务小组、项目团队和临时攻关小组，都能激励员工并使他们获得组织的认可。在整个职业生涯中期阶段，给他们充分的挑战和责任，是防止出现"暮气"态度和行为的一种重要方法。

（4）鼓励和训练为师之道。人到中年，尤其需要培养后辈。许多处于职业生涯中期阶段的员工有着长期的工作经验和丰富的阅历，这使得他们特别适合来培训和辅导年轻同事。在辅导年轻同事时，他们既能提高自己的价值存在感，也能更好地思考自己在职业生涯中的问题。

（5）进行培训和持续教育。培训和持续教育能对那些处于职业生涯中期阶段打算更换工作岗位甚至改变职业的员工，起到催化剂的作用。对此感兴趣的管理者常常利用培训和持续教育帮助自己，为改行做准备。组织甚至可以鼓励"富余的"经理人员提前从本组织退休，另找一个职业生涯领域去工作，或者鼓励他们自己去创业。

（6）拓宽奖酬面。组织对处于职业生涯中期阶段的员工，不应仅仅限于晋升和加薪，需要拓宽奖酬面。比如，令人感兴趣而富有挑战性的工作、具有刺激性的新任务、领导的认可和表扬等都可以使用，以使处于职业生涯高原的员工保持高效率。对制订长期学习和发展计划者、在富有挑战性的工作岗位上取得成功者、参加适合自己的持续教育计划者给予奖励，是防止在技术上或管理技能上落伍的最有效方法。

五、职业生涯晚期管理

（一）职业生涯晚期的个人特征

处于职业生涯晚期的员工一般都在50岁至退休年龄之间。由于职业性质和个体特征不同，个人在职业生涯晚期的起止时间也会有差别。有些人可能在45岁左右就进入职业生涯晚期，并开始考虑退休；而有的人可能在60岁时仍然是组织中的重要骨干，有着较强的职业能力和职业生涯继续发展的需求。职业生涯晚期的工作状态和具体任务都较职业生涯中期不同，并呈现出明显的特征。

职业生涯晚期个人身体素质逐渐减弱，精力逐渐衰退。俗话说，"五十知天命"，50岁以后，身体上的疾病和长年因工作而忽视的健康问题都会经常困扰着个人。这种生理机能的变化还会影响到个人对死亡、赡养、老年护理及隔代孙辈抚养等问题的思考。

职业生涯晚期伴随着职业工作能力和竞争能力的逐渐减弱，个人在组织中的领导职务逐渐被年轻人所替代，权力与责任随之削弱，核心骨干、中心地位和作用逐渐丧失。

职业生涯晚期个人的生活状态也发生了改变。大多数人的子女已进入大学学习，甚至成家立业，夫妻仍在工作，家庭可能出现空巢，个人对家庭有了更多的依赖感，家庭的温馨及天伦之乐成为职业生涯晚期阶段员工的一大需求。

（二）职业生涯晚期的任务

1. 保持竞争力和生产率

保持竞争力和生产率对于处于职业生涯晚期阶段的员工来说非常重要。

2. 为退休做准备

退休是一个重大的职业生涯转变，它预示着将近40年或50年持续职业生涯的结束。为退休做的准备包括：决定何时退休，培养接班人，为退休后能过上充实、满意的生活做出计划。

（三）职业生涯晚期的管理策略

1. 个人管理策略

（1）培养个人兴趣，提前制订退休计划。退休计划能够帮助员工顺利渡过从工作到退休的转变时期。

（2）调整心态，学会应对"空巢"问题。在职业生涯晚期，"空巢"会让很多面临退休的员工缺乏直接沟通和交流的对象。可以与家人一起组织小型家庭聚会，邀请邻居和亲朋一起小聚，与同事和睦相处，积极参加公司组织的各项活动等，这些都可以帮助调整心态。

（3）管理个人财务，确保退休后的生活质量。许多人对自己退休后的财务准备不充分，这就造成个人在退休后会因收入下降影响到生活质量。物质条件的降低会直接干扰个人对退休生活的满意程度，也会造成个人无法充分地享受生活的快乐。

同时，个人对职业生涯中期阶段的管理策略同样适用于职业生涯晚期。在职业生涯晚期阶段以积极的态度进行职业生涯管理，其重要性不亚于职业生涯早期阶段的管理。

2. 组织管理策略

（1）绩效标准和反馈。对老年员工应该制定清楚明了的绩效评价标准并使之知晓。准确、无偏见的绩效评估对于保持高绩效是必需的。

（2）持续的学习教育和工作调整。持续不断的学习、各种刺激手段、赋予责任明确的工作任务、进行持续的教育，能对职业生涯晚期阶段的员工恢复士气起到重大的作用。

（3）制定并落实非歧视性的政策。组织要摒弃传统的观念和偏见，正确看待和管理老年员工，在人员选择、绩效评估和获得培训机会等方面给予公正的评价。

（4）从组织的角度设计退休计划。好的退休计划既有助于将要退休的人员保持积极的工作态度和绩效，又能使组织留住想留下的老员工，还能鼓励其他员工提早退休。

（5）建立弹性工作制度。许多组织都希望既能把那些处于职业生涯晚期阶段，但能力强、适应性好的员工留住，使其在超过"正常"退休年龄后继续工作，又能让其他人提前退休。建立一套弹性工作制度就能很好地满足这两个目标。

第三节 组织职业生涯管理

一、组织职业生涯规划

（一）组织职业生涯规划概述

1. 组织职业生涯规划的内涵

组织职业生涯规划是组织根据自身的需要和员工情况及两者所处的环境确立职业生涯目标，选择职业通道并采取相应的行动和措施实现职业生涯目标的过程。组织职业生涯规划一方面要保证满足企业对人力资源的需要，将合适的员工配置到合适的工作岗位上；另一方面要给有潜力的员工提供指导，帮助他们开发潜力。组织职业生涯规划的内涵如下。

（1）组织职业生涯规划是一个系统过程。组织职业生涯规划是个体在组织的影响和指导下有意识地确立职业生涯目标并追求目标实现的过程。组织将员工视为可开发增值的而非固定不变的资本，通过为员工设计在组织中的职业发展目标，并采取一系列旨在开发员工潜力的措施，构建起组织安排体系，以实现员工个人职业发展和组织可持续发展的共赢。

（2）员工是组织职业生涯规划的核心。职业生涯规划以员工为核心，包括职业方向选择、社会环境及企业分析、对自身条件的评估、制定职业生涯目标及实现的时间等。组织承担职业生涯规划的计划、管理、监控、责任，这一系列活动均以员工为核心展开，组织可能对员工个人的职业生涯规划产生重要影响，但都是通过影响员工对自身、环境、目标的认知间接产生的。

（3）组织是职业生涯规划的推动者。组织成为员工落实个体职业生涯规划的重要场所。在对自身和环境进行分析和确定职业目标的过程中，员工需要来自外界的指导和帮助。从组织的角度看，职业生涯规划包含着使个人潜在贡献最大化的自觉尝试，因而组织应该协调和指导员工设计职业生涯规划，为员工提供组织环境及组织发展的信息，如组织发展前景、战略规划、人员需求、选拔提升人员的政策、组织员工参加潜能测评及职业生涯研讨会等。组织职业生涯规划是协调员工职业发展需要和组织人力资源发展需要的重要方面。

2. 组织职业生涯规划的作用

（1）帮助员工认清自己，完成社会化过程。组织职业生涯规划为员工提供了有效的机会，可以采用科学的方法认识自己，了解自己的长处和不足。员工通过组织的职业生涯培训掌握职业生涯规划和设计的方法，能避免走弯路或少走弯路。

（2）使员工发展目标与组织发展目标相统一。员工是组织发展的核心资源，组织的生产力是建立在员工发展的基础上的。因此组织人力资源开发与管理的根本方向应该是人的发展，而组织职业生涯规划则是朝这一方向努力攀登的工具和阶梯。组织职业生涯规划的最终目标是实现员工发展目标与组织发展目标相统一。

（3）协调组织与员工的关系，为组织留住人才。协调组织和员工的关系，即承认员工个人的利益和目标，使员工的个人能力和潜能得到较大的发挥，使他们努力为组织工作，实现"双赢"的目标。组织职业生涯规划能帮助员工实现自身发展需要，以及个人获得事业感、成就感的需要，所以进行职业生涯规划是营造一种培养、吸引、留住人才的氛围。

（4）达成员工工作与生活之间的平衡。组织职业生涯规划帮助员工认清了未来的职业发展路径，明确了职业发展的方向，从而帮助员工从更高的角度看待工作和生活中的各种问题和选择。员工能够将职业发展与个人生活有机地结合起来，在工作的同时兼顾家庭；将员工的个人追求、家庭目标、职业发展结合起来，达到工作与生活的平衡。

（5）促进组织的长久发展。职业生涯规划通过科学的职业管理工作，发挥每个员工的才能和专长，提高个人的待遇和对未来职业发展的预期，对于提升员工满意度和忠诚度具有显著的现实意义。员工的发展带动了组织的成长和发展，为组织带来了可持续发展的核心竞争力。

3. 组织职业生涯规划的原则

在组织职业生涯规划的原则方面，国内学者程社明、姚裕群、杨河清等都有研究，主要提出了以下原则。

（1）利益整合原则，即员工利益与组织利益的整合。

（2）公平、公开原则。在职业生涯规划方面，组织为员工提供的教育培训机会，都应当公开其条件标准，保持高度的透明度。

（3）协作原则，即职业生涯规划要由组织与员工共同制订、实施并完成。

（4）动态目标原则，组织是发展的，员工的状态也是动态变化的，因此，组织职业生涯规划也应是动态的。

（5）发展创新原则。组织职业生涯规划不是一套规章程序，让员工循规蹈矩、按部就班地完成，而是要让员工发挥自己的能力和潜能，达到自我实现、创造组织效益的目的。

（6）全面评价原则。为了对员工的职业生涯发展状况和组织的职业生涯规划与管理工作状况有正确的了解，必须由组织、员工个人、上级管理者、家庭成员及社会有关方面对职业生涯进行全面的评价，以期取得预期的结果。

（二）组织职业生涯规划实施

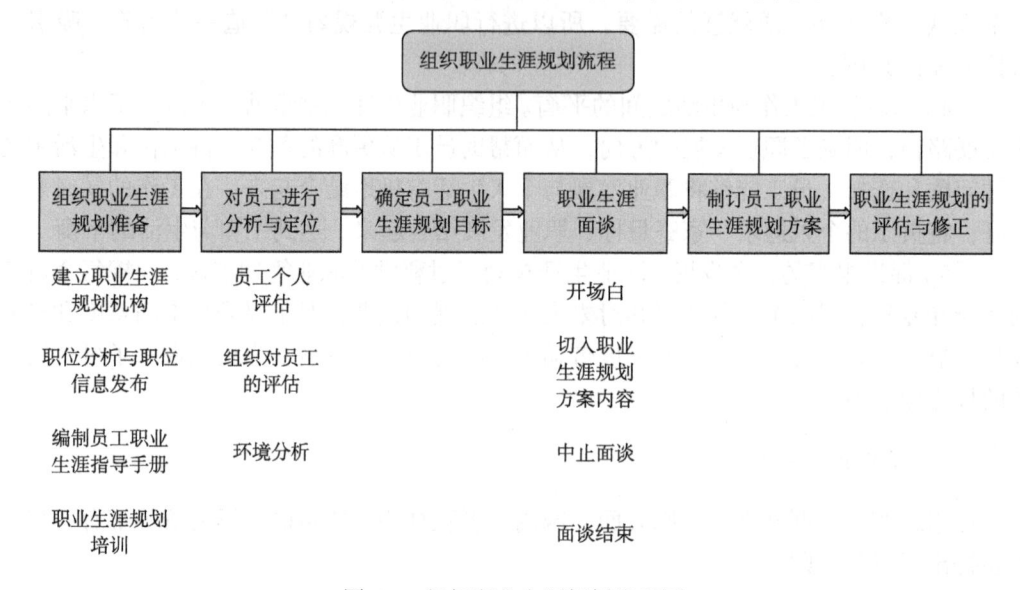

1. 组织职业生涯规划机构

组织职业生涯规划实施过程是一个复杂的长期过程，需要组织内部的职业生涯规划机构和员工协作完成。组织职业生涯规划机构主要由高层管理者、人力资源管理部门对应职能管理人员、职业生涯委员会成员、职业生涯指导顾问等构成。

2. 组织职业生涯规划流程

组织职业生涯规划的目的是帮助员工真正了解自己，并且在衡量内在与外在环境条件的基础上，为员工设计出合理且可行的职业生涯发展目标，在协助员工达到和实现个人目标的同时，实现组织目标。组织职业生涯规划流程如图6-4所示。

```
                    组织职业生涯规划流程
    ┌──────────┬──────────┬──────────┬──────────┬──────────┐
  组织职业生涯   对员工进行   确定员工职业  职业生涯   制订员工职业  职业生涯规划的
  规划准备     分析与定位   生涯规划目标   面谈      生涯规划方案   评估与修正

  建立职业生涯   员工个人                开场白
  规划机构     评估

  职位分析与职位  组织对员工              切入职业
  信息发布     的评估                 生涯规划
                                方案内容
  编制员工职业   环境分析                中止面谈
  生涯指导手册

  职业生涯规划                        面谈结束
  培训
```

图 6-4　组织职业生涯规划流程图

1）组织职业生涯规划准备

（1）建立职业生涯规划机构。职业生涯规划的组织和实施必须由组织的高层管理人员负责。他们考虑组织的业务性质、竞争者的用人政策、现时和未来的组织结构等实现人力资源开发和组织发展相结合的重要战略问题。在高层管理者负责的基础上，组建职业生涯规划的常务机构——职业生涯委员会，也可在原人力资源部门内部建立相关机构，并选拔合适的人员从事相关的职业生涯规划管理工作。如有需要，组织可聘请专业职业生涯咨询人员担任职业生涯指导顾问，对相关工作提供咨询和指导。

（2）职位分析与职位信息发布。在进行组织职业生涯规划之前，需要梳理组织的各类职位信息，准备职位信息资料，明确每一种职务的工作内容和任职要求，然后将具有相似工作内容和任职要求的工作归纳为职业群；在职业群内部和职业群之间设计职业途径并把这些职业途径整合成一个网状的职业生涯系统。以职业分析为基础的职业途径系统成为组织职业生涯管理的重要基础，并为员工个人职业生涯规划及发展的实践活动提供了重要的参照系。及时向全体员工发布岗位信息，包括组织岗位设置的详细情况、人员变动及近期有可能空缺的职位、岗位的报酬等，使员工能够了解到更多的有关个人职业生涯机遇的信息。

（3）编制员工职业生涯指导手册。组织有向每位员工发放职业生涯指导手册，阐述员工、领导、组织在员工职业生涯开发方面的责任，并明确指出组织现有的员工职业生涯开发资源。员工可以通过职业生涯指导手册学习职业生涯规划的基本理论和方法，了解组织的职位结构和空岗情况，并能够结合手册进行个人职业生涯的规划工作。

（4）职业生涯规划培训。为了使员工更好地了解职业生涯规划的具体内容、方法和步骤，组织需要对员工进行职业生涯规划培训。一般职业生涯规划准备阶段的培训活动可通过专题讲座和座谈会的形式展开。借助培训增进员工对组织开展职业生涯规划活动的认识，掌握进行自我职业生涯规划的方法和技巧。

2）对员工进行分析与定位

（1）员工个人评估。个人评估是职业生涯规划的基础，个人评估的重点是分析自己的性格、兴趣、特长与需求等，应考虑性格与职业的匹配、兴趣与职业的匹配及特长与职业的匹配。

（2）组织对员工的评估。组织对员工的评估是为了确定员工的职业生涯目标是否现实。组织可以通过当前员工的工作情况资料，包括绩效评估结果、晋升记录及参加培训情况等对员工的能力和潜力进行评估。目前，许多国际著名的公司都通过建立或使用评估中心来直接测评员工将来从事某种职业的潜力。

（3）环境分析。环境分析主要是通过对组织环境、社会环境、经济环境等有关问题的分析与探讨，弄清环境对员工职业发展的作用、影响及要求，以便更好地进行职业选择与职业目标规划。

3）确定员工职业生涯规划目标

目标的选择是职业发展的关键。目标选择主要包括职业选择和职业生涯路线选择两方面。职业选择是事业发展的起点，选择正确与否直接关系到事业的成败。组织应开展必要的职业指导活动，通过对员工与组织岗位的分析，为员工选择适合的职业岗位。职业生涯路线是指个人选定职业后从什么方向上实现自己的职业目标，是向专业技术方向发展，还是向行政管理方向发展。发展方向不同，要求也就不同。因此，职业生涯路线选择也是职业规划的重要环节之一。职业生涯路线选择的重点是组织通过对职业生涯路线的选择要素的分析，帮助员工确定职业生涯路线。

4）职业生涯面谈

组织职业生涯规划过程中需要员工与管理者进行及时的沟通，避免职业生涯方案制订的片面性。职业生涯面谈为组织和员工提供了相互交流和沟通的平台，有助于员工充分了解组织内部的岗位情况，从而制订更具有针对性的职业发展规划；同时，职业生涯面谈也为组织了解员工的需要和职业发展意向提供了行之有效的途径。职业生涯面谈的类型主要有启发型、情感型、鞭策型；面谈的步骤包括开场白、切入职业生涯规划方案内容、中止面谈、面谈结束。

5）制订员工职业生涯规划方案

职业生涯规划方案是指员工为实现职业目标采取的各种行动和措施。职业生涯规划方案涉及对员工职业生涯各个阶段的管理策略，从员工走上工作岗位开始，到员工在中年时所碰到的种种工作生活问题，再到员工退休之前的退休管理。员工在自我定位和环境分析的基础上，在确定自己的职业生涯目标后，需要制订具体的执行计划和实施步骤。同时，需要人力资源部门和员工所属部门的直接主管给予相应的建议和支持，需要双方以职业生涯规划面谈的方式进行深入的研究和探讨。

6）职业生涯规划的评估与修正

影响职业生涯规划的因素很多，对职业生涯规划的评估与修正也很必要。经过一段时间的工作以后，应有意识地回顾员工的工作表现，检验员工的职业定位与职业方向是否合适。在实施职业生涯规划的过程中通过评估现有的职业生涯规划，从而修正对员工的认识与判断。通过反馈与修正，纠正最终职业目标与分阶段职业目标的偏差。

职业生涯规划的步骤复杂多变，在不同组织中的实施流程也千差万别。以上归纳的是职业生涯规划的一般步骤和相应方法，可为组织开展职业生涯规划活动提供参考。

二、组织职业生涯开发

（一）组织职业生涯开发概述

1. 组织职业生涯开发的内涵

组织职业生涯开发是指组织为增长员工的知识、提高员工的工作技能和工作热情，以提高员工的工作绩效、促进职业生涯发展而开展的各类有计划的、系统的教育训练活动。组织职业生涯开发能够挖掘并提升员工工作能力，帮助员工进行职业选择，促进其职业生涯发展，将组织目标与员工个人目标融为一体。组织职业生涯开发集中考察个人与组织在一定时期中的相互作用，其内涵如下。

（1）组织是职业开发的主体。组织职业生涯开发是组织人力资源开发和管理活动的重要组成部分，是组织发出的行为或活动。

（2）员工是组织职业生涯开发的客体。由于员工具有能动性和主动性，组织职业生涯开发需要与员工互相配合完成。

（3）组织职业生涯开发是一个动态过程。组织职业生涯开发不是静止的现象或事物，而是主体作用于客体，将主体目标和任务同客体的个人需要和职业抱负融为一体的管理活动，其目标在于实现组织和个人的共同发展。

（4）组织职业生涯开发的实质是挖掘人力资源内在潜能，提高人力资源的能力和价值，充分启发、调动员工的工作积极性、自觉性和创造性。同时，改善组织的人力资源开发与管理活动，保证组织获得现在和将来所需的人力资源，提升组织的工作效率和经济效益。

2. 组织职业生涯开发的作用

组织职业生涯开发的作用主要表现在以下方面。

（1）调动员工积极性，促进组织成长。根据马斯洛的需求层次理论，人们寻求职业的最初目的可能仅仅是寻找一份养家的工作，进而追求财富、地位和别人的尊重。职业生涯开发可以使员工超越财富和地位，追求更高层次的自我价值实现。组织不仅根据员工的个体特征和能力特点为其制订了职业发展规划，还为其明确了职业发展方向，并提供了必要的培训和指导，因而能起到更好的激励作用。在提高员工积极性的同时，提升组织效率，促进组织成长。

（2）提升员工职业能力，促进组织发展。组织职业生涯开发可以增强员工对工作环境的把握能力和对工作困难的控制能力。这些在促进员工职业能力提升的同时，有效强化了组织的环境把握能力和困难控制能力，有利于组织的成长和发展。

（3）保持组织发展的动力。组织职业生涯开发能够改进个人职业生涯规划，提高员工生产率，形成组织发展的源源不断的动力。

（4）有利于开发符合组织需要的人才，实现双赢。

（二）组织职业生涯开发的内容

根据组织进行雇员职业生涯开发目的的不同，可以将组织职业生涯开发内容归纳为以下几个方面。

1. 旨在提升员工职业技能

职业生涯开发的一项重要的任务在于提高员工的职业技能，提高其可雇用性。这一类的组织职业生涯开发活动主要表现在各种形式的培训活动上。

（1）在岗培训。组织为员工提供参与不同任务的机会，使得员工掌握多项技能，一方面为其提供"干中学"的机会，提高其可雇用能力；另一方面是完善员工的技能结构，尤其在项目运作的组织中，不同形式的在岗培训为员工跨项目进行运作提供了基础。

（2）企业导师制。企业导师制是国外组织培养员工的一种重要的手段。组织为新员工安排工作导师，通常是由较为年长、较有经验且愿意提供指导的人员担任。从企业导师制的定义可以看出，导师不仅应该帮助徒弟掌握工作所需的知识和技术，提高其工作能力，而且应该适时地给予其关怀和心理支持，并提供工作或人际互动方面的建议等。企业导师制的重要功能之一是职业功能，职业功能是指导师能帮助徒弟学习技能、实现工作发展或职位晋升，包括指引工作方向、指导徒弟学习工作所需的知识与技术，传授经验、创造机会让徒弟展现实力。不难看出，企业导师制是帮助员工实现职业生涯开发的重要途径之一。

（3）入职培训。入职培训即为帮助新员工适应组织和工作而开展的一系列活动。入职培训是新员工形成对组织、部门、岗位认知的重要环节，入职培训的开展不仅能缩短新员工的适应期，尤其是缩短刚刚毕业的大学生适应组织、适应社会的时间，同时也能帮助新员工清晰自身在组织职业发展中的通道，了解技能提升的途径。完善的入职培训能够帮助新员工在组织中长期稳定地发展。

（4）岗位轮换。长期以来，轮岗制度在国内外众多组织中得到了较为广泛的应用，丰田、IBM、摩托罗拉等世界五百强企业均将此项制度作为人力资源管理工作的核心之一。岗位轮换是组织在员工职业生涯一定周期内有计划地调换员工任职岗位的活动，即将员工系统地从一个职能部门或领域水平地调到其他职能部门或领域，丰富其工作经验，一部分雇员能够通过岗位和工作内容的变化寻找到真正适合自己的职业发展方向。

通过上述职业开发活动，员工的职业技能能够得到较大的提升，能为其职业发展奠定较好的技能基础。

2. 旨在促进员工职位晋升

职位晋升是目前大多数员工在组织中工作所追求的目标之一，尽管当代组织的特点使得职位晋升的机会远远少于以往的组织，但组织职业开发管理活动仍保持和沿用过往较好地促进员工职位晋升的活动，如实施接班人计划，通过这一计划开发高潜能员工，使其胜任某种重要位置，这是保证组织长远发展的重要措施之一。开展评价中心及实施晋升能力预测，通过评价中心和晋升能力预测可以更好地了解高潜能员工，实现晋升。

3. 旨在特殊人群的职业开发

特殊人群包括快退休人员、新员工、外派员工等。针对快退休人员，组织可以开展退休预备研讨会，帮助员工适应退休生活，或实行返聘计划，使其能够继续为组织服务。对新员工实施见习制度，能为员工提供机会参与到实际工作中，形成对工作的客观认识。在外派活动日益普遍的今天，进行外派人员的职业开发管理成为实现跨国经营的重要途径，组织实现跨文化培训，为外派人员或归国人员提供特殊的培训，帮助他们适应新生活。

第四节　工作-家庭平衡管理

一、工作与家庭的关系

20世纪70年代以来，西方组织行为学界掀起了工作-家庭关系理论研究的热潮。工作与家庭在很多方面相互碰撞，能否实现工作与家庭的平衡成了影响人们生活幸福和谐的主要因素。工作与家庭之间的关系是密切的，相互影响和作用的，主要表现在以下几点。

1. 工作责任与家庭责任的统一和矛盾

家庭有了孩子以后，越来越多的家务和照料孩子的责任落到夫妻身上，人们不得不同时承担工作和家庭的责任，而这常常让人难以兼顾，他们需要在这些家庭责任和自己的工作间取得平衡。

2. 工作满意度与家庭满意度之间的统一与协调

工作带来的职业声望、职业地位和收入等会对家庭生活形成直接的影响，能提升个人和家庭的生活满意度。相反，个人工作中的失意或挫折同样会导致其生活满意度下降。

3. 工作资源的配置与家庭生活之间的协调

工作资源的配置涉及工作的地理位置、行程、工作时间的长度，甚至工作变更带来的迁居等，都会形成对家庭生活的影响。此外，工作中的人际关系也会影响到工作之外的人际关系。

4. 工作压力与家庭生活压力的协调

工作职责、提升的可能、发展的机会、薪酬待遇等所形成的工作压力会直接影响家庭生活。工作与家庭之间的潜在冲突对职业生活的影响甚至超过个人发展目标对职业的影响。

二、工作与家庭之间冲突的模型

很多时候，我们的工作和家庭生活会相互冲突。在面对工作和家庭二者角色不能兼顾的压力，以至于执行一种角色就难以真正执行另一种角色时，就会产生工作与家庭的冲突。工作与家庭的冲突主要表现为三种形式：时间上的冲突、情绪紧张造成的冲突及行为上的冲突，如图 6-5 所示。

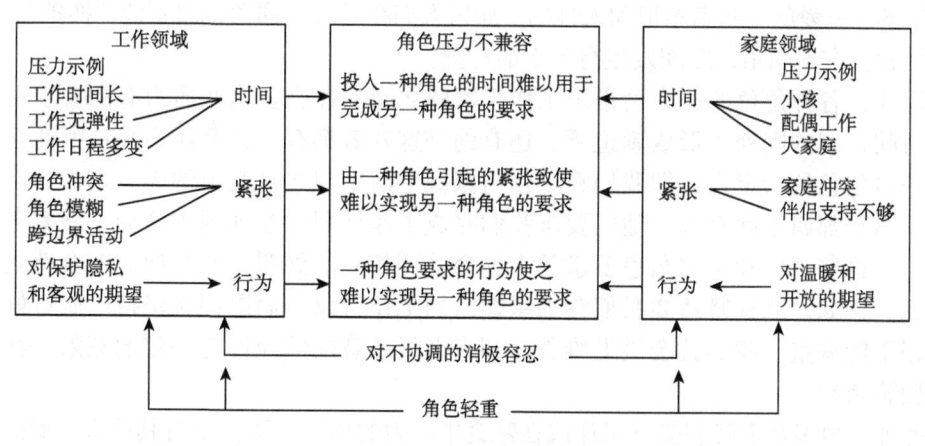

图 6-5 工作与家庭的冲突
资料来源：格林豪斯等（2006）

（一）时间上的冲突

时间上的冲突是工作与家庭冲突中最普通的一种。生活中的各种角色都在争夺稀缺品——时间。用在一种角色上的时间，通常不可能再用于另一角色上。出差开会或在办公室加班，就与在家吃晚餐或给孩子开家长会相冲突。连续工作很长时间、频繁出差、经常加班及工作日程难以调整的员工，最容易发生时间上的冲突。产生于家庭范围的时间压力也能导致工作与家庭的冲突。工作与家庭冲突最频繁的员工往往是那些已婚、有小孩、家庭人口多而配偶也有工作的人。

（二）情绪紧张造成的冲突

情绪紧张造成的冲突是指一种角色产生的紧张状态会影响到另一种角色。工作上的压力会产生诸如不安、易怒、疲劳、沮丧和冷漠等紧张症状。一个沮丧或易怒的人很难成为一个专注的配偶或充满爱心的父亲/母亲。紧张造成的冲突多发生在这些员工身上：他们的工作角色有冲突或模糊不清，或者工作要求付出较多体力、情感或脑力，工作环境不断变化，以及工作重复和乏味。所有这些压力条件都会使他们在本职工作之外大发脾气。

当然，许多紧张也可能源自家庭角色。那些与配偶、孩子关系紧张的人，或者从家人那里得不到什么支持和帮助的人，可能会发现家庭的压力已经浸入了自己的工作之中。

（三）行为上的冲突

有时，对一种角色有效的行为，对另一种角色根本就不适用。例如，人们认为管理人员就应该有主见、有闯劲，能独当一面，又很客观，而他的家人则可能期望他对他们是热情的、慈爱的、充满感情和人性的。如果人们在进入不同角色时不能"换挡"，他们很可能就会在不同角色之间发生行为上的冲突。

因此，各种角色的压力会带来工作与家庭之间的冲突。这些压力有的要求占用过多的时间，有的则处处形成紧迫感，还有的是这两者都有。这些压力是从哪儿来的？有些来自角色的指定人，即我们在工作与家庭生活中与之打交道的人。老板、同事、配偶和孩子都属于此类人，他们要求我们完成工作计划、参加周末聚会、做家务事。不能达到这些工作和家庭角色要求的人就会受到相应的惩罚，此时他们就会感到更多的冲突。比如，老板坚持要我们参加星期六的工作会议，而配偶又坚持已制订好的度假计划不能调整，我们就会进退维谷。如果老板或者配偶允许有一定的宽限，我们就还有回旋余地。

此外，很多要求我们搞好工作或在家庭中尽力的压力，不是来自其他人，而是来自我们自己对自己的期望——这样，我们自己就变成了自己的角色指定人。

三、组织的工作-家庭平衡计划

从组织角度出发,工作和家庭的平衡有助于实现组织成员全身心地投入工作中,取得好的工作绩效和工作满意度;从个人角度出发,实现工作和家庭的平衡有助于个人身心健康和生活质量的提高。来自组织和个人的双重要求和压力,迫使工作-家庭平衡计划日益受到关注。组织作为个人职业生涯发展的载体,承载了员工成长发展的责任,因此,组织的工作-家庭平衡计划是缓解个人工作-家庭冲突的重要手段。从组织角度出发,可以从以下方面实施工作-家庭平衡计划。

(一)改变工作-家庭文化

关心员工家庭问题的组织必须有更有支持力的文化。这种组织文化的核心要素是承认所有员工的家庭问题都是合理的,承认工作-家庭问题对组织本身是重要的问题。这样,组织将会懂得许多员工对职业生涯和家庭是同样重视的,这样才能使员工价值观和组织需要有效率的、有竞争力的员工这种要求相吻合。具体的政策和做法有:配偶就业帮助;工作-家庭讨论会;工作-家庭管理培训;工作-家庭支持团队;重新设计工作流程;在工作报告中包括工作-家庭问题。

(二)积极的员工支持计划

员工支持计划的范围很广,包括对员工的身体、心理、财务、育儿或家庭生活的照顾等。大多数世界一流企业都制订了各种各样的"员工支持计划"。员工支持计划通常包括以下内容。

1. 提供咨询服务和心理辅导,帮助员工化解矛盾,缓和压力

职业咨询和辅导可以帮助员工树立可行的职业发展目标,同时也对个人生活进行有效的规划。组织可以向员工提供家庭问题和工作压力排解的咨询服务或心理辅导,从而帮助员工缓解精神压力,达到关心员工身体健康的目的。此外,很多公司采取各种措施,为员工创造条件进行体育锻炼,通过各种途径帮助员工培养健康的生活方式,比如,安排体育活动、组织集体运动、为出差的员工订带有健身房的酒店等。

2. 寻求工作-家庭平衡的关键点,有针对性地提供帮助和支持

工作和家庭平衡的关键点在于帮助员工找到工作和生活的平衡点。因此,组织应了解员工所处的职业生涯阶段和家庭生命周期,并有针对性地给予员工适当的帮助。不同的家庭成长阶段可能意味着不同的需求,也会引发不同的问题。一般说来,单身员工的主要问题是寻找配偶和组建家庭;而婚后初期,适应两人生活,决定是否生育,做出家庭形式和财务要求的长期承诺成为当务之急;子女出生之后,抚养和教育子女的责任成为首要任务；子女成人后，不仅要适应空巢生活，而且又要开始为自己的父母提供衣食和财务上的照顾。这些需要会影响员工的工作情绪和精力分配，也可能形成强烈的职业方面的需要和工作动机，最终影响员工对工作的参与程度。因此，企业组织实施工作-家庭平衡计划时必须考虑员工的实际工作和生活状况，这样才能制定出有效的工作-家庭平衡措施。

3. 实现工作进展辅助

工作进展辅助是组织为帮助员工胜任现时工作，顺利完成各项工作任务而提供的辅助行为。工作进展辅助以协助员工在工作中成功累积工作经验，提高工作效率为目的。工作效率的提升有利于缓解工作的压力，更好地提升人们的工作和生活满意度。工作进展辅助的方式灵活多样，根据组织工作性质、条件的不同而不同。一般来看，组织中工作进展辅助的主要途径包括：通过有效的手段帮助员工实现其特定的目标或价值；努力采取措施，激发员工的某些能力和优势；积极改善或弥补员工在职业策划中反映出来的弱点。

（三）灵活的工作方式

灵活的工作方式是工作-家庭平衡计划的基础。灵活的工作方式使员工可以根据自身或家庭的实际情况安排工作时间，实现工作生活两不误，也保证了公司的相对稳定。灵活工作形式的主要有以下几点。

1. 弹性工作时间安排

弹性工作时间通常包括一段核心时间（如早上 10 点到下午 3 点），在这一时间内所有员工必须上班，在核心工作时间前后的几个小时之内可以灵活调整上下班时间。有了弹性工作时间安排，员工就能在一定程度上控制自己的时间，这有助于员工平衡其工作和家庭的责任，进而减少旷工和辞职。

2. 事假

另一种形式的弹性工作安排是使员工有机会请假照顾孩子和其他家庭成员。事假计划有利于留住员工。

此外，灵活的工作方式还有半日制工作、工作分担计划、远程办公等。

（四）促进工作和家庭的沟通

不少公司通过创造家庭成员参观公司或相互联谊等机会，向他们展示公司的发展状况，示范企业工作流程和操作过程，让他们体会自己家人的工作环境和条件，以及他们为公司做出的贡献，由此增强员工的荣誉感和自豪感；与此同时，还可以促进家庭成员和工作范围内成员的相互理解和认识，明确员工或家庭成员在另一范围内应承担的责任；这种方式也有助于强化员工家属对他们家人的了解和理解，有助于实现员工和家人之间更为和谐的沟通。只有当员工身心和家庭与工作实现相互协调时，员工才能够安心工作并创造出高的工作绩效。

四、个人的工作-家庭平衡计划

对个人而言，工作与家庭的平衡可以通过以下方式加以实现。
（1）设计合理的职业发展规划，有效平衡家庭与工作的关系。
（2）夫妻双方合理分配家庭责任，实现家庭与工作的平衡。
（3）合理安排工作与家庭的重点，确定优先次序。
（4）兼顾工作与生活分工，实现工作角色与家庭角色的统一。

工作-家庭关系是影响员工职业生涯发展与个人生活幸福的重要因素。制订良好的工作-家庭平衡计划已成为组织职业生涯管理的重要内容，这也是工作-家庭平衡计划被越来越多的企业和员工接受的原因。

第五节 员工援助计划

一、员工援助计划的含义

员工援助计划（employee assistance programs，EAP）最早起源于美国，随后发展迅速。根据国际 EAP 协会的定义：EAP 是一项基于工作场所的计划。该计划旨在帮助工作组织处理生产效率问题，以及帮助"雇员客户"甄别和解决个人所关心的问题，这些问题包括但不限于健康、婚姻、家庭、财务、酒精、法律、情感、压力及其他可能影响工作绩效的问题。学者对 EAP 都有自己的观点和看法，站在职业发展的角度上看，EAP 涵盖了以下内容。

（1）EAP 是为个人和组织提供的一种咨询服务。这种服务范围很广，涉及面很宽，既包括员工本人和组织，也涵盖员工家属和其他相关的人。

（2）实施 EAP 的根本目的是解决员工和组织的问题，改善个人和组织福利，从而提高组织的生产效率。

（3）EAP 由组织负责提供，而不是由员工个人或某个部门提供。对于员工来说，享受 EAP 服务是免费的。

（4）EAP 不是单一的计划，而是由一系列方案组成的，从最开始的咨询、诊断，一直到最后问题得到解决，是一个系统工程。

二、EAP 的作用

EAP 是为企业员工提供长期系统的福利与支持的项目，不仅能够提高企业的生产绩效，优化人力资源管理，同时还能帮助企业节约开支，节省成本，增强企业的凝聚力。

（一）提高企业生产经营效益

EAP 服务的原理在于：在员工出现心理问题时，可通过提供相关援助计划，缓解员工的工作压力，避免心理问题影响到员工的工作积极性，导致工作效率低下等问题。同时，减少或消除心理问题，可以改善员工的精神状态，减少因员工情绪而导致的影响企业生产绩效等问题，从而提高企业的经营效益。

（二）帮助企业优化人力资源管理

企业人力资源管理中两项重要的指标是缺勤率和离职率，这两项指标是考察企业人力资源管理有效性的重要工具。EAP 最直接的效用是可以降低这两项指标。EAP 通过帮助员工解决心理问题来提高他们的工作积极性。工作积极性提高了，员工才能减少无缘无故的缺勤。只有让员工拥有对企业的忠诚度和归属感，才能避免不合理离职现象的发生。EAP 最直观的评估数据就是缺勤率和离职率的评估，实施过 EAP 项目最明显的变化就是这两项指标的下降，从而优化了企业的人力资源管理。

（三）帮助企业降低运营成本

EAP 降低了企业的缺勤率和离职率，直接为企业降低了招聘费用及培训新员工的费用，为企业节约了开支，降低了企业运营成本。当然，EAP 实施不仅仅是为了这两项指标的降低，更多的是为企业培育健康积极的人力资源，这是一种隐性的收益。这种收益只有通过长期的反馈才能看出来。与此同时，企业为 EAP 所支付的费用从长远来看要远低于重新招聘和培训新员工所需支付的费用。

（四）增强企业凝聚力

在新时代的背景下，健康、幸福、高效的员工是企业最核心的财富。那些拥有健康的心理，又有才能的人，才能充分发挥积极性和创造性，成为为企业创造价值的宝贵财富。EAP 能够在改善员工心理压力和心理问题的同时，协助改进人际关系，使企业内部的氛围变得和谐团结，增强企业的凝聚力。

三、EAP 的核心内容

EAP 的核心内容在于采取各种措施减轻员工的工作压力，维护其心理健康，提升员工的工作士气，增强企业的核心竞争力。EAP 的核心内容包括以下几点。

（1）给这些工作组织的领导者提供咨询、培训和援助，使他们能够管理处于困境中的员工、改善工作环境、提高员工工作绩效，并培养员工和家人了解 EAP 服务。

（2）建立符合企业实际发展要求的员工心理健康评估体系。

（3）普及职业心理健康的知识，宣传职业心理健康的重要性。

（4）设计有助改善职工心理健康的外部职业环境，改善组织领导、团队构建、职业生涯等内部职业环境。

（5）开展各种形式的培训，帮助员工掌握提高心理素质的方法，增强心理抵抗力。

（6）为员工提供多种形式的心理咨询，通过电话辅导、网络辅导、面谈咨询等方法，解除员工的心理困扰。

四、EAP 的方案设计

一个完整的 EAP 方案应至少包括以下三个方面的内容。

（一）EAP 要解决的问题

EAP 的焦点是帮助制订有关员工工作及工作团队问题的解决方案，为员工提供解决个人问题的援助。一般包括年龄老化与老人看护、家庭与婚姻问题、精神健康、酗酒、职业发展路径、法律问题、压力等。

（二）解决问题的途径

任何一个问题都是由个人以外的环境因素和个人内在的个性因素共同作用的结果，并表现为个人的情绪、行为上的变化。因此通常有三条途径来解决问题：第一，针对造成问题的外部压力源本身去处理，即减少或消除不适当的管理和环境因素；第二，处理压力所造成的反应，即对情绪、行为及生理等方面症状的缓解和疏导；第三，改变个体自身的弱点，即改变不合理的信念、行为模式和生活方式等。

（三）解决问题的程序

国外优秀企业的做法常包括以下步骤。

（1）压力评估，即进行专业的员工心理健康问题评估。由专业人员采用专业的心理健康评估方法评估员工心理生活质量现状，及导致其产生问题的原因。

（2）组织改变，即对工作环境的设计与改善。一方面，改善工作的物理环境；另一方面，通过组织结构变革、领导力培训、团队建设、工作轮换、员工生涯规划等手段改善工作的软环境，在企业内部建立支持性的工作环境。

（3）宣传推广，即搞好职业心理健康宣传。利用海报、自助卡、健康知识讲座等多种形式树立员工对心理健康的正确认识，鼓励员工在遇到心理困扰问题时积极寻求帮助。

（4）教育培训，即开展员工和管理者培训。通过压力管理、挫折应对、保持积极心态等一系列的培训，帮助员工掌握提高心理素质的基本方法，增强对心理问题的抵抗力。

（5）压力咨询，即组织多种形式的员工心理咨询。对于受心理问题困扰的员工，提供咨询热线、网上咨询团体辅导、个人面谈等多种形式的方法，充分解决员工心理困扰问题。

【本章内容小结】

本章在对职业生涯、职业生涯管理、职业生涯规划、组织职业生涯规划、组织职业生涯开发等概念进行内涵与特征分析的基础之上，在对职业生涯阶段划分的各种理论进行总结和评价的基础上，将个体进入组织后的职业生涯发展经历划分为：职业生涯早期、职业生涯中期和职业生涯晚期三个阶段，并对三个阶段的个人特征、任务、问题及管理策略进行了阐述。个体在其总生命空间里，在经历职业生涯周期的同时，还要受到社会周期和家庭周期的影响，工作、家庭、自我三者是相互影响、相互作用的，个体要想取得职业生涯的发展，需要平衡工作、家庭、自我三者的关系。个体的职业生涯发展通常是依附于一定的组织来实现的，个体的职业生涯发展又有助于组织的发展。同时，组织为提高员工的知识、技能、态度，提高员工的工作绩效，要进行组织职业生涯的开发。随着管理的迅速发展，组织为处理生产效率问题及帮助"雇员客户"甄别和解决个人所关心的问题，员工援助计划迅速发展，为企业员工提供长期系统的福利与支持，从而提高企业的生产绩效，优化人力资源管理，同时还能帮助企业节约开支，节省成本，增强企业的凝聚力。

【讨论思考题】

1. 请问个人职业生涯开发的意义是什么？
2. 组织职业生涯管理的原则有哪些？
3. 从组织角度出发，可以从哪些方面实施工作-家庭平衡计划？

【案例分析6-2】

小瑞的职业生涯

45岁的小瑞是一家外资银行的市场部经理。近几年，她的一些下属已经被提升至她之上，这一事实时常提醒小瑞，自己想成为银行总裁的长远雄心已经不大可能实现了。最近，那位40岁的顶头上司——银行副总裁找她谈话，对她近来的业绩作了评估。这次谈话给了小瑞一个明确无误的印象：该银行很可能打算让她从当前的职位上退休。

实际上，在这5年中，小瑞不断在考虑自己最初的目标——成为一家银行的总裁，这种想法对自己到底有多重要。最后她得出结论：那个目标对自己仍很重要。结果是：在过去5年中，小瑞拜访了不下15家别的银行，每次她得到的都是彬彬有礼但否定的回应，因为这些机构都只雇用工商管理硕士，而小瑞只有本科学历。更重要的是，虽然小瑞非常能干，但是她搞金融工作不具备充分的、随机应变的经验，她的形象也不像一个金融从业者，更不用说银行总裁了。在这种令人灰心丧气的状态下，她还询问了其他金融机构的同行，而他们的回答与此相似，也都是否定性的。

小瑞重新检查了她为什么一直想成为银行总裁的原因。除了金钱和地位的考虑外，原来她是想得到一个机会，在更大的范围内影响银行的政策，拓展银行对社区的服务领域。搞清了这一点，她就集中精力来扩展本职工作的影响范围，寻找银行可以影响社区再投资的手段。小瑞参加了几个关于社区再投资的训练班，并说服自己的老板让她主持一个开发新市场营销的小组。她还开始担任该银行几个年轻经理的师傅，帮助他们熟悉自己的一摊业务，并帮助他们避免犯自己在早期职业生涯中犯过的错误。

小瑞不像过去那样经常在周末和晚上加班了，但她的工作业绩并没有受到影响，相反，最近的业绩评估成绩很突出。同时，她的市场营销小组正在开发几个富有创新性的项目，她在同几位银行年轻经理的交往中也获得了极大的乐趣。她已经不再纠结于没有被提升。现在的她，已经成为银行中受人尊敬的做出贡献的人了。

问题：小瑞建立了职业生涯目标吗？如果有，是什么目标？这一目标与其职业生涯早期的目标有什么不同？在职业生涯管理上，小瑞做得有效吗？具体体现在哪些方面？

第七章 绩效管理

【本章学习目标】

目标 1：理解绩效、绩效管理的内涵与特征。
目标 2：概述绩效管理的过程及每个环节的主要工作。
目标 3：阐释绩效指标体系的构成，应用绩效体系设计的方法。
目标 4：理解并应用绩效考核的各种方法。
目标 5：了解移动互联背景下绩效考核的新趋势。

【引导案例 7-1】

英国电信环球服务公司的绩效管理体系

英国电信环球服务公司是一家员工超过两万人的全球性通信服务企业。英国电信环球服务公司采取了若干步骤来有效推行名为"绩效最大化"的绩效管理体系。这个绩效管理体系的目的在于以一种更具有持续性的方式来管理和开发员工，同时营造出一种高绩效文化。

在获得管理层的支持后，该公司采取的第一步就是进行一系列的沟通工作，包括举办一次高层管理者研讨会。这样做的目的是向员工传递一个清晰的信号，从而向他们阐明三个问题：一是为什么要设计一个新的绩效管理体系；二是员工应当在其中扮演什么样的角色；三是这些不同的角色是怎样帮助公司实现成功的。

然后，为了保证业务经理的参与和对这项工作的投入，英国电信环球服务公司采取的第二步就是对这些经理人员进行培训，让他们了解自己的角色对公司的成功是多么重要。同时，培训还包括这样两个方面的内容：一是经理人员应当如何同员工一起制订有效的目标；二是经理人员如何通过为员工提供反馈和教练式辅导帮助他们实现个人成长。公司还要审议和阐明员工承担的角色，以确保他们了解组织对自己的期望是什么。

在这之后，英国电信环球服务公司还会对绩效管理体系实行持续监控，通过员工调查、业务经理的面对面会谈及团队会议等方式来收集各种数据。总而言之，英国电信环球服务公司的例子说明了，一个包括沟通计划、培训和持续监控与改进在内的新绩效管理体系是怎样有效得到推广的。

【正文内容】

绩效管理是人力资源管理的核心内容，是企业人力资源管理与开发过程的核心要素，也是提高企业人力资源质量和推进企业战略目标实现的重要手段。本章将对绩效管理的概念、流程、工具、方法等进行介绍。

第一节 绩效与绩效管理概述

一、绩效

（一）绩效的含义

绩效（performance）的含义一直较为宽泛，不同的角度有不同的解释。常见的角度主要集中于以下几点。

1. 从绩效的内涵来看，绩效可以认为是工作结果或工作行为

一种观点认为绩效是指工作结果。这种观点认为绩效应该定义为工作的结果，因为这些工作结果与组织的战略目标、顾客满意度及投资的关系最密切。结果观点所指的绩效，相当于通常所说的业绩，如工作效率、工作产生的效益和利润等。另一种观点认为绩效是工作行为，认为绩效是与组织或部门的目标有关的一组行为。这种观点认为，行为是个体可以控制的，而工作结果却在很大程度上受系统因素的影响，如果将绩效界定为由个人不可控因素导致的结果，将不利于员工的激励。

现在，越来越多的管理学者和实践者开始认识到绩效是由结果和行为组成的多维建构，结果是组织价值的体现，行为则是实现组织价值的手段，两者相辅相成。绩效不仅包括工作行为的结果，还应包括工作行为本身。

2. 从绩效包含的内容来看，绩效可以分为任务绩效和关系绩效

进入20世纪90年代以后，学者发现，员工在工作场所中的有些行为与自身工作职责没有直接关联，但却对组织效率有积极的意义。因此Borman和Motowidlo（1993）把绩效分为任务绩效和关系绩效。

任务绩效是指按照工作职责去完成工作任务的那些有助于核心流程和目标实现的互动，如生产产品、销售产品、收取存货、管理下属或传递服务等。也就是说，任务绩效是与工作任务密切相关的内容，同时也是与个体的能力、完成任务的技能、工作知识密切相关的绩效。

关系绩效是指那些支持组织、社会和心理环境的活动。关系绩效是工作情景中的绩效，能够促进群体与组织绩效，是一种过程导向与行为导向的绩效。主要内容包括：主动性、响应时间、信息反馈及时、服务质量等。

为完整考核员工的绩效表现，企业一般在绩效管理实践中认为，绩效不仅包括职责之内的结果或行为，职责之外的行为也是绩效的一种表现。

3. 从绩效涉及的层面看，绩效可分为组织绩效、团队绩效和员工个人绩效

在企业中，绩效一般又分组织绩效、团队绩效和员工个人绩效三个层次。这三种绩效所包含的内容及评估和管理的方式不尽相同。组织绩效强调集体性绩效，对组织而言，组织绩效通常包含产量、盈利、成本等财务性内容，同时包含客户满意度、员工满意度、员工士气、员工成长与发展等非财务性内容。员工个人绩效既表现为员工个人的工作结果，也表现为员工个人在工作过程中的各种行为。

尽管组织绩效和员工个人绩效有差异，但两者又是密切相关的。一方面，员工个人绩效是根基，组织绩效、团队绩效都建立于员工个人绩效之上；另一方面，团队绩效是员工个人绩效的整合和放大，组织整体绩效又是团队绩效的整合和放大。在人力资源管理范畴内，本书侧重探讨员工个人绩效管理。

综上，本书认为：绩效是指组织成员为了达到组织目标，对组织的贡献或对组织所具有的价值。绩效可以表现为工作数量、质量等结果，也可以表现为员工在实现工作过程中间的行为；绩效既包括与职责相关的行为，也包括在职责规则之外的自发行为。

（二）绩效的影响因素

绩效的优劣受制于主观、客观的多种因素。通常认为，影响绩效的四种主要因素是技能、激励、环境与机会，见图7-1。

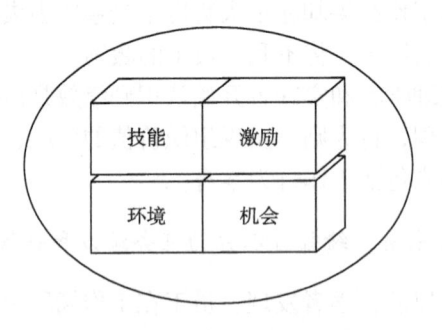

绩效=F（技能，激励，环境，机会）

图7-1 绩效的影响因素

1. 技能

技能是指员工的工作技巧与能力水平，它取决于个人天赋、智力、经历、教育与培训。组织为了提高员工的技能水平，可以在员工招聘时根据各岗位的岗位说明书进行严

格的甄选，还可以对员工进行各种技能培训或者鼓励员工进行自我学习。

2. 激励

激励是通过改变员工的工作积极性和创造性来发挥作用的。激励本身又取决于员工的需求、个性、感知、学习过程与价值观等个人特点，其中需求的影响最大。企业应该通过摸底调查，结合员工需求予以激励。

3. 环境

环境是指影响员工绩效的组织内外部环境。组织内部环境是指工作环境、劳动条件、规章制度、组织结构、企业文化等。组织外部环境是指政治、经济、市场竞争等宏观条件。

4. 机会

机会是指一种偶然性。对员工而言，被分配到什么工作岗位上，在客观必然性之外还有一定的偶然性。在特定的情况下，员工如果能够得到机会去完成特定的工作，则可能达到在原岗位无法实现的工作绩效。

（三）绩效的性质

1. 多因性

绩效的多因性是指绩效的优劣不是取决于单一因素，而是受制于主客观多种因素的影响。它既受到环境因素的影响，也受到工作特征因素的影响，还与组织的制度有关，同时更受到员工的工作动机、价值观等的影响。

2. 多维性

绩效的多维性是指绩效需要从多个维度进行分析与评估，需要结合各个方面综合考虑，各维度的权重可能不一样，考评的侧重点也不一样。

3. 动态性

员工的绩效是会变化的，绩效会随着时间的推移，或者员工的激励状态、技能水平和环境因素的变化而变化。绩效差的可能改进转好，绩效好的也可能退步变差。因此需要以发展变化的眼光看待绩效。

二、绩效管理

绩效管理在现代企业管理体系中是不可缺少的，有效的绩效管理会给日常管理带来巨大的效益。

（一）绩效管理的概念

本书认为，绩效管理是通过管理者与员工之间持续开放的沟通，采用科学的方法，对员工个人或者团队的行为表现、工作业绩等做出全面监测、分析、考核，以达到组织目标的预期利益和产出，并推动员工个人或者团队做出有利于达到目标的行为的管理过程。

对绩效管理概念的理解包括如下一些要点。

1. 系统性

绩效管理强调对绩效的系统管理。系统性主要体现在：一方面，绩效管理涵盖组织、团队、员工几个层面，要将员工绩效与团队、组织绩效融为一体，因而它不是单纯的一个步骤或一个方面；另一方面，绩效管理渗透到各个管理环节，体现了管理的计划、组织、指挥、协调、控制等职能，将组织的战略层面、管理层面和工作层面紧密结合。

2. 目标性

绩效管理强调目标管理。只有绩效管理的目标明确了，管理者和员工的努力才会有方向，才会更团结一致，共同致力于绩效目标的实现，服务于企业的战略规划和远景目标。

3. 强调沟通与指导

沟通与指导在绩效管理中起着决定性的作用。制定绩效目标要沟通与指导，帮助员工实现目标要沟通与指导，绩效评估要沟通与指导，分析原因寻求改进要沟通与指导。总之，绩效管理的过程就是管理者与员工持续不断沟通的过程，也是管理者对员工不断指导的过程。离开了沟通与指导，企业的绩效管理将流于形式。

4. 重视过程

绩效管理不仅强调工作结果，而且重视达到目标并不断改进的过程。换言之，绩效管理是一个持续改进的循环过程，这个过程不仅关注结果，更强调目标引导、沟通与指导、考核和反馈。

（二）绩效管理的环节

绩效管理是一个完整的系统。一般的绩效管理系统由如下5个环节组成，即绩效计划、绩效实施、绩效考核、绩效反馈和考核结果应用，具体见图7-2。

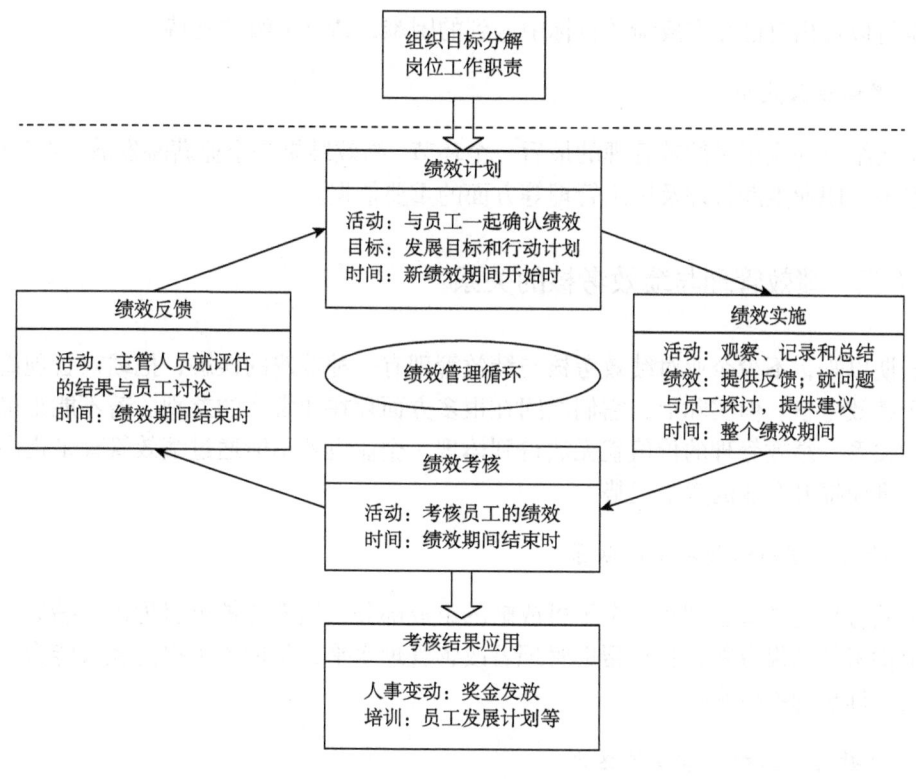

图 7-2 绩效管理的环节

1. 绩效计划

绩效计划是绩效管理的开始，是实施绩效管理的基础和关键。绩效计划是由管理者和员工双方进行沟通，制定绩效目标，确定绩效指标，明确绩效标准和行动计划的过程。绩效计划结束后，一般会订立绩效契约，它是双方在明晰责、权、利的基础上签订的一个内部协议。

2. 绩效实施

绩效实施是管理者和员工共同完成绩效目标的过程。管理者要在目标实现过程中对员工进行指导监督，与员工进行沟通，使绩效实施的过程顺利进行。同时管理者还要收集和记录员工的绩效信息。

3. 绩效考核

绩效考核也称绩效评估，是绩效管理系统的主体部分。绩效考核就是对照绩效标准，采用科学的方法，评定员工的绩效完成情况，并得出考核结果的过程。

4. 绩效反馈

绩效管理系统中，在绩效考核结束之后，管理者还需要与员工进行一次甚至多次的沟通反馈，使员工了解自己的绩效，认识自己有待改进的方面，对员工进行明确的指导；

员工也可以提出自己在完成绩效目标中遇到的困难，请求上级的支持。

5. 考核结果应用

绩效结果的应用是绩效管理的最后一个环节。绩效结果是企业薪酬发放、职务调整、培训发展、职业生涯管理及用工管理等方面的重要依据。

（三）绩效管理与绩效考核的关系

长期以来，不少企业对绩效考核与绩效管理有一种普遍的误解，把绩效管理简单地等同于绩效考核。但实际上，它们之间在很多方面存在非常大的差别。若不能正确认识两者的关系，绩效管理的价值就无法得到体现，企业也就不能通过绩效管理来提高员工绩效，进而提升企业的竞争优势。

1. 绩效管理与绩效考核的联系

绩效考核是绩效管理的一个不可或缺的组成部分，绩效考核可以为组织绩效管理的改善提供考核结果资料，真正帮助管理者改善管理水平，帮助员工提高绩效能力，帮助组织获得理想的绩效水平。

2. 绩效管理与绩效考核的区别

绩效管理与绩效考核两个概念存在非常大的区别。绩效考核是事后考核工作的结果，是绩效管理过程中的局部环节和手段，侧重于判断和评估，强调事后的考核，仅在特定的时期内出现；而绩效管理是事前计划、事中管理和事后考核所形成的三位一体的系统，是一个完整的管理过程，侧重于信息沟通与绩效提升，强调事先沟通与承诺，伴随着管理活动的全过程。其具体的区别见表7-1。

表7-1 绩效管理与绩效考核的区别

绩效管理	绩效考核
一个完整的绩效管理过程	管理过程中的局部环节和手段
贯穿于日常工作，循环往复进行	只出现在特定时期
具有前瞻性，能有效规划组织和员工的未来发展	回顾过去一个阶段的成果
注重双向的交流、沟通、监督、评价	事后的评价
侧重日常绩效的提高	注重进行绩效结果的评价
注重个人能力素质的全面提升	注重员工的考核成绩
绩效管理人员与员工之间是绩效合作伙伴关系	绩效管理人员与员工站到了对立面

（四）绩效管理的目的

总的来说，绩效管理主要有五个方面的目的。

1. 战略目的

绩效管理的首要目的在于帮助组织实现战略性的经营目标。首先根据组织的战略目标制定部门或团队的目标，然后根据部门或团队的目标确定岗位任务和员工的岗位绩效指标及其评估标准，并据此考核员工的工作成果是否达到了相应的绩效标准。绩效管理将组织的目标与个人的目标联系起来，强化了有利于组织目标达成的行为。此外，绩效管理的方式加强了管理者与员工之间的有效沟通，达到了澄清企业战略活动的作用，有利于凝聚人才，提高了企业的核心竞争力，便于企业的战略实施和战略调整。

2. 管理目的

绩效管理作为支撑企业人力资源管理的重要手段，在提高组织的有效性方面具有多种功能。管理者通过绩效管理可以衡量员工优缺点，评定工作效果好坏，决定员工的薪资或奖金的调整，决定员工晋升、降级或终止聘用，提供员工定期与管理者就绩效进行沟通的机会等，以达到管理的目的。

3. 信息传递目的

绩效管理是一种重要的沟通手段。绩效管理与战略目的相关，可以向员工传达组织及上级对他们的期望是什么，以及他们的上级认为工作的哪些方面是最重要的。绩效管理也可以让员工知道自己的表现如何，为员工提供了在哪些领域需要改进的信息。

4. 员工开发目的

现代组织应用绩效管理这一手段，主要的目的是提高员工的工作绩效，进一步开发员工技能。无论员工处在组织哪个工作层面，绩效管理体系都会通过各种绩效反馈过程，为员工指出缺点、不足和导致绩效不佳的原因。此外，还可以在绩效反馈的基础上为员工制订培训、发展和成长计划，使员工未来达到更高的绩效。

5. 档案记录目的

绩效管理还有助于组织收集一些有用的信息。这些信息可以用于几种不同的档案记录。首先，绩效数据可以用来验证最近刚刚使用的员工筛选工具的有效性。其次，绩效管理还可以帮助企业记录一些重要的管理决策信息。此外，绩效管理信息能为企业用工管理提供法律依据。

三、绩效管理在人力资源管理中的地位和作用

绩效管理是人力资源管理的重要内容，是现代人力资源管理的核心之一。绩效管理与人力资源管理其他模块的关系如图 7-3 所示。

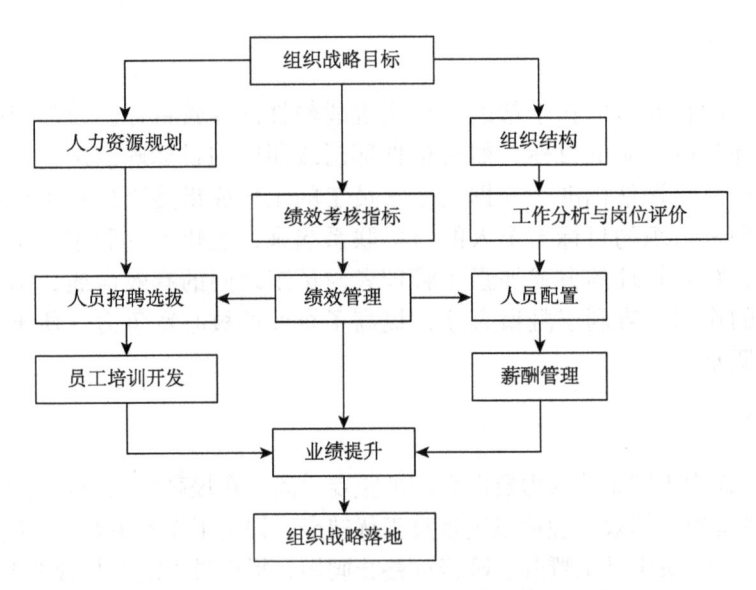

图 7-3　绩效管理与人力资源管理其他模块的关系

（一）与人力资源规划的关系

组织在制订人力资源规划时，必须考虑员工和组织的绩效管理现状，考虑员工绩效提升的空间。

（二）与员工招聘、录用的关系

组织在进行员工招聘和录用的过程中，采用各种测评手段对员工的"潜质"进行测评，侧重考察员工的一些潜在能力或性格与行为特征，从而推断员工在未来的工作中可能表现出来的行为特征。绩效考核是对员工"显质"的考核，侧重考察员工表现出来的业绩和行为，是对员工过去的业绩能力和态度的考核，绩效考核结果是对员工招聘录用的有效性的一种检验，也是对员工未来绩效表现的一种预测。

（三）与工作分析的关系

工作分析是绩效管理的重要基础，为绩效管理提供了基本依据。工作分析明确了一个岗位的工作职责及工作产出，并据此制定对岗位进行绩效考核的关键指标和标准。工作分析所产生的工作说明书是绩效考核指标的重要来源。

（四）与薪酬体系的关系

绩效是决定员工可变薪酬的重要因素之一，一般的职位价值决定了薪酬中的固定工资部分，而绩效考核结果决定了薪酬中的浮动工资部分与绩效工资等。

（五）与培训开发和员工职业生涯规划的关系

绩效管理是培训开发和员工职业生涯规划的依据。绩效管理能够向员工提供反馈，为员工的培训提供可靠的依据。同时，绩效管理可以促进员工职业生涯的规划和实现，管理者将结合员工的绩效现状和员工的发展愿望、兴趣爱好、教育背景，与员工共同制订职业生涯规划，并随时调整职业生涯规划，从而实现组织和员工的共同发展。

第二节　绩效管理过程

绩效管理是一个连续、循环的过程，这个循环中的五个关键环节分别是：绩效计划、绩效实施、绩效考核、绩效反馈、绩效考核结果的运用。

一、绩效计划

绩效计划是管理者与员工双方在充分沟通的基础上，将企业战略目标分解为团队和员工的工作目标，并对已达成共识的工作目标和工作要求进行确认而形成的契约。绩效计划是一个确定组织对员工的绩效期望并得到员工认可的过程。绩效计划必须清楚地说明期望员工达到的结果及为达到该结果期望员工表现出来的行为和技能。建立绩效考核指标体系是绩效计划阶段的核心工作。绩效考核指标体系设计在本章第三节中介绍。

（一）绩效计划的内容

绩效计划一般至少包含以下几个方面的内容。
（1）员工在本绩效管理周期内的工作目标是什么？
（2）每项工作要达到什么样的结果？
（3）每项工作完成的期限是什么时候？
（4）各项工作目标在绩效结果中的权重怎样？
（5）如何对这些工作结果进行衡量？考核的标准是什么？
（6）需要组织提供哪些资源和支持？
（7）从什么地方获取工作结果的信息？
（8）员工是否需要学习新技能以确保完成任务？

在完成绩效计划的制订后,管理者与员工往往会签署一份绩效契约,作为员工开展工作及在绩效周期结束时对其绩效完成情况进行考核的依据。绩效考核指标体系是绩效契约的主要内容,绩效契约样表如表 7-2 所示。

表 7-2 绩效契约样表

受约人	王军	职位	大客户部经理	直接主管	市场部总经理
绩效期间:2018 年 3 月 1 日至 2019 年 3 月 1 日					
绩效目标	具体指标	完成期限	衡量标准	评估来源	权重
完善《大客户管理规范》	修订后的文件	2018 年 8 月底	1. 大客户管理责任明确 2. 大客户管理流程清晰 3. 大客户的需求在管理规范中得到体现	主管评估	20%
调整部门内部组织结构	新的团队组织结构	2018 年 9 月 15 日	1. 能够以小组的形式面对大客户 2. 团队成员的优势能够互补和发挥	主管评估 下属评估	10%
完成对大客户的销售目标	1. 大客户的数量 2. 销售额 3. 客户保持率	2019 年 1 月底	1. 大客户数量达到 30 个 2. 销售额达到 2.5 亿元 3. 客户保持率不低于 85%	销售记录	50%
建立大客户数据库	大客户数据库	2018 年 12 月底	1. 大客户信息全面、准确 2. 数据安全 3. 具有深入的统计分析功能模块	主管评价	20%

受约人签字: 主管签字:

时间:

注:本绩效计划若在实施过程中发生变更,应填写绩效计划变更表,最终的绩效评估以变更后的绩效计划为准

(二)绩效计划的特点

1. 绩效计划是一个管理者与员工双向沟通的过程

建立绩效计划不仅仅是管理者单方面地提出工作要求,也不仅仅是员工自发地设定工作目标,而是双方共同讨论,就员工的工作目标、时限、标准、所需资源进行沟通。在这个双向沟通的过程中,管理者主要向员工解释说明的是:①组织整体的目标是什么;②为了完成这样的目标,我们所处的业务单元的目标是什么;③为了完成这样的目标,对员工的期望是什么;④员工的工作应该达到什么样的标准,在什么期限内完成。

员工应该向管理者表达的是:①自己对工作目标和如何完成工作的认识;②自己对工作的疑惑和不理解之处;③自己对工作的计划和打算;④在完成工作中可能遇到的问题和需要申请的资源。

2. 制订绩效计划的前提是参与和承诺

绩效计划想要起到应有的作用,除了需要符合组织的目标以外,还必须被员工认可。

社会心理学家研究发现，人们坚持某种态度的程度和改变某种态度的可能性取决于两种主要因素：一是他在形成这种态度时的参与程度，二是他是否为此进行了公开的表态，即正式的承诺。

（三）绩效计划制订的流程

绩效计划制订的流程分为准备、沟通、审定和确认三个阶段。准备阶段就是准备与绩效相关的各种信息，沟通阶段就是管理者与员工就工作目标达成一致，确认阶段就是管理者与员工共同在绩效计划书上签字认可。

1. 绩效计划的准备

绩效计划通常是通过管理者与员工双向沟通的绩效计划会议得到的。为了使绩效计划会议取得预期的效果，事先必须准备好相应的信息。这些信息主要包括以下两点。

1）组织的信息

为了使员工的绩效计划能够与组织的目标结合在一起，管理者与员工将在绩效计划会议中就组织的战略目标、年度经营计划进行沟通，并确保双方对此没有任何歧义。

2）部门或团队的信息

每个部门或团队的目标都是根据组织的整体目标分解而来的。组织的整体目标不仅可以分解到生产、销售等业务部门，也可以分解到财务、人力资源部等业务支持性部门。

2. 绩效计划的沟通

绩效计划的沟通阶段是整个绩效计划的核心阶段，这是一个双向沟通的过程。在这个阶段，管理者与员工必须经过充分的交流，对员工在本次绩效周期内的工作目标和计划达成共识。沟通的过程和方式并不是千篇一律的，通常绩效计划会议是绩效计划制订过程中进行沟通的一种普遍方式。

在进行绩效计划沟通时，首先往往需要回顾一下已经准备好的各种信息，包括组织的经营计划信息、员工的工作描述和上一个绩效周期的评估结果等。在组织的经营目标基础上，每个员工需要设定自己的工作目标，并把工作目标分解为可评估的绩效指标。绩效指标的设定方式将在本章第三节作详细介绍。

3. 绩效计划的审定和确认

在制订绩效计划的过程中，对计划的审定和确认是最后一个步骤。在这个过程中要注意以下两点。

（1）管理者和员工应确认双方是否达成了共识。绩效计划的主要目的就是让组织中不同层级的人员对组织的目标达成一致的见解。如果所有的管理者与员工的意见都能达成共识，组织的整体目标与全体员工的努力方向就会取得一致。

（2）员工的工作职责和描述已经按照现有的组织环境进行了修改，可以反映本绩效周期内主要的工作内容。管理者和员工都十分清楚在完成工作目标的过程中可能遇到的困难和障碍，并且明确管理者所能提供的支持和帮助。

二、绩效实施

绩效实施是连接绩效计划和绩效考核的中间环节，也是耗时最长的一个环节。在整个绩效周期内，管理者积极指导员工工作，与员工进行持续的绩效沟通，以期达到更好地完成绩效计划的目的，这就是绩效实施的过程。绩效实施主要包括以下方面内容：持续的绩效沟通、绩效信息的收集和记录。

（一）持续的绩效沟通

持续的绩效沟通就是管理者和员工共同工作，以分享有关信息的过程。这些信息包括工作进展情况、潜在的障碍和问题、可能的解决措施及管理者如何才能帮助员工等。

1. 持续绩效沟通的意义

持续的绩效沟通是管理者和员工推进绩效计划的需要；持续的绩效沟通是调整绩效计划的需要。持续的绩效沟通可以保持工作过程的动态性，保持它的柔性和灵敏性，及时调整目标和工作任务。

2. 持续绩效沟通的内容

管理者与员工在绩效实施过程中保持持续沟通是为了找到影响绩效目标达成的问题的答案。管理者与员工进行持续绩效沟通的内容有：①目前工作进展情况如何；②员工工作是否在正确达到绩效目标和绩效标准的轨道上前进；③哪些方面工作做得好，哪些地方需要纠正或改善；④如果偏离目标的话，管理者应采取什么纠正措施；⑤管理者需要为员工提供何种帮助；⑥是否有外界变化影响到目标的实现；⑦如果目标需要进行改变，应如何进行调整。

3. 持续绩效沟通的方式

持续绩效沟通的方式主要分为正式的绩效沟通和非正式的绩效沟通。沟通方式的选择主要取决于绩效沟通的内容和沟通双方的时间。

（1）正式的绩效沟通。正式的绩效沟通是事先计划和安排好的，根据企业管理规章制度进行的各种定期的沟通。正式的绩效沟通方式有书面报告、定期面谈和定期会议三种。

（2）非正式的绩效沟通。非正式的绩效沟通是指管理者与员工在工作过程中进行的非定期的、形式灵活的沟通，非正式的绩效沟通没有固定的模式，可以利用工作间隙在会议室或者员工的工作岗位旁进行，也可以利用联欢会、聚会的形式进行，随着信息化的普及，企业办公系统、即时通信工具等成为管理者和员工进行绩效沟通的非正式渠道。

（二）绩效信息的收集和记录

所有的决策都需要信息，绩效管理也不例外。没有充足有效的信息，就无法掌握员工工作的进度和所遇到的问题；没有有据可查的信息，就无法对员工的工作结果进行考核并提供反馈；没有准确必要的信息，就无法使整个绩效管理的循环进行下去，并对组织产生良好的影响。

1. 信息收集与记录的目的

（1）提供绩效考核的事实依据。绩效考核需要明确的事实依据作为支撑，用事实说话，不能凭感觉，这些信息除了可以对员工的绩效进行考核外，还可以作为晋升、加薪等人事决策的依据。

（2）提供绩效改进的事实依据。进行绩效管理的目的是改善和提升员工的绩效，在和员工进行绩效沟通和反馈时，需要结合具体的事实，向员工说明目前的差距及如何改进和提高。

（3）发现不良绩效和优秀绩效的原因。对绩效信息的收集和记录可以使组织积累一些绩效表现的关键事件，可以帮助组织发现优秀绩效或者不良绩效形成的原因，利用这些信息帮助其他员工改进和提高绩效。

（4）劳动争议中的重要证据。保留翔实的员工绩效表现记录，也是为了在发生劳动争议时，组织有足够的事实依据。这些记录可以保护组织的利益，也可以保护员工的利益。

2. 信息收集的内容

收集的信息主要包括：①目标和目标值达到或未达到的情况；②员工受表扬或批评的事件；③工作绩效突出或低下的具体数据或证据；④成绩或问题的原因分析的依据或数据；⑤绩效问题谈话记录等内容。

3. 信息收集的方法

信息收集的方法包括观察法、工作记录法、他人反馈法等。

观察法是指管理者直接观察员工在工作中的表现并记录下来的方法。

工作记录法是指通过工作记录的方式将员工的工作表现和结果记录下来。

他人反馈法是指管理者通过其他员工的汇报、反映来了解某些员工的工作绩效情况，如通过调查顾客的满意度来了解售后服务人员的服务质量。

在实践中，一般会几种方法综合运用，方法运用得正确有效与否直接关系到信息质量的好坏，并最终影响到绩效管理的有效性。

三、绩效考核

绩效考核也叫绩效考评或者绩效评估，是绩效管理中关键的一个环节。绩效考核结果会对人力资源管理其他职能产生重要影响，也关系着员工的切身利益，受到全体员工的重视。绩效考核需要在考核周期结束时选择相应的考核主体和考核方法，收集相关的信息，对员工完成绩效目标的情况做出考核。绩效考核的具体方法在本章第四节中介绍。

（一）绩效考核的实施原则

1. 客观原则

绩效考核应该根据明确规定的考核标准，针对考核资料客观地进行，尽量避免掺入主观性和感情色彩。

2. 明确化、公开化原则

企业的绩效考核标准、程序和责任都应当有明确的规定，并且应当在实施过程中遵守。同时，这些规定应当对全体员工公开，这样才能使员工对绩效考核产生信任感，也能对考核结果持理解、接受的态度。

3. 差别原则

绩效考核应当有明显的差别界限，对不同的考核等级应在薪酬、晋升等人事决策方面体现出明显的差别，使绩效考核具有激励性。

（二）绩效考核主体的确定

考核主体是对员工的绩效进行考核的人员。考核主体一般包括 5 类成员：上级、同事、下级、员工本人和客户。由于组织中岗位的复杂性，仅凭一个人的观察和考核，有时很难对员工做出全面的绩效考核，因此在实施考核的过程中，可以由不同岗位不同层次的相关成员组成考核主体。

1. 上级

上级是最主要的考核主体。上级考核的优点是：由于上级对员工有直接的管理责任，上级特别是直接上级通常最熟悉员工的工作情况；上级作为考核主体，有利于上级监督和引导员工行为，保证管理的权威。

2. 同事

同事和被考核者在一起工作，因此他们对其工作情况也比较了解，同事一般不止一人，可以对员工进行全方位的考核，避免个人的偏见，此外还有助于促进员工在工作中的配合。同事考核的缺点是人际关系的因素会影响考核的公正性，还可能造成相互的猜疑，影响同事关系。

3. 下级

下级作为考核主体，优点是可以促进上级关心下级的工作，建立融洽的员工关系；下级对上级的领导管理能力有较多的感受和了解。下级考核的缺点是有可能顾及上级的感受，不敢真实地反映情况；有可能削弱上级的管理权威，造成上级对下级的迁就。

4. 员工本人

员工本人作为考核主体进行自我考核，优点是能够增加员工的参与感，加强自我开发意识和自我约束的意识，有利于员工对考核结果的接受。缺点是员工对自己的考核往往偏高，如果自我考核和其他主体考核的结果差异较大时，容易引起矛盾。

5. 客户

客户作为考核主体是指由员工服务的对象对员工进行绩效考核。客户考核有助于员工更加关注自己的工作结果，提高工作质量。缺点是客户主要侧重员工的工作结果，不利于对员工进行全面的评级。

（三）绩效考核中可能存在的问题

在绩效考核中，可能会存在以下几个方面的问题。

1. 考核依据产生的问题

（1）绩效考核标准不清晰。
（2）绩效指标不科学。
（3）考核的内容不够完整。

2. 考核主体主观因素产生的问题

在绩效考核中，考核主体往往是考核结果可靠性的重要决定因素。但在考核过程中，考核主体总是会存在一些心理干扰，影响考核的质量。

（1）晕轮效应。晕轮效应是指考核主体对某一方面绩效的考核影响了对其他方面绩效的考核。在考核中将被考核者的某一特点扩大化，以偏概全，通常表现为一好百好，或一无是处，要么全面肯定，要么全面否定，因而影响考核结果。例如，对于一个不太友好的考核对象，考核主体通常会认为其"与其他人相处的能力较差"，而且也极可能认为该员工在其他方面的表现也较差。这种情况显然会影响考核的客观性。

（2）宽松或严厉效应。绩效考核要求考核具有某种程度的确定性和客观性，但考核主体要做到完全"客观"是很难的。出现宽松或严厉效应的原因主要是缺乏明确、严格、一致的判断标准，考核主体往往根据自己的价值观和过去的经验进行判断，在考核标准上主观性很强。

（3）趋中效应。趋中效应是指给大多数员工的考核得分在"平均水平"的同一档次，并往往是中等水平或良好水平，这也使考核结果具有统计意义上的集中倾向，无论员工的实际表现如何，统统给中间或平均水平的考核。这样做的结果是使考核结果失去价值，因为这种绩效考核不能在人与人之间进行区别，既不能为管理决策的制定提供帮助，也不能为人员培训提供有针对性的建议。这样，绩效考核必定是含糊的，无法对员工形成正面、有效的引导。

（4）近因效应。近因效应是指考核主体对被考核者的近期行为表现往往产生比较深刻的印象，而对整个考核期间的工作表现缺乏长期了解和记忆，以"近"代"全"，仅对最后一阶段进行考核。尤其当被考核者在近期内取得了令人瞩目的成绩或犯下过错时，近因效应会使考核主体出现偏高或偏低的倾向。

（5）对比效应。对比效应是由于考核主体对某一员工的考核受到之前的考核结果的影响而产生的。比如，假如考核主体刚刚评定完一名绩效非常突出的员工，紧接着评定一名绩效一般的员工，那么很可能将这名绩效本来属于中等水平的人评为"比较差"。对比效应也很可能发生在考核主体无意中将被考核者新近的绩效与过去的绩效进行对比的时候，例如，一些以前绩效很差而近来有所改进的人可能被评为"较好"。

四、绩效反馈

绩效反馈是绩效考核后非常重要的一环。绩效反馈主要是通过管理者与员工的沟通，使员工明确自己的绩效现状，了解管理者对自己的期望，找出工作中的不足并加以改进；双方共同探讨绩效未合格的原因并制订绩效改进计划，协商下一个绩效周期的绩效目标，制定新的绩效契约。绩效反馈面谈是组织中最为常用的一种绩效反馈方式。

（一）绩效反馈面谈的意义

（1）绩效反馈面谈可以使绩效考核公开化，确保考核的公平和公正。
（2）使员工意识到自己工作中的不足，有利于改善绩效。
（3）绩效反馈面谈可以排除目标冲突，有利于增强企业的核心竞争力。

（二）绩效反馈面谈的实施过程

1. 明确陈述面谈目的

面谈开始，管理者首先要清晰、明确地告知员工面谈的目的在于对过去工作的回顾、总结，对下一阶段工作的计划安排，清楚地让员工明白此次面谈要做什么。

2. 回顾计划及完成情况

管理者应该根据"职位说明书""绩效计划""绩效评估表"对员工的工作进行回顾，让员工认识到自己的工作与部门或团队目标、组织目标之间的关系，以及自己的完成情况。在这个过程中，管理者要注意事实的准确翔实、描述的客观公正，进行积极正面的考核，善意地提出建设性意见。

3. 告知下属考核结果

考核结果应该是基于客观考核的打分结果，应具有客观性、公正性，能够拿得出证据，让员工心服口服。

4. 商讨下属不同意的方面

由于管理者与员工双方的地位不同、认识不同，对于考核结果的认可程度有可能不一致。管理者需要以积极的态度、参与式的倾听，了解员工的想法、困难和期望，积极予以协助。最终双方争取能够达成一致，为后期的工作合作奠定良好的基础。

5. 与员工制订具体的绩效改进计划并商讨新的目标

绩效较差的，需要分析绩效差的原因，制订绩效改进计划，提出警告与期望，并进一步考察；对于绩效合格人员，也要提供指导，并制订改进计划及培训计划；绩效较好的，鼓励其继续发扬优点，并对其进行培养提高，探讨今后的发展；绩效优秀的，不仅要表扬、奖励，还要研究其发展潜力，在此基础上，确定下一绩效考核周期的目标。

（三）绩效反馈面谈的技巧

管理者在进行绩效面谈时，需要注意以下一些技巧。

1. 对事不对人

应该强调客观结果，不要涉及员工人格。管理者要表明他所关心的是哪方面的绩效，说明员工的实际情况与要求达到的目标间的差距，从而共同努力减少差距。

2. 谈具体、避免一般

不要作泛泛的、抽象的一般性面谈，而要拿具体结果来支持结论，援引数据，列举实例。

3. "三明治式"沟通

在进行绩效反馈面谈时，首先应表扬特定的成就，给予真心的肯定，这样有利于建立融洽的气氛；然后提出需要改进的"特定"的行为，诚恳地指出不足和错误，提出能够让员工接受的改善要求；最后以肯定和支持结束，表达对员工未来发展的期望。

4. 保持双向沟通

切忌管理者唱独角戏，应当引发员工真诚的交流。

五、绩效考核结果的运用

绩效考核结果的运用，直接关系到绩效管理成功与否，也对绩效管理的效果有很大的影响。绩效考核结果主要运用于以下方面。

（一）用于员工报酬的分配和调整

绩效考核结果主要用于员工报酬的分配和调整。具体的运用主要体现在：一是运用到可变薪酬的计算方面。为了强调薪酬的公平性并发挥薪酬的激励作用，员工的薪酬中都会有一部分与绩效挂钩。当然由于职位不同，与绩效挂钩的薪酬在总薪酬中所占的比例也有所不同。二是运用到员工岗位薪酬等级调整中，如对绩效考核连续两年结果为"优"的员工，可以晋升一级工资，而对当年考核结果为"不合格"的员工降一级工资。

（二）用于招聘与甄选

绩效考核的结果是组织制订招募方案的重要依据。在研究招募与甄选的效度时，通常都选用绩效考核结果作为员工实际绩效水平的替代，绩效考核结果在人员招聘与甄选的过程中担当重要的效标作用。也就是说，如果甄选是有效的，那么甄选时表现好的人员的实际绩效考核结果也应该好；反之，就有两种可能，要么甄选没有效度，要么考核结果不准确。

（三）用于人员调配

员工绩效考核的结果是人员调配的重要依据。人员调配不仅包括纵向的升迁或降职，还包括横向的工作轮换。如果绩效考核的结果说明某些员工无法胜任现有的工作岗位，就需要查明原因并进行职位调换；同时，通过绩效考核还可以发现优秀的、有发展潜力的员工，对于在潜力测评中表现出特殊的管理才能的员工，可以进行培养。

（四）用于人员培训与开发决策

通过绩效考核将员工的实际考核结果与职位要求作比较，可以发现培训的需求。一旦发现员工在某方面存在不足进而导致不能完全胜任工作时，就可以对员工进行培训。另外，组织也有可能出于对未来发展的考虑，当绩效考核结果显示员工不具备未来所需要的技能或知识时，对员工进行培训。另外，绩效考核结果还可以作为培训的效标，也就是用绩效考核结果衡量培训效度。

（五）用于员工职业发展规划

员工绩效考核结果计入员工职业发展档案，管理者和员工根据目前的绩效水平和过去绩效提高的过程，协商制订员工的长远工作绩效和工作能力改进提高的体系计划，以及在企业中的未来职业发展规划，以促进员工绩效不断提高。职业发展规划也是激励员工的重要手段。

第三节　绩效考核指标体系

建立绩效考核指标体系是绩效计划阶段的核心工作。完整的绩效考核指标体系包括绩效目标、绩效指标、绩效标准、指标权重、绩效周期、行动方案等内容，是考核内容经过层层分解而形成的层次分明的结构体系。本节就绩效考核指标体系中的绩效指标、绩效标准、指标权重、绩效周期、设计的方法重点进行介绍。

一、绩效指标

绩效指标是指绩效考核的考核项目或考核因子，指的是在绩效考核过程中，组织要对员工的哪些方面或哪些要素进行考核，解决"考核什么"的问题。

（一）绩效指标的分类

绩效指标体现了组织对员工的基本要求。绩效指标是否科学合理，直接影响到绩效管理的质量。由于绩效的多因性，绩效指标的内容也颇为复杂。绩效指标一般分为以下四类。在实际操作中，组织所处的环境不同，管理工作的特点不同，高层管理者的偏好不同，因此都可能使组织在进行绩效考核时，偏重其中一类或几类。

1. 工作业绩

工作业绩指标是对员工工作的结果或履行职务的结果的考核，它是对组织中员工贡献程度的衡量，是绩效考核中最本质的内容，能直接体现出员工在组织中的价值大小。通常来说，工作业绩主要指能够用具体数量或金额表示的工作成果，这是最客观的标准。例如，利润、销售收入、产量、质量成本费用、市场份额。

2. 工作行为

工作行为指标主要是对员工在工作中表现出的相关行为进行考核，衡量其行为是否符合组织规范和要求，是否有成效。由于对行为很难用具体数字和金额来精确描述，组织常常使用行为描述的方式或者频次等来描述员工的工作行为，并据此进行考核。这类考核也可以有客观性指标，如出勤率、事故率、违纪次数、客户满意度等，可以是行为的等级考核。

3. 工作能力

工作能力是员工在职务工作中所发挥出来的能力，这里的能力主要体现在四个方面：专业知识和相关知识；相关技能技术和技巧；相关工作经验；所需体能和体力。由于需要管理者对员工的工作能力做出判断，此类标准多为主观性指标，如人际技能、沟通技能、协调技能、公关技能、组织技能、分析和判断技能、处理和解决问题的技能等。

4. 工作态度

工作态度指标是对员工在工作中的努力程度的考核，即对其工作积极性的衡量。工作态度是工作能力向工作业绩转换的中介变量，在很大程度上决定了能力向业绩的转化，当然同时还应考虑到工作完成的内部条件和外部条件。员工的工作态度也很难用具体数字或金额来描述，因此在衡量员工的工作态度时，也需要管理者对员工表现出的工作态度做出判断，故此类指标也主要为主观性指标。常用的指标有主动性、创新精神、敬业精神、自主性、忠诚感、责任感、团队精神、事业心等。

（二）绩效指标设计的原则

在设计绩效指标时，通常要求符合 SMART 原则，包括以下几点。

1. 明确具体的

绩效目标应该尽可能细化、具体化，便于员工理解，从而有助于绩效的实现。

2. 可衡量的

尽量以可衡量的方式描述绩效目标，使员工的实际绩效能与之相对照，在操作时更具可操作性。

3. 行为导向的

绩效目标应该可以引导员工的行为，使员工很明确地知道通过什么样的行为可以达到目标。

4. 切实可行的

为员工制定的绩效目标应该是在员工能力所及的范围之内的，但同时要对员工具有一定的挑战性，从而既不使员工失去信心，又能激发员工的潜能。

5. 时间限制性

为员工设定的目标必须是要在一定的时间范围内完成的，每项工作都不可能无限拖延。

二、绩效标准

（一）绩效标准的要素

一般来说标准是事先确定的标尺。员工不仅要知道自己应该做什么，还应该知道工作的要求，即标准。

一个完整的绩效指标与其标准一般包括四个构成要素，即指标名称、指标操作性定义、等级标志、等级定义。其中，等级标志和等级定义往往合二为一，形成了与绩效指标对应的绩效标准。等级标志是用于区分各个等级的标志性符号；等级定义规定了与等级标志对应的各等级的具体范围，用于揭示各等级之间的差异，如表 7-3 所示。

表 7-3　绩效指标与绩效标准的四个要素示例

指标名称	销售收入增长率			
指标操作性定义	截至本年度 12 月 31 日，销售收入较上一年度增长的百分比			
等级标志	A	B	C	D	E
等级定义	>20%	15%~20%	10%~15%（含）	5%~10%（含）	<5%

绩效指标规定了从哪些方面来对工作产出进行衡量或考核，绩效标准规定了在各个指标上分别应该达到什么样的水平。绩效指标解决的是需要考核"什么"的问题，绩效标准解决的是要求被考核者做得"怎样"、完成"多少"的问题。下面是一些绩效指标与绩效标准的区别示例（表 7-4）。

表 7-4　绩效指标与绩效标准的区别示例

绩效目标	绩效指标	绩效标准
销售利润	年销售额 税前利润百分比	年销售额 20 万~50 万元 税前利润率 18%~20%
新产品设计	创新性 相对竞争对手产品的偏好程度 提出新创意的数量	至少有 3 种产品与竞争对手不同 在不告知品牌的情况下对顾客进行测试，发现选择本公司产品比选竞争对手产品的概率要高 提出 30~40 个新创意
零售店销售额	销售额增长率	销售额比上年同期增长 5%~8%

续表

绩效目标	绩效指标	绩效标准
销售费用	实际费用与预算变化	实际费用与预算费用相差5%以内
竞争对手总结	预定的时间表	能在制定的期限之前提供关于竞争对手的信息总结数据

（二）绩效标准的分类

绩效标准的分类非常多，常见的分类有以下几种。

1. 按照标准的属性，可以分为绝对标准和相对标准

（1）绝对标准，即建立员工工作行为特质标准，然后将达到该项标准列入评估范围内，而不在员工之间相互作比较。

（2）相对标准，即把员工之间的绩效表现进行相互比较，将被评估者按某种向度作顺序排名，或将被评估者归入先前决定的等级内再加以排名。

2. 按照标准要求的高低，可以分为基本标准和卓越标准

（1）基本标准。基本标准是期望员工达到的水平，主要用于判断员工的绩效是否能够满足基本要求，决定一些非激励性的人事待遇。

（2）卓越标准。卓越标准是指对员工未做要求和期望，但希望达到的高水平。主要用于识别角色榜样，决定激励性的人事待遇。

三、指标权重

（一）权重的概念

权重是一个相对概念，一般是针对某一个或一些指标而言的。某一指标的权重代表了该指标在整体绩效考核中的相对重要程度。一般情况下，权重之和为1或者100%。

组织一般根据自己的特点和需要分配权重。权重实际上体现了各考核指标在总体考核指标中的重要程度。事实上，没有重点的考核就不算是客观的考核，每位员工的工作性质和职位层次不同，其工作的重点肯定也是不一样的。对工作所进行的业绩考评，必须对不同内容对目标贡献的重要程度做出估计，即确定权重。

（二）权重的作用

1. 突出重点目标

在多指标考核中，设定权重可以突出重点指标的作用，使多指标结构优化，实现整体最优或满意。

2. 确定单项指标的评分值

权重作用的实现，取决于绩效指标的评分值，每项指标的考核结果是它的权数和它的评分值的乘积。当某项绩效指标评分值很小甚至等于零时，那么权重的作用就不是很明显，权重的大小对总结果影响不大；若各项绩效指标的评分值相差不大，这时权重的取值对考核结果的影响就会比较明显。表 7-5 是某公司季度和年度考核的权重分配示例。

表 7-5 某公司季度和年度考核的权重分配

季度考核		年度考核	
考核维度	权重	考核维度	权重
结果指标	80%	结果指标	70%
态度指标	20%	能力指标	15%
		态度指标	15%

四、绩效周期

（一）绩效周期的含义

绩效周期是指多长时间对员工进行一次绩效考核。由于绩效考核需要耗费一定的人力物力，绩效周期过短会增加企业管理成本的开支；绩效周期过长又会降低绩效考核的准确性，不利于员工工作绩效的改进。

（二）影响绩效周期的因素

绩效周期的确定要考虑以下几个因素。

1. 职位的层级和性质

不同的职位工作的内容和复杂性不同，对能力、智力和素质的要求也不一样，因此绩效考核的周期也应当不同。高层管理者的考评周期往往为半年或一年；中层管理人员的考评周期为半年或季度，专业人员一般为季度或月度，操作类人员一般为月度。

2. 指标的性质

不同性质的绩效指标，考核的周期也不同。一般来说性质稳定的绩效指标考核周期相对要长一些；相反，则考核周期相对短一些。例如，员工的工作能力比工作态度相对要稳定一些，因此能力指标的考核周期相对比态度指标就要长一些。

3. 业绩反应周期的长短

对于实行目标管理的组织，可把实现组织阶段性目标的周期作为考评周期，根据实际情况，可以是一年或更长，也可以是半年或者每季每月进行评估；对于实行合同制的企业，可以把整个合同期作为考评的周期，也可将合同制划分为若干阶段作为评估区间。

五、绩效考核指标体系设计的方法

（一）目标管理

1. 目标管理的含义

目标管理（management by objectives，MBO）的概念是由美国管理大师彼得·德鲁克于1954年提出的。目标管理是以目标为中心，以设立目标、目标实施、对目标完成情况的考核和反馈为循环的管理过程；是以实现组织目标为目的的全面管理体系，是创造并巩固信息交流网络的管理制度。

2. 目标管理的特点

（1）目标明确。制定明确的目标对于完成工作具有重要意义。制定"跳一跳够得着"的明确目标，能够充分调动员工潜能，促使员工努力完成既定目标。

（2）协商决策。目标管理通过有效沟通、上下协商、逐级制定的方式确定组织目标、部门目标乃至员工个人目标，使目标相互关联衔接，形成完整的目标体系。

（3）自我控制。目标管理寻求不断地将实现目标的进展情况反馈给员工，以便他们能够持续调整和修正自己的行动计划。

（4）结果导向。虽然可以设置阶段性目标，体现总体目标的过程进度，但是不论过程目标还是总体目标，最后的评判依据都是各个目标的完成情况。

3. 目标管理的过程

目标管理是企业管理目标最常用的工具，包含以下四个过程：①目标的制定；②目标的执行；③目标达成的追踪考核；④目标完成情况的反馈。

（二）关键绩效指标

1. 关键绩效指标的含义

关键绩效指标（key performance indicator，KPI）是当前组织中常用的一种的系统化的绩效考核技术。它以帕累托法则为理论基础，即每个部门和每个员工80%的工作任务是由20%的关键行为完成的，抓住20%的关键行为，对之进行分析和衡量，就能抓住绩效的中心。

KPI是通过对组织内部流程的输入端、输出端的关键参数进行设置、取样、计算、分析，来衡量流程绩效的一种目标式量化管理指标，是把组织的战略目标分解为可操作的工作目标的工具。

2. 关键绩效指标的特点

（1）指标能衡量重点工作，强调导向性。
（2）指标层层分解任务，具有系统性。
（3）重要工作流程清晰，指标可控。

3. 设计KPI的基本程序

（1）明确组织的整体战略目标，并找出组织关键业务领域的KPI。
（2）各部门主管依据整个组织的KPI建立本部门的KPI，并对本部门的KPI进行分解，确定相关的要素目标，分析绩效驱动因素，确定实现目标的工作流程。
（3）将各部门的KPI进一步细分，分解为更细的KPI及各职位的绩效衡量指标，这些绩效衡量指标就是员工绩效考评的依据。
（4）设定考评标准。
（5）审核关键绩效指标，以确保这些关键绩效指标能够全面、客观、准确地反映被考评者的绩效。表7-6列出了某公司的关键绩效指标分解情况。

表7-6 某公司关键绩效指标分解

公司业务重点	公司级KPI	一级部门KPI	二级部门KPI	
		人力资源部	招聘室	培训室
1. 在2022年内维持或增加市场份额 2. 通过减少废品数量提高利润率	1. 市场份额维持在30%以上 2. 废品、次品数量减少5%	1. 销售人员及时满足率100% 2. 在生产部推行全员品管圈（quality control circle，QCC）活动 3. 生产人员技能合格率95%以上	1. 销售人员及时满足率100% 2. 改进面试方法，以招聘更优秀的销售人员	1. 全年进行3次QCC培训 2. 三月底前开发完成QCC培训课程 3. 全年QCC培训覆盖率95%以上，生产人员技能合格率95%以上

（三）平衡计分卡

1. 平衡计分卡的含义

平衡计分卡（balance score card，BSC）源自20世纪90年代初美国教授罗伯特·卡普兰和咨询顾问戴维·诺顿所从事的"未来组织绩效衡量方法"的研究。当时该计划的目的在于找出超越传统的以财务为主的绩效考核模式，以使组织的"策略"能够转变为"行动"。

平衡计分卡法就是运用财务、顾客、内部流程、学习与成长四个维度指标之间相互驱动的因果关系，展现组织的战略轨迹，衡量组织的绩效，实现绩效考核和绩效改进，从而实现组织短期利益和可持续发展的平衡。平衡计分卡法以提升组织战略执行能力为出发点，始终以组织的战略为核心，将组织战略目标逐层分解转化为各种具体的绩效考核指标，见图7-4。

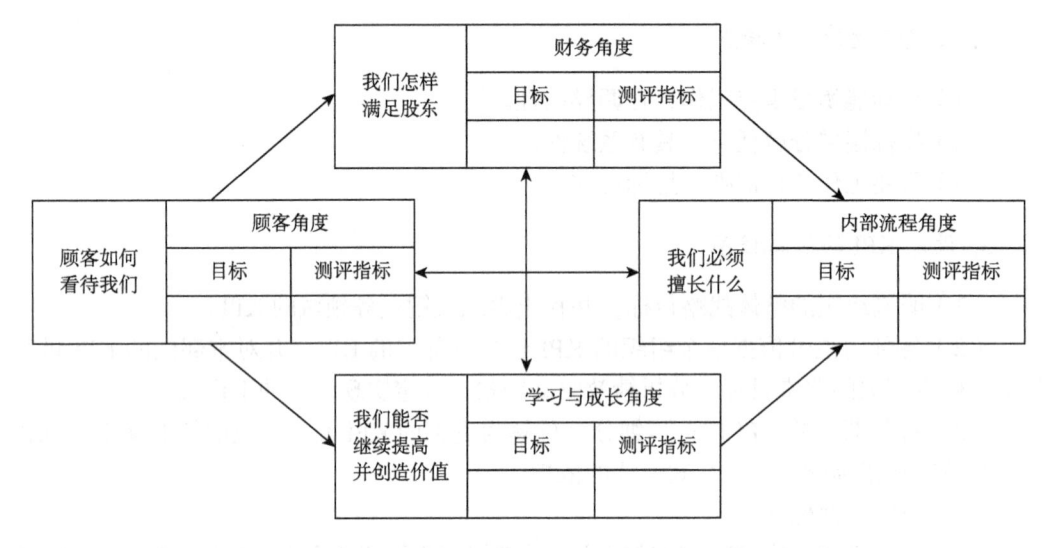

图7-4 平衡计分卡法的内容

平衡计分卡包含四个不同方面的内容。

（1）财务方面：其目标是解决"我们怎样满足股东？"这一类问题。关注的是管理者的努力是否对企业的经济效益产生了积极的作用。因此，财务方面是其他三个方面的出发点和归宿。常见的财务指标包括销售额、利润率、资产利用率等。

（2）顾客方面：其目标是解决"顾客如何看待我们？"这一类问题。平衡计分卡要求管理者把为顾客服务的声明转化为具体的测评指标，这些指标应该能够真正反映与顾客相关的因素，包括时间、数量、质量和服务、成本。常见的客户指标包括送货准时率、客户满意度、产品退货率、合同取消数等。

（3）内部流程方面：其目标是解决"我们必须擅长什么？"这一类问题。优异的顾客绩效来自组织中所发生的流程、决策和行为。管理者需要关注那些使组织能满足顾客需要的关键的内部经营活动。内部过程方面的指标应该来自对顾客满意度有最大影响的业务流程。常见的内部过程指标包括生产率、生产周期、成本、合格品率、新产品开发速度、出勤率等。内部过程是组织改善其经营业绩的重点。

（4）学习与成长方面：其目标是解决"我们能否继续提高并创造价值？"这一类问题。环境和竞争要求组织不断改进现有产品和流程，只有持续不断地开发新产品，为顾客提供更多价值并提高经营效率，组织才能够发展壮大，从而增加股东价值。学习与成长方面的指标将注意力引向组织未来成功的基础，涉及人员、信息系统和市场创新等问题。

2. 实施平衡计分卡的步骤

（1）明确愿景和战略。组织愿景和战略要简单明了，并对每一部门均具有意义，这有助于各级管理者就企业的使命和战略达成共识。

（2）战略目标沟通。成立平衡计分卡领导小组或委员会，负责解释组织的愿景和战略，使各级管理者能在组织中就战略要求进行上下沟通，并把组织战略目标与各部门及员工目标联系起来，即将组织基于战略分解的平衡计分卡目标落实到各部门的计分卡中，再落实到关键管理者和关键员工这一层面。

（3）基于战略的业务规划。各级管理者将利用平衡计分卡所制定的目标作为分配资源和确定先后顺序的依据，采取能够推动组织实现长期战略发展目标的措施并注意协调。

（4）加强内部沟通与教育。在组织、部门和员工层面建立反馈机制，经常听取员工意见，修正平衡计分卡衡量指标，改进组织战略。

（5）建立绩效激励机制。建立并实施薪酬浮动机制，充分发挥员工的主动性和创造性，将个人目标与组织战略保持一致，有效执行组织战略并实现长期发展。三种绩效考核指标体系设计的方法比较见表 7-7。

表 7-7 三种绩效考核指标体系设计的方法比较

项目	目标管理	关键绩效指标	平衡计分卡
时代	20 世纪 50~70 年代	20 世纪 80 年代	20 世纪 90 年代
性质	管理思想 重视工作与人的结合	指标分解的工具与方法 将战略与绩效指标结合	集大成的理论体系 将战略管理与绩效管理结合
对象	个人	组织、群体、个人	组织、群体、个人
特征	员工参与管理 体现"我想做" 自我管理与自我控制	战略导向 指标的承接与分解 指标层层分解、层层支撑	战略导向 目标的共享与分享 承接与分解强调因果关系、平衡
关注点	管理、考核（关注结果）	管理、考核（关注结果）	管理、考核（关注过程和结果）
构成要素	目标 指标 指标值	战略 关键成功领域 关键绩效要素 关键绩效指标	●使命、核心价值观、愿景 ●战略客户价值主张 ●四个层面目标 ●指标、目标值、行动方案
指标设计	根据组织目标，由上下级协商确认	根据战略，自上而下层层分解	根据使命、核心价值观、愿景、战略、客户价值主张等，依据四个层面分别制定
指标关系	指标之间基本独立	指标之间基本独立	四个层面的因果关系导致指标之间有关联性

第四节 绩效考核的方法

绩效考核的方法有很多，根据所使用标准的不同，可以分为三类——比较法、量表法和描述法。无论哪一种绩效考核方法均各有优缺点，应该根据实际情况进行选择。通常情况下，组织对各类人员的绩效考核，往往采用的是上述几种方法的组合。

一、比较法

比较法（comparison method）是指在对员工进行相互比较的基础上对员工进行排序，形成一个员工工作的相对优劣的考核结果。比较法的主要考核方法包括简单排序法、交替排序法、配对比较法和强制分布法。

（一）简单排序法

在简单排序法中，管理者按员工绩效表现从好到坏的顺序给员工依次进行排序，这种绩效表现既可以是整体绩效，也可以是某项特定工作的绩效。这种绩效排序一般适用于小型组织，当组织的员工数量比较多时，以这种方法区分员工绩效就比较困难。

（二）交替排序法

如果要进行绩效对比的员工比较多，那么管理者给员工绩效进行依次排序就会比较困难。这时，可以应用交替排序法。具体做法是：首先，将需要进行考核的所有下属人员名单列举出来，将不是很熟悉因而无法对其进行考核的人的名字划去。其次，确定在被考核的某一特点上，哪位员工的表现是最好的，哪位员工的表现又是最差的。最后，在剩下的员工中挑出最好和最差的。依此类推，直到所有必须被考核的员工都被排列到表格中为止。

运用交替排序法进行绩效考核的最大优点是简单实用，考核结果也一目了然。但是这种方法是在员工中间进行比较，会迫使员工相互竞争，容易对员工造成心理压力，而且笼统地用"最好"或"最坏"来表示绩效也不能准确定义贡献大小。

（三）配对比较法

配对比较法是指在某一绩效标准的基础上，将每一个员工都与其他员工进行比较，以此来判断谁"更好"，记录每一个员工在与任何其他员工比较时被认为"更好"的次数，根据次数的高低给员工排序。

这种方法相较于交替排序法的优点在于考虑了每位员工与其他员工绩效的比较，比简单排序法更加客观。但是配对比较法的缺点是：如果被考核的人数较多，工作量将较大。

（四）强制分布法

强制分布法也叫硬性分布法，就是事先确定绩效等级和相应比例，然后按照每位员工的绩效情况分配到某一等级。在这种方法下，绩效考核结果不再着重于具体排序，而是着重于每个人的绩效等级，见图 7-5。

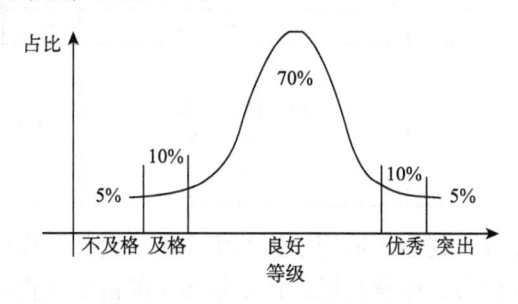

图 7-5 爱立信公司强制分布法示例

强制分布法有利于管理控制，特别是在引入员工淘汰机制的组织中，它能明确筛选出淘汰对象。员工担心因多次落入绩效最低区间而遭解雇，因而具有强制激励和鞭策功能。当然，它的缺点也同样明显，如果一个部门员工的确都十分优秀，如果强制进行正态分布划分等级，可能会带来多方面的弊端。因此应该充分考虑部门的绩效情况，根据部门业绩决定员工的绩效等级分布比例，而不是各个部门执行同样的比例。

二、量表法

量表法（scaling method）就是将考核内容分成若干维度，再将每一维度划分为几个不同的等级，考核主体根据员工的实际绩效表现情况对每一项目进行打分，并把各项得分相加，即得出每个人的绩效考核分数。具体来说，量表法包括以下几种不同的考核技术。

（一）图尺度考核法

图尺度考核法（graphic rating scale，GRS）也称等级考核法，是最简单和运用最普遍的绩效考核技术之一。表 7-8 列举了一些考核要素，规定了从 s 到 d 的等级标志，对每个等级标志都进行了说明并规定了不同的得分。考核主体在熟悉考核量表及各个考核要素后，根据标准结合员工日常工作表现给出每个考核要素的得分。

表 7-8 图尺度考核法示例

评价要素	评价尺度	权重	得分	事实依据及评语
专业知识：经验及工作中的信息知识	30　24　18　12　6 s　$a\checkmark$　b　c　d	30%	a	（略）

续表

评价要素	评价尺度	权重	得分	事实依据及评语
计划能力：对要完成的工作的有效计划	15　12　9　6　3 s　a　b√　c　d	15%	b	（略）
沟通能力：以书面和口头方式清晰明确地表达思想、观念或者事实的能力	10　8　6　4　2 s　a√　b　c　d	10%	a	（略）
……	……	……	……	……
s：极优 a：优 b：良 c：中 d：差	最终得分：62 分 最终档次：b	档次划分		s：80 分以上 a：65~79 分 b：49~64 分 c：33~48 分 d：16~32 分

图尺度考核法开发成本较小，适用于组织中全部或大部分岗位。但这种方法的主要缺点是不能有效地指导行为，也就是说，评定量表不能清楚地指明员工必须做什么才能得到某个确定的评分，考核等级的描述比较模糊和抽象，不同的考核主体对于每一等级的理解存在差异，因而造成评估标准不一致。

（二）行为锚定量表法

行为锚定量表法（behaviorally anchored rating scale，BARS）是由美国学者史密斯和肯德尔于 1963 年研究提出的。该方法中每一水平的绩效均用某一标准行为来加以界定，是传统的图尺度考核法和关键事件记录法（见本节后半部分相关内容）的结合。

该方法一般需要先确定关键事件，再初步建立关键考核指标，然后重新分配关键事件，并确定相应的绩效考核指标，接着确定各关键事件的考核等级，最终才能建立起行为锚定考核量表。行为锚定量表法示例如表 7-9 所示。

表 7-9　行为锚定量表法示例

维度	行为锚	分值
工作量——员工每个工作任务的工作量	有非常优异的生产记录	5 优秀[ ]
	很勤奋，超额完成	4 良好[ ]
	工作量令人满意	3 一般[ ]
	刚好达到要求	2 较差[ ]
	没有达到最低要求	1 极差[ ]
可信赖程度——只需要最少监督就能令人满意地完成指定工作的能力	所需的监督是最低限度的	5 优秀[ ]
	需要很少的监督，是可以信赖的	4 良好[ ]
	通常在适当督促下能完成规定的工作	3 一般[ ]
	有时需要督促	2 较差[ ]
	需要密切督促，不可信赖	1 极差[ ]

续表

维度	行为锚	分值
工作知识——员工为取得满意的工作绩效应该具备的有关工作任务的信息	已经完全掌握所有的工作任务	5 优秀[ ]
	理解所有的工作任务	4 良好[ ]
	对工作任务有一定认识，能回答有关工作的大多数问题	3 一般[ ]
	缺乏对某些工作任务的认识	2 较差[ ]
	对工作任务认识不足	1 极差[ ]

行为锚定量表法相比其他绩效考核方法，需要花费更多时间，使用的工作类型也有限。但是这种方法也存在一些十分明显的优点，首先，绩效考核之间的独立性较高，设计人员将众多的关键事件归纳为5~8个绩效指标，绩效指标之间的相对独立性较强。其次，考核尺度更加精确。行为锚定量表法中使用的考核尺度，相对于其他各类考核方法更准确，有详细的行为描述。最后，该方法具有良好的反馈功能，能够向员工提供指导和信息反馈，指出其行为缺点。

（三）行为观察量表法

行为观察量表法（behavioral observation scale，BOS）是行为锚定量表法的一种变异形式，也是从关键事件中发展出来的一种绩效考核方法。行为观察量表法是在考核各个具体的项目时给出一系列有效的绩效行为，考核主体通过指出员工表现出各种行为的频率，来考核其工作绩效，如某种行为发生的频率从"几乎没有"到"几乎总是"。行为观察量表法示例见表7-10。

表 7-10　行为观察量表法示例

克服变革的阻力
1. 向下属描述变革的细节
几乎从来不　1　2　3　4　5 几乎常常如此
2. 解释为什么必须变革
几乎从来不　1　2　3　4　5 几乎常常如此
3. 与员工讨论变革会给员工带来何种影响
几乎从来不　1　2　3　4　5 几乎常常如此
4. 倾听员工的心声
几乎从来不　1　2　3　4　5 几乎常常如此
5. 在使变革成功的过程中请求员工的帮助
几乎从来不　1　2　3　4　5 几乎常常如此
6. 如果有必要，会就员工关系的问题定一个具体的日期进行变革后的跟踪会谈
几乎从来不　1　2　3　4　5 几乎常常如此
总分数_____
很差　　尚可　　良好　　优秀　　出色
6~10分　11~15分　16~20分　21~25分　26~30分

行为观察量表法并非考核员工做某项工作的水平或优劣程度，而是观察员工做某项

特定行为的频度,设定与频度相关的分值。这样,在每项行为方面评定分值的基础上,可根据实际需要将各个方面设定不同的权重,从而得出综合分。

行为观察量表法容易将高绩效与低绩效区分开来,能够维持客观性,便于提供反馈和确定培训需求,很容易被使用。但是这种方法也存在考核不能量化、主观性太强的缺点。若观察的目标较多,则会出现较大的失误。这种方法一般适用于行为模式比较固定、简单的职位。

三、描述法

描述法是指考核主体用叙述性的文字来描述员工在工作业绩、工作能力、工作态度等方面的优缺点,以及需要加以指导的事项和关键事件等,由此得到对员工的综合考核。通常,这种方法是作为其他考核方法的辅助方法来使用的,比较常用的描述法有评语法和关键事件记录法。

(一)评语法

评语法是常见的以一篇简短的书面鉴定来进行考核的方法。考核主体以一篇简洁的文字来描述员工的业绩。这种方法集中描述员工在工作中的突出行为,而非日常业绩。考核的内容、格式、篇幅、重点等全由考核主体自由掌握,不存在标准规范。

评语法的优点在于操作简单,对员工的考核深刻,在对员工今后的绩效改善帮助方面,有时可以称得上是一种最好的考核方法。其缺点在于考核结果在很大程度上取决于考核主体的主观意愿和文字水平。此外,由于没有统一的标准,不同员工之间的考核结果难以比较。

(二)关键事件记录法

关键事件记录法由美国学者弗拉赖根和伯恩斯共同创立,在某些考核中应用关键事件记录法,会使考核更具有针对性。关键事件记录法就是通过观察来记录员工完成工作时特别有效或特别无效的行为,依此对员工进行考核。表7-11为运用关键事件记录法对工厂的助理管理人员进行工作绩效考核的实例。

表 7-11 关键事件记录法示例(工厂的助理管理人员)

工作责任	目标	关键事件
安排工厂的生产计划	充分利用工厂中的人员和机器;及时发布各种指令	为工厂建立新的生产计划系统:上个月的指令延迟率降低了10%,上个月机器利用率提高了20%
监督原材料采购和库存控制	在保证充分的原材料供应的前提下,使原材料的库存成本降到最小	上个月使原材料库存成本上升了15%,A部件和B部件的订购富余率为20%,而C部件订购短缺率为30%

续表

工作责任	目标	关键事件
监督机器的维修保养	不出现因机器故障而造成的停产	为工厂建立了一套新的机器维修和保养系统；由于及时发现机器部件故障，阻止了机器的损坏

关键事件记录法适用于那些工作职责的目标相对难以量化，但是工作流程和行为标准比较明确的职位。关键事件记录法可以为考核主体向员工解释绩效考核结果提供确切的事实证据。但这种方法需要进行观察记录，管理者往往难以坚持。

四、考核方法的选择

不同的考核方法各有特点，管理者只有选择合适的考核方法，才能在管理的成本和效用上做到兼顾。一般来说，选择考核方法主要考虑以下几点。

（一）考核指标特性

根据考核指标的分类可知，不同类型的指标在结果导向与行为导向、主观与客观等方面具有各自的特性。基于考核指标特性选择具体的考核方法组合，不仅具有可操作性，而且能够保证考核的有效性。

（二）绩效数据的可获得性

管理者在选择绩效考核方法的时候，要考虑获取该指标的绩效数据的可行性和方便性，对于绩效数据的类型、来源、规模要有相应的具体要求。因此管理者要根据考核指标在绩效数据上的差异化要求，选择相应的考核方法。

（三）考核结果的应用目的

同一个考核指标，由于考核结果的应用目的不同，所选择的考核方法也会不同。例如，"交叉销售计划完成率"这个指标，如果用于支持晋升决策，可以使用配对比较法，如果用于分析培训需求，则可以使用图尺度考核法。

（四）考核方法的使用成本

不同的考核方法成本差异较大，相对来说量表法对专业人员和资金投入的需求高于比较法和描述法。管理者应该根据组织的实际情况，在形成相对准确的考核结果并满足考核要求的前提下，选择成本可接受的考核方法。

第五节　基于移动互联的绩效管理模式

随着以云计算、大数据化、社交化为代表的新技术、新应用的蓬勃发展，以及管理对象的年轻化、价值观的多元化等，绩效管理也面临着一系列的管理困境。如何让绩效管理适应新环境的变化，继续成为提升员工绩效的管理工具，逐渐成为各级管理者需要认真思考的课题。

一、移动互联背景下绩效管理的新趋势

随着移动互联网的蓬勃发展，组织形态越来越呈现多象限化的特征，每个员工在组织和业务流程中都成为一个独立的节点，同时借助各种社交化的工具，员工可以在组织内和组织外以自媒体的形式进行交互。

在以互联为导向的绩效管理体系设计中，绩效管理需要从人际互联、业务互联、数据互联三个角度进行重新构建，以适应移动互联时代的管理要求。

（一）人际互联

随着移动互联化的发展，组织的去中心化趋势越来越明显，每位员工都可以成为一个核心，并且依据相应的项目或职能将其他员工整合成一个团队。同一个员工可以是某个项目或者某项职能的主管，同时也可以是其他项目或其他职能的参与者。这种组织形态需要以员工为核心，以职能为依据，以互联为导向，进行全新的绩效管理设计。

（二）业务互联

以互联为导向的绩效管理是真正以人为中心的，所有业务都是围绕着人来进行整合的，使人真正成为管理的核心和终极目标。这种模式的绩效管理既要将各项业务和人紧密地整合到一起，又要以人为中心将各项业务进行有机整合，以实现移动化场景下的互联应用。借助社交化的工具，绩效管理也可以整合组织内外部的资源，打破组织壁垒。比如，可以让用户直接参与产品或项目的即时评价，实现用户驱动的绩效考核和绩效改进机制。

（三）数据互联

数据存储的云端化为数据互联提供了强大的技术支持，也为绩效管理提供了数据采集、数据集成和分析、数据应用的基础。以互联为导向的绩效管理，不再只是事后数据收集和依据关键绩效指标的考核标准进行机械考核，而是随时随地地采集数据，动态监控和管理，从而能更真实地掌握绩效进展情况，并让管理者及时给出调整和改进建议。

二、基于移动互联的 CDS 绩效管理模式的设计

CDS 绩效管理模式是借助云计算（cloud computing）、大数据（big data）、社交（social）的新技术进行开发设计，提供基于绩效数据和移动互联应用的全新的绩效管理模式，即通过云计算实现移动互联化的绩效执行和绩效数据实时采集，通过大数据实现绩效数据的统计分析和应用，通过社交化实现全过程的绩效沟通辅导和开放性的绩效数据共享。CDS 绩效管理模式的设计思路见图 7-6。

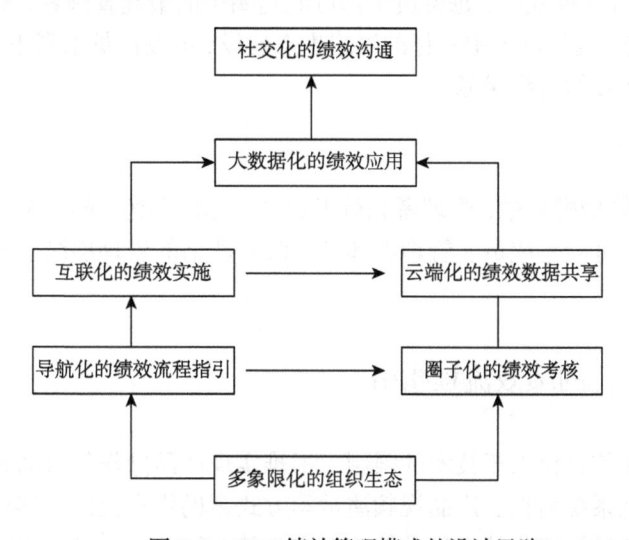

图 7-6　CDS 绩效管理模式的设计思路

（一）多象限化的组织生态

多象限化的组织生态实际上就是组织的去中心化，打破原来以管理者为中心的组织设计和流程，在多象限化的组织生态中，每位员工都是一个关键的信息源，可以依据这个信息源设计专门的考核体系，设置独立的考核流程，如员工可以和用户直接接触，对自己负责的产品或功能全权负责，每个员工都可以交叉参与不同的项目或团队，根据分担角色的不同，累积计算员工的绩效等。

多象限的组织生态建设可以有效地消除绩效信息系统中的信息孤岛和应用孤岛，让

组织和员工真正实现人员协同、流程协同、信息协同、应用协同等。

多象限化的组织生态具有以下特征。

1. 组织互联化

在 CDS 绩效管理模式中，组织设计不再遵循层级结构，而是遵循圈状结构。对于员工来说，他可以担任最高管理者，负责一个圈子的工作推荐和成员管理，或者加入其他圈子，接受他人的管理。员工通过加入不同的圈子，实现组织和人才的互联。

2. 组织平面化

在 CDS 绩效管理模式中，多象限化的组织生态呈现的是平面化特征，所有员工都出于同一平面，任何员工都可以轻松地和其他员工沟通，而不需要通过任何组织层级的传递。组织平面化彻底打通了组内沟通的层级壁垒，可以让每位员工既是信息的接收者，也是信息的传播者。

3. 员工中心化

在 CDS 绩效管理模式中，每位员工都可能是圈子的最高管理者，对圈子内的成员要承担管理者的角色。这种员工中心化的组织生态建设，可以让员工真正实现"当家作主"，为人才经营提供坚实的组织保障。

4. 角色动态化

在 CDS 绩效管理模式中，管理者和员工都是动态的角色，同一个人在不同的圈子中可能是管理者，也可能是成员。管理者和员工没有严格的管理层级上的区分，完全基于圈子角色来定位。

（二）导航化的绩效流程指引

传统绩效管理信息化由于技术的限制，很难实现产品操作的自动导航，一般通过系统帮助手册、实施系统培训、产品视频演示等方式帮助用户使用。移动互联模式的绩效导航设计，可以通过智能化的操作导航、自主化的系统学习、简洁化的功能操作、可视化的流程等，帮助用户快速熟悉系统。

1. 导航智能化

CDS 绩效管理模式遵循绩效管理的业务规则，从业务开始的功能节点自动导航到业务结束的功能节点，智能化引导用户进行操作，用户无须通过查看菜单选择下一步的业务走向。比如，人力资源部启动绩效考核后，系统会自动将附有绩效指标设置界面链接地址的消息发送给考核范围内的所有对象，包括考核者和被考核者，并将消息同时推送到员工的邮箱及移动端。员工进入个人中心，点击推送消息的链接地址或者进入邮箱进行点击，可以进入输入界面，每次输入自动保存，并根据考核流程设置推送给考核者。

2. 学习自主化

CDS 绩效管理模式根据绩效考核的业务逻辑和业务规则，对操作的流程进行自动设计，员工可以通过点击下一步，自主熟悉每项绩效业务的操作。同时，在每个最关心的节点，绩效系统还可以给用户提供参考数据和资料。

3. 操作简洁化

CDS 绩效管理模式要求每项绩效业务的操作步骤都力求简洁，一般是通过 3 个以内的步骤就能完成该项业务。比如，在 CDS 系统中设置绩效指标，关键步骤只有绩效指标内容输入和结果提交两个。操作步骤越简洁，员工在操作上花费的时间就会越短，用户体验自然就会上升。

4. 流程可视化

CDS 绩效管理模式中，用户按照要求填写完绩效指标的规定内容，可以自由选择考核者，绩效流程将自动进入该对象的个人中心，并将消息推送给该对象。这种图形化的流程选择，使复杂的考核流程不再依靠后台的机械配置，而是在移动终端展现出来，让绩效导航具有可视性。

（三）互联化的绩效实施

移动互联技术的发展，为移动办公提供了技术支撑和现实可能。基于这一技术的绩效信息系统，能让绩效执行的所有环节都移动互联化，用户可以在任何时间、任何地点处理与绩效管理业务相关的任何事情，从而让绩效管理模式彻底摆脱时间和空间的束缚，实现管理价值的最大化。

1. 操作移动化

在 CDS 绩效管理模式中，不管是静态的环境，还是动态的环境，用户都可以进行绩效操作。比如，出差的管理者，可以查询团队成员的工作进展，并通过系统提供的社交化工具进行反馈，了解工作执行的细节。

2. 应用碎片化

应用碎片化要求每次绩效执行的时间很短，同时每项任务的执行时间都是随机的，用户可以在任何可能的时间里启动功能操作。

3. 执行互动化

CDS 绩效管理模式可以在绩效设计、绩效实施、绩效考核、绩效沟通等所有阶段提供互动功能，实现不同考核主体之间的及时沟通和交流。执行互动化既可以通过系统的功能设计实现，又可以通过社交化工具实现。

4. 监控实时化

由于所有的绩效数据都会及时更新并上传到云端，管理者随时随地都可以对绩效进展状况进行监控，及时发现绩效异常点，通过分析具体原因，提供管理建议；组织者和监督者也可以实时监控绩效体系运行状况，了解绩效工作的具体进展，并对偏离公司要求的行为进行纠正。

（四）圈子化的绩效考核

圈子化是社交化的一个常用工具。圈子化就是由具有某种共同特性的人群，通过互联网技术及社交化工具聚合在一起。这些特性可以是共同的兴趣和爱好，可以是共同的理念和价值，可以是共同的组织属性，可以是共同的利益诉求。在 CDS 绩效管理模式中，主要关注的是用户圈和工作圈。通过圈子建设，让用户和同事等圈子成员参与绩效评估，建立移动互联时代圈子化的考核机制。

1. 方案圈子化

在圈子化绩效考核设计中，可以根据员工角色和不同的圈子关联进行绩效考核。另外还可以根据绩效考核导向和具体的绩效指标类型，选择最适合的考核圈子。比如，涉及用户满意度的关键绩效指标，适合通过用户圈进行绩效考核；涉及员工学习与成长的关键绩效指标，适合通过工作圈进行绩效考核。在绩效考核过程中还可以通过圈子进行沟通和交流。

2. 流程自主化

在 CDS 绩效管理模式中，每位员工都是自组织结构的老板，可以自定义本人考核流程的具体走向。由于每位员工都可以自主定义考核流程设置，人力资源部门和管理者不需要单独针对每位员工进行定义。

3. 结果归总化

绩效管理模式不仅能按多象限化的组织生态部署不同的考核方案，还可以对员工在不同的组织生态中的业绩评价结果进行归总计算和分析。模型中的绩效考核结果可以按照对应的组织生态独立应用，也可以将员工所有组织生态中的绩效考核结果归总后进行集中应用。

（五）云端化的绩效数据共享

在云平台上部署应用系统，可以轻松实现数据互联和业务互联，为绩效数据的采集和应用提供强大的技术支撑。绩效管理模式中的绩效数据都是保存在云端的，讲究数据的实时性、开放性和准确性。

1. 采集实时化

移动互联技术在管理领域的重大突破就是打破了时间和地域限制，CDS绩效管理模式可以实现实时采集绩效数据，保证绩效数据的及时性和准确性。比如，考勤管理和签到管理，可以通过了解员工的位置信息，确保采集到的考勤和签到数据的真实性，也能保证绩效考核结果的真实性。

2. 存储云端化

CDS绩效管理模式完全基于云计算进行产品设计和部署，绩效数据可以通过移动终端随时上传，保存在云端运算架构的存储空间中。

3. 过程数据化

CDS绩效管理模式不仅可以记录结果数据，还能记录过程数据。对过程数据进行采集和统计，可以对员工的绩效行为进行动态分析，并对高绩效行为和低绩效行为进行判定。

4. 共享开放化

绩效数据的利用率越高，越能体现其价值。CDS绩效管理模式倡导数据的开放共享，不同的使用者可以通过共享的数据信息来挖掘管理潜力。比如，人力资源工作者利用绩效数据对员工的能力和职位匹配性进行评估；管理者利用绩效数据修订员工的绩效改进计划。

（六）大数据化的绩效应用

在使用基于云计算技术构架的互联网绩效管理模式时，通常会产生信息、行为、关系等三个层面的数据。这些数据不断地沉淀和积累，会达到海量级别，大数据化就是针对这些数据进行分析，帮助企业对员工绩效进行预测和决策。

1. 数据层分析

数据层应用是大数据分析最基础的应用。在CDS绩效管理模式中，数据化应用基本分为两个层次：第一个层次是原始考核数据的收集和存储，CDS绩效管理模式可以实时采集这些海量的绩效数据，也可以根据每条数据的产生时间进行节点判断，并通过大数据进行分析和评估。第二个层次是绩效评估结果的大数据分析。将考核结果应用模型对员工的绩效考核进行匹配，确定对应的绩效位置，并寻找最合适的管理解决方案。

2. 行为层分析

行为层应用是针对CDS绩效管理模式中的非结构化信息进行大数据分析，来判断员工的行为特征、能力结构和价值导向；也可以发现公司存在的管理短板，并制订相应的改进和提升计划。

3. 关联层应用

关联层应用是针对绩效信息系统中产生的大数据进行分析，并将分析结果应用于公司管理的其他方面。比如，通过用户反馈的绩效考核数据对公司市场策略、产品策略，乃至公司总体战略进行调整，以便吸引更多的用户，提升企业的市场竞争力。

（七）社交化的绩效沟通

社交化是指依托互联网技术和社会化网络工具，建立个人之间的关系网络。CDS 绩效管理模式中的社交化，包括外部社交化和内部社交化。外部社交化主要面向和工作相关的用户，建立包含用户在内的企业社交网络。内部社交化主要是面向组织内部的所有员工，建立企业内部的社交网络。

1. 外部社交化

外部社交化可以通过圈子、论坛、微博、微信、QQ 等社交化网络工具，将用户或者其他关注的外部对象纳入企业的社交体系，甚至让他们参与企业的运营。在 CDS 绩效管理模式中，外部社交化可以通过用户的参与采集用户的反馈信息，并对内部员工进行绩效评估。

2. 内部社交化

内部社交化主要借助圈子、论坛等自由工具来构建，有时也可以采用外部工具，从而形成企业内部完善的社交网络，便于员工进行绩效沟通。员工通过内部社交化工具，可以及时了解其他员工的工作进展，或者自己的工作进度将影响对方的工作业绩。这就需要员工随时进行沟通，了解别人的工作进展，并将自己的工作进展及时传递给别人。

【本章内容小结】

本章首先介绍了绩效、绩效管理的基本知识，其次按照绩效管理的五个环节，逐一介绍了各环节的具体工作内容，最后将绩效考核中较为关键的绩效考核指标体系设计、绩效考核方法做了单独的介绍。本章能帮助读者了解绩效管理在人力资源管理各项职能工作所占有的重要地位，为读者建立恰当的绩效观点、明晰绩效管理工作的各个环节工作内容、选用恰当的指标和适当的方法提供支持。随着以云计算、大数据化、社交化为代表的新技术、新应用的蓬勃发展，CDS 的绩效管理模式是适应新环境的一种新的探索。

【讨论思考题】

1. 绩效考核与绩效管理之间的联系和区别是什么？
2. 一份完整的绩效计划一般应包含哪些基本内容？
3. 如何理解绩效反馈的重要性？

【案例分析 7-2】

联想集团的特色绩效管理

如果你看到联想集团的绩效考核表格，一定觉得不太规范，甚至有点乱，但这正是联想集团的特色绩效管理。

一、个人、团队双指标体系共存

夏伟（化名）是研发部门的一名普通员工，春节前后经常傻笑，因为快到年终考核了，自己觉得业绩很好。然而等到结果出来时，夏伟的喜悦骤然少了许多。更让夏伟不能理解的是，另一个研发团队的张帆（化名）开拓的新项目没有自己多，绩效成绩竟然比自己高。夏伟觉得奇怪，公司的报酬不是和业绩直接挂钩的吗？

满腹疑问的夏伟找到人力资源部，得到的解释是：虽然夏伟开拓的新项目多，但团队整体的开拓成绩平平；而张帆个人的新项目开拓虽然没有夏伟强，但其团队成绩高。眼下团队成绩的权重比较大，加权之下夏伟的业绩确实比张帆低了些，这些考核方式都在第四季度开始的时候做过宣讲。

这是联想集团绩效管理平衡的措施之一，"对于不便于把指标细化到每一个人身上的部门来讲，联想集团认为这部分业务刚好也是异常强调团队协作的业务，团队业绩的好坏直接影响着个人绩效。"联想集团招聘总监卫宏说。

因此，绩效考核后的收入计算公式就是，收入=$P \times Q \times G$，其中，P是部门业绩考核系数；Q是个人业绩考核系数；G是岗位工资。这个公式虽然简单，不过作为一个复变多元函数，操作的难度和复杂性都是很大的。因为在一定时期内，G值是固定的，P和Q就成了导向性的"旗帜"，给部门和员工工作行为和努力方向做出指挥，尤其是员工个人不能控制的系数P，对员工的导向性很大，这也是联想集团平衡个人和团队协作的法宝之一。

对于指标极其明确，甚至很容易分配到个人的产品或销售部门，联想集团则尽量考核到人，比如，华东区的年度销售任务，每个销售人员的目标会非常明确，集团无须再为某个销售团队设立考核指标，直接到人反倒更明确。

联想集团华东区域总部人力资源总监曹金昌觉得这样看似混乱的双指标体系能共存，正是联想集团在指标设置环节的特色。"设置指标其实是绩效考核的关键，联想集团也遭遇过很多因为指标不明晰、不个性而带来的麻烦。慢慢地，我们摸索出了一条道路，在设置指标的时候尽量做到全面。"曹金昌所说的全面，包括4个方面的内容：①根据不同的业务设置不同的考核指标；②尽可能定量；③指标的界定一定要十分清楚，描述也要让员工看得明白；④设置指标时一定要和员工进行沟通。

二、每个人都要有个性化目标设置

在联想集团每个员工都有两个目标：短期和中长期目标。短期目标都是由公司根据企业的目标分解到员工头上的，而中长期目标则是每一个员工对自己未来的描述。每年年初，联想集团的员工都要向部门领导交一份自己的中长期发展规划。如果这份规划和部门领导对员工的判断一致，该规划就生效，人力资源部门也会创造各种条件，提供尽可能多的资源帮助员工；如果员工对自己中长期的发展规划和部门领导对其的观察、定位不一致，双方就一定要坐下来沟通。联想集团认为不管是什么样的考核方式，调动员工的积极性和创造性才是最终目的，而不是完全按照上级的意思办事。

为了做到考核尽量个性化，联想集团先从部门的个性化开始抓起，针对个性化表现不那么明显的销售部门，联想集团为每个销售人员都建立了一套销售系统，登录该系统就可以看到自己年度内的所有计划、完成情况等信息。

对于绩效考核的难点——职能和研发部门的考核，联想集团也力争个性化，在考核的过程中也动用了大量的人力和物力。

联想集团把研发部门分成研究院和二级研发机构。虽然同为研发工作人员，但这两个系统的人员所从事的工作大不相同。研究院多从事基础性和前瞻性的研究，以保障联想集团未来的竞争力，而二级研发机构则多从事产品的更新换代等工作。

王明（化名）是二级研发机构的研发人员。联想集团在考核他的时候，主要考虑两个方面的指标：研发周期和工程化。"现在产品的更新换代快，我们会根据市场上同类产品的淘汰周期，以及联想集团想要达到的业界标准确定研发周期。"曹金昌说："研发周期反映在市场上就是一个企业的市场反应速度，直接决定着企业能否跟上消费者的步伐。"工程化指标则包括研发转化成产品的时间、件数，以及一次生产成功率等，是衡量研发成果转化成市场价值的有效手段。当然除了这两个硬性的指标，客户的满意度也是衡量二级研发机构员工绩效的重要指标之一。

研究院的考核指标与二级研发机构大相径庭，专利数是考核研究院的主要指标，同时还有论文发表数和国家课题的参与数。

研发人员在联想集团是可以换岗的，如果二级研发机构的研发人员，喜欢从事基础性的研究工作，可以申请调到研究院去，去的当季度，绩效考核内容随之发生变化。

不仅不同的部门有不同的绩效指标，根据业务的发展阶段，联想集团也采用不同的考核指标。联想集团一般把业务分为成熟业务、发展中业务、新兴业务。一般情况下，成熟业务更关注利润的成长，并将质量提升作为部门考核指标；发展中业务需要继续推进销量与销售额的提高，更关注销售额；新兴业务则更关注销量。

三、在联想集团，你永远是"小马拉大车"

了解联想集团的人都知道，联想集团部门内给员工强制排序，把员工强制性地分成A、B、C三等，虽然不同团队之间这种分歧是保密的，但拿到C甚至B的员工都会黯然。这个时候人力资源工作者必须努力向C级别的员工说明，这样分级的目的是更有效地利用资源，团队会根据他所处的级别，给予他相匹配的资源合作和有针对性的帮助指导等。

一般情况下，联想集团的季度考核成绩主要影响薪资浮动，而年度考核则与调岗或辞退、培训与个人发展、薪资等级调整、红包、股权、升迁、评优等结合。

既然实行了绩效管理，联想集团就一定要让绩效成绩和员工紧密相关。联想集团的企业文化中有一条就是要求员工"踏踏实实工作，正正当当拿钱"，反映到具体的管理措施中就是用人不唯学历重能力，不唯资历重业绩，一切凭业绩说话。

每个员工进入联想集团的时间可能有先后，但只要有能力，创造出显著的业绩，都可以得到重用。在联想集团因为业绩突出，一年之内提升三次者有之；进入联想集团仅三个月，能力强得到重用者有之。这也迫使员工不断给自己提出更高的要求，在提高中去应对工作的压力和挑战。

资料来源：http://bbs.chinahrd.net/thread-746561-1-1.html[2013-08-02]，内容有改动。

问题：联想集团的绩效管理可以给其他企业建立绩效管理体系提供什么借鉴？

第八章　薪酬设计与福利管理

【本章学习目标】

目标1：理解薪酬的广义和狭义内涵，了解薪酬的影响因素。
目标2：阐释薪酬设计的基本理论与方法，薪酬设计的内容、原则及薪酬体系的设计流程。
目标3：阐释常见企业工资制度、分类及其设计方法和步骤。
目标4：阐释各类奖励计划的种类及其设计原则和方法，计划实施的关键问题。
目标5：阐释员工福利的内涵和特点、员工福利体系的设计原则及步骤。

【引导案例8-1】

某连锁超市培训主任张先生："薪酬固然是重要的，尤其是对于已经在职场上拼了近10年的人来说，但也许并不是唯一重要的，如果企业给予你充分的发展空间、成就感，就可以连同薪酬综合来考虑。在单纯因为薪酬的原因想离开企业之前，一定要自问一下，什么对你是最重要的。"

某通信公司总裁夏先生："企业发展到一定阶段后，很多老总可能会觉得薪酬不是最重要的，最重要的是给员工发展空间，但前提应该还是要在拿到充足的薪水下再给他空间，毕竟，薪酬是留人很重要的一方面，这是永远无法回避的，一定要意识到这一点。"

北京某空调公司副总经理周先生："作为公司的创始人之一，发工资时，总在想什么时候，才能把这个钱多发一些给大家。因为我觉得，这个企业所有利润不是老板个人创造的，而是所有人创造的，是团队创造的，只是这里面不同的角色起的作用不一样。快乐与大家分享，何乐而不为。"

某公司员工："第一次换工作的时候，可以说没怎么考虑薪酬的因素。当时入职的是一家国内知名的软件公司。在面试结束的时候就特意观察了一下公司。我看到的是一张张年轻的踌躇满志的面孔，公司的氛围、工作方式及节奏等都让我有一种'相见恨晚'的感觉，所以义无反顾地投身进去。那时薪水是2500元左右。尽管一年以后离开了，但还是觉得那是一家很不错的公司。这些年又陆续换了几家公司，薪水维持在5000~6000元。但是却不像以前那么满足了，必须承认，现在再换工作的时候，除了公司的发展前景、规模、文化以外，薪酬水平也是一个无法回避的因素。"

问题：你认为薪酬包含哪些方面？不同的员工更注重什么？

【正文内容】

薪酬设计和福利管理是人力资源管理的一个重要方面，对企业的竞争力有很大的影响，当企业真正获得生产经营自主权之后，如何搞好企业利润在自我积累与员工分配之间的关系，如何客观、公正、公平、合理地给予为企业做出贡献的劳动者报酬，如何吸引和留住关键人才，从而既有利于企业的发展，又能保证员工从薪酬上获得经济上和心理上的满足，就成为企业必须解决的重要问题。只有在了解和掌握薪酬和福利理论的基础上，把握薪酬和福利管理的发展前沿，才有可能做好薪酬设计和福利管理工作，促进企业的发展。作为人力资源管理体系的重要组成部分，薪酬体系是所有员工最关注的内容，它直接关系到企业人力资源管理的成效，可对企业的整体绩效产生巨大影响。

第一节 薪酬的基本内涵与影响因素

一、薪酬的基本内涵

薪酬（compensation）指劳动者依靠劳动所获得的所有劳动报酬的总和，是员工从事组织所需要的劳动而得到的以货币和非货币形式表现的补偿。薪酬的概念有广义和狭义之分。

（一）狭义薪酬概念

狭义薪酬指个人所获得的工资、奖金及以金钱或实物形式支付的劳动回报。

（二）广义薪酬概念

广义薪酬包括经济性报酬和非经济性报酬，经济性报酬指工资、奖金、福利待遇和假期等，非经济性报酬指个人对企业及对工作本身在心理上的一种感受。

1. 经济性报酬

经济性报酬属于外在薪酬，分为直接的经济性报酬、间接的经济性报酬。直接的经济性报酬包含基本工资、奖金、津贴、补贴、佣金、股金、股权、期权、利润分享等，是具有激励性质的薪酬。间接的经济性报酬包含保险计划（人身健康、医疗健康、社会援助、意外灾害）、各种福利（社会保险）、教育培训、劳动保护、退休计划、教育补助、工人的伤病补助、节假日、病假、带薪休假、旅游休假、免费的职业指导、免费的法律咨询和心理咨询等，是具有保健性质的薪酬。

2. 非经济性报酬

非经济性报酬属于内在薪酬，包含工作本身和工作环境给员工带来的内心感受。工作本身指有趣的工作、有挑战性的工作、能够愉快地胜任工作、工作有责任感和成就感、能够发挥才华、有发展机会和空间、有晋升和获得褒奖的机会、有社会地位、有荣耀的头衔等。工作环境指有有能力且公正的领导、合理的政策、称职的管理、志趣相投的同事、舒适的工作条件、合适的职务、恰当的社会地位标志、弹性时间工作制、缩减的周工作时数、共担工作、便利的通信、固定的兼职工作等。

二、薪酬的影响因素

如图 8-1 所示，影响薪酬的因素主要包含环境因素、组织因素、工作因素、个人因素等。

环境因素	组织因素	工作因素	个人因素
● 经济	● 早期成立	● 自主性	● 能力
● 社会	● 成长	● 挑战性	● 个性
● 政治	● 成熟	● 变化性	● 价值观
● 科技	● 衰退		● 期望

↓

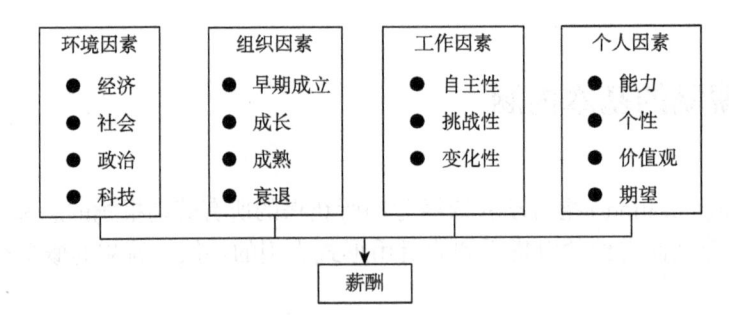

薪酬

图 8-1 影响薪酬的因素

（一）环境因素

由于外界各种环境对企业组织运作的有效性存在相互影响，薪酬设计者必须审视外在环境条件，分析预测政治、经济、科技及社会因素对其冲击力的大小，这是薪酬设计的起点。

1. 经济环境

经济景气萧条的循环变动会影响到企业人力资源政策的调整。例如，劳动力的供求状况直接影响到劳动力的价格，经济发展水平的高低和老百姓收入的预期也会极大地左右基本薪酬制度设计和福利管理等方面政策的制定。

2. 社会环境

员工的工作心态会随着社会价值观的转变发生很大的变化，同时为适应社会的进步，员工的教育和技能水平也会不断提升，因此企业在相应的薪酬制度方面必须对员工的变化有适当的调整。

3. 政治环境

随着各种与人力资源及薪酬管理相关的政策法令的逐步健全，劳动者合法权益的保障更加严密和科学，劳动者的权利意识也日益高涨，政策环境与社会公益团体的压力日渐升温，使得企业拟定适宜的人力资源及薪酬政策迫在眉睫。

4. 科技环境

科技环境包括的范围是从原料、产品到市场的。在从原料到产品的过程中，任何一项科技的突破与改进，对员工和企业都将产生巨大的影响，因此企业要鼓励科技创新、调动骨干人员的积极性、引进和留住关键人才等，必须在薪酬制度上进行改革。

（二）组织因素

组织发展是有生命周期的——早期成立、成长、成熟、衰退，薪酬设计应该随着组织生命周期阶段的不同而有所改变（表 8-1）。在早期成立阶段，薪酬制度设计的优劣对于整个组织的发展基础非常重要；在成长阶段，必须慎选人才和留用可用人才，在这一时期，因新人的增加和中层人员的培养，需考虑奖赏和绩效评估制度对员工的长期激励作用；在成熟阶段，为了保持员工高度工作动机和绩效，必须重视奖赏和发展；在衰退期，则薪酬福利可能是唯一的问题，因为工作本身已经不具有内在所得，无法以绩效为付酬的标准，衰退期中有计划地结束营业和维持持续生存的薪酬管理策略显然是大不一样的。

表 8-1　企业发展价值取向变化

企业发展阶段	价值取向
早期成立阶段	最需要"老黄牛"式的员工，因而勤奋的人所得最高
成长阶段	对技术和市场需求急迫，有技术和市场开拓能力的人所得最高
成熟阶段	因规模壮大，管理问题越来越制约企业发展，管理类人才所得最高
衰退期	多元发展需要，对复合型人才需求增高，智囊型复合人才所得最高

（三）工作因素

工作分析是员工完成任务和达成企业目标的基础指南，是人力资源管理的重要活动之一。工作分析内容包括决定任务和责任、与其他工作的关系，以及达到满意程度的工作能力要求等。

工作本身的内容和做好工作的要求是相对稳定的，这需要缓冲工作本身与员工之间的不协调和可能的矛盾。通过设计使工作达到丰富化，具有挑战性及适度的弹性，用合理的薪酬制度明确责权利关系，会提高员工对工作的动机和兴趣，同时也较易培养出高生产力的员工。

（四）个人因素

员工对企业的贡献价值、员工能力和知识是决定其适应工作与否的潜在绩效指标，而个性、价值观和工作期望则是关乎个体对不同工作或组织的偏好程度指标。薪酬设计一定要能对人力发展方向起到促进作用并赢得企业成员的共识，以使每个员工都有成就感，以促进组织目标的实现。

除个人激励外，企业还面临着团队凝聚的重任，因为高素质人才一般来说都有较强的个性和自己独立的价值观念，因而在企业中，如何将有各种不同个性的人才团结在一起，形成团队合力就需要更新理念和管理方式，这也给薪酬管理制度的设计带来了新的挑战。

薪酬设计是一个融合环境、组织、工作和个人四要素的过程，在此过程中，员工得到工作的满足与成就感，组织则完成其既定的目标。

第二节　薪酬设计的基本理论与方法

薪酬可以有力地说明员工的价值及其对公司的重要性，制定明确的薪酬体系，使其能够提供有效的信息并最终达成预期的经营成果，对公司取得成功来说是至关重要的。但是在绩效与薪酬之间建立起这一重要的纽带具有一定的挑战性，许多公司的薪酬计划没能很好地发挥效用，其中一个重要原因是未能对影响薪酬管理的要素进行认真分析，而是按部就班地套用传统理论和方法，不是根据国情和企业实际情况制定合理的薪酬管理制度。

一、主要薪酬理论概述

（一）早期的薪酬理论

亚当·斯密是第一个对薪酬进行分析的学者。他认为，薪酬是在财产所有者与劳动相分离的情况下，作为非财产所有者的劳动者的报酬。因此，薪酬水平的高低取决于财产所有者，即雇主与劳动者的力量对比。

在亚当·斯密之后，李嘉图和穆勒等对薪酬理论提出了自己的见解。李嘉图认为薪酬具有自然价格和市场价格。穆勒提出了一种薪酬基金论，他认为薪酬是雇主拥有的、确定短期内无法改变的基金，它的数量取决于劳动供求关系。

1. 马克思主义经济学的工资决定理论

马克思主义工资理论认为工资是资本主义社会特有的经济现象，工资是劳动力价值或价格的转化形态，是在劳动力市场中根据劳动力生产费用和劳动供求关系形成的。根据我国20世纪70年代末经济体制改革以来的实践经验，总结出一套较为成熟的社会主义工资理论，其主要内容如下：①社会主义工资仍以按劳分配为基本原则，但要借助于商品、货币、价值和市场等范畴来运行。②企业是独立的经济实体，所以工资分配应以企业为单位（不能以全社会为单位），企业有工资决定与分配的自主权。③劳动者个人的工资水平不再由单纯的个人劳动量决定，而是由企业的有效劳动量与个人劳动贡献双重因素决定。④工资水平取决于劳动力市场劳动供求状况与经济效益。⑤建立工资谈判机制，工资水平及其增长，以及工资构成等由劳动力市场主体（劳动关系主体）双方谈判决定。

2. 维持生存薪酬理论

这一薪酬理论最初是由古典经济学的创始人威廉·配第提出的，他把薪酬和生活资料的价值联系起来，提出薪酬是维持工人生活所必需的生活资料的价值。这一理论的主要观点是，产业社会中工人的薪酬应该等同或略高于能维持生存的水平。

3. 人力资本理论

人力资本理论不是薪酬决定理论，但是它对薪酬的决定有影响。西方经济学认为资本分为两种形式，即体现在物质形式方面的物质资本和体现在劳动者身上的人力资本。劳动者的知识、技能、体力（健康状况）等构成了人力资本。人力资本对经济增长起着十分重要的作用，能促进国民收入的明显增加，人力资本投资也必然影响到薪酬收入。

4. 薪酬基金理论

19世纪上半叶，约翰·斯图亚特·穆勒等提出了薪酬基金理论。这一理论认为，如果雇用劳动者的就业总基金没有增加，或者如果竞相就业的人数不减少，薪酬（总金额）是不可能增加的；同理，如果用作支付劳动力的资金不减少，或者如果领取薪酬的劳动力人数不增加，薪酬是不会下降的。因此薪酬决定于劳动力人数和用于购买劳动力的资本或其他资金之间的比例，简言之，薪酬决定于资本。

5. 边际生产率薪酬理论

劳动的边际生产率这一概念由克拉克提出，是指最后追加的单位劳动所带来的产量的增加。由于存在边际生产率递减的规律，对劳动的雇用数量并非越多越好，在劳动雇用量达到某一足够大的量后，劳动的边际生产率为零。

按照边际生产率的概念，薪酬取决于劳动边际生产率。这就是说，雇主雇用的最后那个工人所增加的产量的价值等于该工人的薪酬。

6. 供求均衡薪酬论

供求均衡薪酬论的创始人是马歇尔,他在《经济学原理》中以均衡价格论为基础,从生产要素的需求与供给两个方面来说明薪酬水平的决定。他认为,各种生产要素(劳动、土地、资本等)都可视为商品,而要素收入(薪酬、地租和利息等)都表现为这些商品的价格。

7. 集体谈判薪酬理论

英国经济学家庇古在《福利经济学》一书中建立了一种短期薪酬决定模型,讨论了劳资双方可能达成的协议的薪酬上下限。他认为,当薪酬通过集体交涉决定时,薪酬率不再是由劳动供求决定的单一点,而是存在一个不确定性范围。劳动者最初的薪酬要求是上限(通常高于竞争性薪酬率),雇主最初愿意提供的薪酬是下限(通常低于竞争性薪酬率)。不确定性范围的大小与雇主对劳动者的需求弹性及劳动者对工作的需求弹性有关。在谈判过程中,经过提议、让步和讨价还价一系列过程,劳动者逐渐降低其薪酬期望值,雇主也不得不做出让步。但是双方的退让是有限度的,他们心目中都有一个退让的最大限度(称为最终抵制点)。如果双方的抵制点之间有一个重叠区,它便成为可能达成协议的实际交涉区,而最终确定的薪酬率则取决于双方的谈判技巧和谈判实力。

8. 效率薪酬理论

效率薪酬理论的基本观点是工人的生产率取决于薪酬率。薪酬率提高将导致工人生产率提高,故有效劳动的单位成本(薪酬、福利、培训费等)反而可能下降。因此,企业降低薪酬,不一定会增加利润,提高薪酬也不一定会减少利润。

(二)薪酬理论的新发展

1. 内容型激励理论

传统的过程型激励理论着眼于激励过程的研究(如期望理论、公平理论),认为行为的目的是实现他们重视的目标,而这些目标存在于行为过程之外,因此管理者要借助于人们行为所追求的外在目标和各种管理措施,激发和引导人们的行为过程,使之朝向组织的目标。与过程型激励理论不同,内容型激励理论强调内在性激励因素对人们行为的影响,如归因理论、需求成就激励理论和综合型激励理论。

2. 委托代理理论

委托代理理论认为提高员工工作效率的关键是改善组织管理中的激励规则,即建立与敬业激励相容的激励规则,使得每个员工在选择的自利目标下追求自我利益时恰好实现组织的敬业激励目标。

3. 利润分享理论

马丁·韦茨曼（Martin Weitzman）把雇员的报酬制度分为传统薪酬制和利润分享（profit-sharing）制。利润分享制是把工人的薪酬与某种能够恰当反映厂商经营的指数相联系，这样，工人与厂商在劳动市场上达成的就不再是具体规定每一工作小时的固定薪酬合同，而是确定工人与资本家在厂商收入中各占多少分享率的协议。

利润分享制对企业效益的影响可体现在三个方面：劳动力供给、劳动力生产技能和员工与管理者之间的认同。

二、薪酬设计的内容

薪酬设计指组织针对所有员工所提供的服务来确定他们应当得到的薪酬总额、薪酬结构及薪酬形式的过程。主要包括以下几个方面的内容。

（一）确定薪酬设计的目标

薪酬设计的目标要根据企业的人力资源管理战略确定，具体包括以下三个方面的内容：建立稳定的员工队伍，吸引高素质的人才；激发员工的工作热情，创造高绩效；努力实现组织目标和员工个人发展目标的协调。

（二）选择薪酬政策

薪酬政策是用人单位对薪酬管理运行的目标、任务和手段的选择和组合，是对员工薪酬方面所采取的方针策略。薪酬政策主要包括：薪酬成本投入政策，如扩张劳动力成本政策或紧缩劳动力成本政策；根据单位自身情况选择企业合理的工资制度；确定工资结构及工资水平。

（三）制订薪酬计划

薪酬计划是薪酬政策的具体化，指单位预计要实施的员工薪酬支付水平、支付结构及薪酬管理重点等。薪酬计划在制订时要与企业目标管理相协调，以增强企业竞争力为原则。

（四）调整薪酬结构

薪酬结构是指对组织内部不同职位或者技能之间的工资率所做的安排。主要包括：

工资成本在不同员工之间的分配；职务和岗位工资率的确定；员工基本、辅助和浮动工资的比例及其基本工资和奖励工资的调整等。

三、薪酬设计的原则

（一）公平性原则

公平性原则是薪酬设计的基础，员工的工作积极性不仅会受到绝对报酬的影响，还会受到相对报酬的影响。员工只有在薪酬系统公平的前提下，才可能会产生对企业的认同感，薪酬的激励作用才能发挥出来。

（二）经济性原则

经济性原则是指企业在设计薪酬体系时必须充分考虑企业的实际情况。一方面要保证薪酬水平有一定的竞争力和激励作用；另一方面要保证留存企业追加和扩大投资的资金，以确保企业的可持续发展。

（三）激励性原则

激励性原则指不同的薪酬组合对员工产生的激励效果是不一样的。简单的高薪有时并不能有效地激励员工。企业内部各级职务之间的薪酬水平应在合理的基础上适当拉开差距，以鼓励员工提高业务能力，激发员工的学习潜能，使其创造出优良的工作业绩。建立一套科学、合理的薪酬体系，是对员工最持久、最根本的激励。

（四）合法性原则

合法性原则指企业的薪酬体系和福利体系必须符合国家的政策与法律规定，如国家在最低工资标准、工作时间、经济补偿金、加班加点付薪、福利保险等方面都有相关规定。

（五）补偿性原则

补偿性原则指企业应保证员工的收入能足以补偿其所支出的费用，包括员工恢复精力所必需的衣、食、住、行费用和员工为开展工作所必须投入的用于学习知识、技能等的费用。

（六）战略导向性原则

战略导向性原则指合理的薪酬体系有助于企业发展战略的实现。企业在进行薪酬体系设计时，必须从企业战略的角度进行分析，即分析薪酬体系中哪些因素相对重要，哪些因素相对次要，并赋予这些因素相应的权重，从而确定各岗位价值的大小。在此基础上进行薪酬体系设计能较好地体现企业战略发展的要求。

（七）外部竞争性原则

外部竞争性原则指企业要想获得优秀人才，就必须制定出对人才有吸引力并在行业中具有竞争力的薪酬体系。企业在设计薪酬体系时必须考虑同行业整体薪酬水平和竞争对手的薪酬水平，保证企业的薪酬水平在市场上具有一定的竞争力，以便充分地吸引和留住企业发展所需的关键性人才。

四、薪酬体系的设计流程

一套科学、合理的薪酬体系应该对内具有激励作用，对外具有竞争力。设计一套科学、合理的薪酬体系，一般要经过薪酬策略、岗位分析、岗位评价、薪酬调查、薪酬构成确定、薪酬水平确定和薪酬体系实施与调整。

（一）薪酬策略

企业的发展战略、企业发展生命周期及企业性质决定了其薪酬策略。企业发展战略不同，其薪酬政策、薪酬水平、薪酬结构、薪酬制度也有所不同。

（二）岗位分析

通过岗位分析，企业可以明确各岗位的工作性质、所承担责任的大小、劳动强度的大小、工作环境的好坏及岗位任职资格等。岗位分析为岗位评价及薪酬水平的制定提供了客观的依据。

（三）岗位评价

岗位评价是对岗位工作的难易程度、责任大小等进行评价，目的是发现和确认实现企业战略目标的关键岗位，明确哪些岗位需要更高的管理业务和技能水平，以及现有人员是否符合任职的要求等，从而为改善管理和合理确定薪酬提供依据。

岗位评价是保证薪酬体系内部公平的重要手段之一。它不仅有助于比较企业内部各个岗位之间的相对价值，还为薪酬市场调查建立了统一的岗位评估标准，避免了企业间岗位名称相同而实际工作内容和工作职责不同或者工作内容和工作职责相同而岗位名称不同等情况给薪酬调查带来的不便之处，确保了不同企业的岗位之间、企业内部各岗位之间的薪酬水平具有可比性。

（四）薪酬调查

薪酬调查包含薪酬市场调查和薪酬满意度调查。

1．薪酬市场调查

1）调查的目的

开展薪酬市场调查主要是为了解决企业薪酬外部均衡的问题。外部均衡是指企业员工的薪酬水平应与企业所在地、同行业的薪酬水平基本保持一致，二者之间不能偏差太大。薪酬市场调查结果还可以为企业整体薪酬水平调整、薪酬晋升政策的调整及薪酬级差的调整等提供重要的参考依据。

2）调查的对象

薪酬市场调查的对象主要是同行业中的其他企业或其他行业中与本企业构成竞争关系的企业。企业在选取薪酬市场调查对象时要结合企业的实际，选取比较有代表性的企业。

3）调查的内容

薪酬市场调查的内容主要有本企业所属行业的整体工资水平、竞争对手的薪酬状况、企业所在地区的工资水平及生活水平等。

4）选取的调查岗位

企业选取的调查岗位，至少应当满足以下3个条件：第一，该岗位必须有详细的工作描述和说明，包括岗位名称、该岗位的主要工作内容及对企业的贡献、任职资格等；第二，大部分企业都设有该岗位；第三，该岗位必须有相对稳定性。

5）调查的方式

薪酬市场调查的方式通常有查看政府部门发布的薪酬调查资料、委托专业的调查公司、通过本企业流动人员了解及进行问卷调查等。其中，问卷调查法是使用比较普遍的方法，它主要通过设计问卷调查表并发给某些特定人员填写而收集相关信息。

6）薪酬调查结果分析

薪酬市场调查的结果要真实、准确。一般而言，以下3个数据是值得企业研究和注意的：25P、50P、75P。其含义是：若调查了100家企业，将这100家企业的薪酬水平由低到高进行排列，它们分别代表第25名（低位值）、第50名（中位值）和第75名（高位值）的薪酬水平。

薪酬水平处于领先地位的企业，应关注第75名的薪酬水平，薪酬水平低的企业则应关注第25名的薪酬水平，薪酬水平一般的企业则应关注第50名的薪酬水平。

2. 薪酬满意度调查

薪酬满意度调查的对象一般是企业内部的员工，调查的内容主要包括员工对目前自身的薪酬福利待遇、薪酬级差、薪酬福利的调整和薪酬发放方式等的满意度。

（五）薪酬构成确定

薪酬构成是指员工薪酬的构成项目及其所占的比例。薪酬的不同组成部分起着不同的激励作用。其中，基本薪酬和福利主要承担适应劳动力场外部竞争力的功能；浮动薪酬主要根据员工的工作业绩确定，这部分薪酬有很大的弹性（不定性），对员工的激励作用明显。典型的薪酬构成包括高弹性薪酬构成、高稳定性薪酬构成和调和性薪酬构成三种类型（表8-2）。

表 8-2 薪酬构成的类型

	高弹性薪酬构成	调和性薪酬构成	高稳定性薪酬构成
特点	绩效薪酬比例高 基本薪酬比例低	绩效薪酬和基本薪酬比例相当	基本薪酬比例高 绩效薪酬比例低
优点	激励效应强，与员工的业绩紧密联系	对员工既有激励又有安全感	员工收入波动小，安全感强
缺点	员工收入波动大，缺乏安全感及保障	必须建立科学的薪酬系统	缺乏激励功能

（六）薪酬水平确定

薪酬定位是薪酬体系设计的关键环节，它明确了企业的薪酬水平在市场中的相对位置，直接决定了企业薪酬水平竞争力的强弱。它是衡量企业薪酬体系有效性的重要指标之一。

薪酬水平是指从某个角度按某种标准考察某一领域内员工薪酬的高低程度。它决定了企业薪酬的外部竞争力，对员工队伍的稳定性有着重要的影响。在确定某一具体岗位的薪酬水平时，企业可以利用工作分析和岗位评价等事先确定不同职级的薪酬水平、薪酬幅度、薪酬级差，在此基础上确定各个具体岗位的薪酬水平。

（七）薪酬体系实施与调整

企业常用的薪酬体系主要有三种：基于职位的薪酬体系、基于技术和能力的薪酬体系、基于绩效的薪酬体系，另外还有由这三种基本薪酬体系综合形成的结构工资体系。薪酬体系设计完成后，在正式实施之前，企业需要事先和员工进行沟通，必要时辅以培训，并考虑该薪酬体系是否符合企业的经济实力、价值取向等。同时，企业应定期调查员工的薪酬需求及满意度，了解员工的想法与建议。在企业发展过程中，还要考虑外部环境的变化，以便及时地对薪酬体系进行相应调整。

第三节　企业工资制度及其设计方法

企业工资制度是由国家法律、政策规定的有关工资支付、工资形式、工资标准、工资水平、转正定级、升级等构成的标准和制度。主要的工资制度有岗位工资制、技能工资制、绩效工资制及结构工资制等。

一、岗位工资制及其设计方法

（一）岗位工资

岗位工资是企业薪酬体系的重要构成部分，是按不同的工作岗位确定工资的一种形式。岗位工资是根据岗位工作的难易程度、责任大小、风险大小、技术含量和劳动轻重决定的，较少考虑员工的年龄、资历、技能等个人因素。

岗位工资制是按照员工工作岗位的不同分别确定工资水平的一种工资制度。岗位工资标准通过对不同岗位的工作难易程度、责任大小、劳动轻重、劳动条件等因素进行测评后确定。

（二）岗位工资制分类

岗位工资制的特点是因岗而设，主要有岗位等级工资制和岗位薪点工资制两种。

1. 岗位等级工资制

岗位等级工资制是按照员工所任职岗位的等级来规定其工资等级和工作标准的一种工资制度。岗位等级工资制包括"一岗一薪"制和"一岗数薪"制两种形式。

1)"一岗一薪"制

"一岗一薪"制是指每个岗位只有一个工资标准，在同一岗位上工作的员工都执行统一的工资标准。这种制度只体现了不同岗位之间的工资差别，不能体现相同岗位内部的劳动差别和工资差别。

2)"一岗多薪"制

"一岗多薪"制是指为同一岗位设置几个工资等级，以反映同一岗位不同等级的差别。这种制度是在岗位内部设等级，以反映同一岗位不同员工之间的劳动差别。岗内级别是根据该岗位工作的技术水平高低、责任大小、劳动强度、劳动条件等因素来确定的。

"一岗多薪"制不仅体现了不同岗位之间的劳动差别，而且体现了同一岗位内部不同员工的劳动差异，并使之在劳动报酬上得到反映。

2. 岗位薪点工资制

岗位薪点工资制是在分析付酬要素（劳动技能、劳动责任、劳动强度和劳动条件）的基础上，用岗位薪点和点值来确定员工实际劳动报酬的一种工资制度。员工的薪点可通过一系列量化的考核指标来确定；点值与公司（或者分厂、部门）的效益挂钩，这把工资分配与企业经济效益密切联系起来。岗位薪点工资的计算公式如下：

$$岗位薪点工资=岗位薪点×点值$$

（三）岗位工资制的设计步骤

1. 确定岗位工资总额

根据员工工资结构中岗位工资所占的比例和预算的工资总额，确定岗位工资总额。

2. 明确岗位工资分配原则

根据企业战略等确定岗位工资的分配原则，如以岗定薪、按劳分配等。

3. 进行岗位分析和评价

根据岗位的劳动强度、责任、风险、环境等因素对每一个岗位进行分析和评价，并进行重要性排序。

4. 确定工资等级数量并划分等级

根据岗位评价的结果，确定企业工资等级的数量并将所有岗位划分成不同的等级。

5. 确定工资等级的标准额度

根据企业工资策略确定各工资等级的标准额度，即确定每个工资等级同所在工资标准中点的比较额度。

6. 确定工资等级差距

确定不同工资等级之间的工资差距，主要是指工资额度的差别。

7. 确定工资幅度

确定各个工资等级内的工资幅度，即每个工资等级内的多个工资标准间的最高标准与最低标准的差额。

8. 确定等级之间的重叠幅度

确定相邻等级之间的工资额度的重叠部分额度的大小。

9. 确定计算方法

确定工资等级和额度的具体计算方法。

二、技能工资制及其设计方法

（一）技能工资制

技能工资制是一种以员工的技术和能力为基础的工资制度，它根据员工的个人技术和能力为其发放工资。该工资制度主要适用于技术人员等人群，通过对任职者的技术和能力进行评价和鉴定，来确定其薪酬水平及等级、级差，确定级差的标准。

（二）技能工资制分类

1. 技术工资

技术工资是以应用知识和操作技能水平为基础的工资，主要应用于"蓝领"员工。它的基本思想是根据员工拥有的技能资格证书或培训结业证明来为员工支付工资，而不管这种技术是否会在实际工作中应用。

2. 能力工资

能力工资主要适用于企业的专业技术人员和管理人员，属于"白领"工资。这种工资的判定标准比较抽象，而且与具体的岗位联系不大，如员工的一般认知能力、特殊能力或创新能力等，甚至员工的人品、个性都可以作为判断其能力高低的标准。

（三）技能工资制的设计步骤

1. 成立技能工资设计小组

为确保技能工资设计方案与总体的薪酬管理、长期经营战略保持一致，需成立技能工资设计小组。小组的主要成员有专家、人力资源部门、高层管理人员等。

2. 进行技能分析

技能分析是将每一项工作任务陈述都分别写在卡片上，根据同种规则将具有某些共通性的工作任务陈述归为一类；每一位专家分别对完成的各项归类进行比较和讨论，说明将具体工作任务划归或不划归某一类别的理由，最后根据每一工作的任务类别对其进行命名。

3. 确定技能等级

通过专家打分对技能模块进行评估，排列归整出技能的类别和等级。

4. 技能培训与认证

技能培训主要包括内部培训与外部培训。内部培训包括在职培训、课堂培训、师徒制度、工作轮换等；外部培训包括大学、专业机构提供的培训等形式。技能认证计划的主要因素是认证者、认证所包含的技能水平及员工通过何种方法表现出自己具备某种技能水平。

5. 制订技能工资设计方案

人力资源部根据上述四点制订技能工资设计方案。方案主要包括方案的目的、实施主体、实施时间、具体实施步骤等内容。

三、绩效工资制及其设计方法

（一）绩效工资制

绩效工资指的是依据员工个人绩效而增加发放的激励性工资。绩效工资能够把员工的努力集中于企业认为重要的目标上，有利于企业灵活调整员工的工作行为，以达成企业的重要目标。但是，在设计绩效工资时所使用的产出标准可能无法保持足够的准确性和公正性，绩效工资可能导致员工之间的竞争，从而不利于企业的总体利益。

绩效工资制是一种根据员工工作绩效发放工资的工资制度，建立在企业对员工进行有效绩效评估的基础上。这种制度关注的重点是工作的"产出"，如销售量、产量、质量等，是一种通过员工的实际劳动成果确定员工薪酬的工资制度。绩效工资制的优点是员工工资与其可量化的业绩挂钩，能够打破"大锅饭"体制，更具公平性；工资与员工努力程度成正比，有利于吸引和留住成就导向型的员工；可以突出一种关注绩效的企业文化，促使员工将个人精力投到实现企业目标的活动中去。

（二）绩效工资制的类型

1. 计时工资制

计时工资制是按照单位时间工资标准和实际工作时间支付员工劳动报酬的一种工资

制度。它是最基本的工资制度，根据时间单位，可以分为小时工资制、日工资制、周工资制、月工资制、年薪制等具体形式。

2. 计件工资制

计件工资制是按照员工生产的合格品的数量（或工作量）和预先规定的计件单价来计算员工劳动报酬的一种工资制度。计件工资制由工作物等级、劳动定额和计件单件三个要素组成。

3. 佣金制

佣金制按销售额的一定比例来确定销售人员的报酬，是根据业绩确定报酬的一种典型工资制度。

4. 利润分享制

利润分享制是指员工除得到应得的工资以外，还可以按照事先设定的比例来分享企业创造的利润。实行利润分享制时，每个员工的奖金与其个人的绩效、所在部门、企业的整体绩效是紧密相关的。

（三）绩效工资制的设计步骤

1. 确定实施绩效工资的对象

（1）实施绩效工资的对象层级和范围，即考虑绩效工资的设计是针对个人的、部门的还是整个企业的。绩效工资实施对象的层级不同，使用的设计方案也会不同。

（2）实施绩效工资对象的针对性，即实施绩效工资的人员是高层领导、科研人员还是销售人员，对象针对性不同，其绩效工资方案也不同。

2. 明确绩效工资在薪酬中所占的比例

绩效工资在薪酬中所占的比例通常与员工的工作性质相关，所以应首先进行工作分析，然后对岗位进行评价，最后根据岗位分析和评价设计绩效工资比例。

3. 分析并明确绩效工资采用的体制

根据绩效工资实施的对象和财务数据等，确定绩效工资采用的体制。常见的体制有佣金制、利润分享制、目标绩效制、特殊项目绩效奖励等。

4. 明确绩效工资决定机制

绩效工资决定机制通常包括以个人为主体的绩效工资决定机制、以团队为主体的绩效工资决定机制、个人与团队共同联动的绩效工资决定机制。企业应根据工作性质、企业环境等选择合适的绩效工资机制。以个人为主体的绩效工资决定机制指的是企业针对员工个人的工作绩效提供绩效奖励,这需要企业根据岗位情况建立与员工绩效相匹配的绩效考核体系;以团队为主体的绩效工资决定机制指的是企业针对团队或部门的工作绩效提供绩效奖励。

5. 确定绩效工资基数

企业可以将岗位工资的一定百分比规定为绩效工资,也可以根据岗位工资与市场价位的差距确定绩效工资系数,绩效工资基数的公式如下:

$$绩效工资基数=绩效工资系数×岗位工资$$

其中,绩效工资系数=目标市场价位/岗位工资-1

6. 绩效工资设计的规范化和实施

建立完善的绩效管理体系并制订绩效工资设计方案,使其规范化。经过绩效考核后,根据考评结果核算并发放绩效工资。

7. 绩效工资方案的调整

根据企业环境的变化和绩效工资实施过程中出现的相关问题就绩效工资的发放时间、绩效工资采用的体系、绩效工资在薪酬中的比例等内容调整绩效工资方案。

(四)设计绩效工资应注意的事项

(1)绩效工资是薪酬的一个重要组成部分,但不能取代其他的薪酬结构。
(2)个人激励计划、企业激励计划必须与企业的战略目标、企业文化和价值观保持一致并且与其他的经营活动相协调。
(3)要建立一套行之有效的绩效管理体系,绩效指标的设计要坚持 SMART 原则,绩效考核过程公平、公正、公开。
(4)必须使绩效与激励之间建立紧密的联系,制订合理的薪酬激励计划。
(5)绩效工资要保持一定的动态性,要根据不同的对象、在不同的时间进行合理的动态调整。

四、结构工资制及其设计方法

(一)结构工资制

结构工资制又称组合工资制,是依据工资的各种职能将工资分解为几个组成部分,分别确定工资额,最后将其相加作为员工工资报酬的一种工资制度。结构工资制适用于各种类型的企业。

（二）结构工资的组成

1. 基本（基础）工资

基本工资指企业为了保障员工的基本生活而支付的工资。

2. 职务（岗位）工资

岗位工资指根据岗位职责、岗位劳动强度、劳动环境等因素确定的报酬。它是结构工资的主要组成部分。

3. 技能工资

技能工资指根据员工本身的技能等级或职称高低确定的报酬。

4. 年功工资（工龄）

年功工资指根据员工参加工作的年限，按照一定标准支付给员工的工资。它可用来体现企业员工逐年积累的劳动贡献。

5. 奖励工资（效益工资）

奖励工资指企业根据自身的经济效益和员工实际完成工作的数量与质量支付给员工的工资。

6. 津贴

津贴指企业为了补偿员工特殊或额外的劳动消耗和由于其他特殊原因而支付给员工的基本工资以外的报酬。

（三）结构工资制的设计步骤

1. 设计基础工资

首先，建立、健全并分析人力资源信息库。人力资源信息库包括员工姓名、人数、工资、工作年限、学历职称、技术等级、职务等；其次，对这些信息进行综合分析，删除不合理因素，找出工资关系上的突出问题；最后，结合本企业的生产特点及各岗位的工作特点确定工资结构的基本形式。

2. 设计结构工资的基本模式

在确定工资结构的基础上，进一步确定各组成部分所占的比例。

3. 确定各工资组成的内部结构

对于各工资组成的内部结构，应按相应的技术、标准、职责条例、劳动定额等进行界定、设置。

4. 确定各工资组成的最低工资额和最高工资额

各工资组成的最低工资加上奖金和一部分津贴总和不能低于本地区执行的最低工资标准。

5. 测算、检验并调整结构工资设计方案

根据初步确定的结构工资各组成部分工资标准，进行测算、检验并调整。
（1）结构工资总额是否与预算相符。
（2）将员工个人工资水平在时间上进行纵向比较，即岗位计划调薪的结果是否基本合适。
（3）根据员工各方面的情况，预测员工个人工资增长情况及结构工资总额增长的趋势。

如果存在工资总额超过或剩余过多、多数人工资水平下降，以及今后结构工资增长速度过快或过慢等问题，都需要适当调整结构工资设计方案。

6. 实施、套改

在原有工资的基础上进行结构工资设计的改革，一般是按照员工原标准工资的一定百分比就近套入岗位工资，或套入技能工资。

第四节　员工奖励计划

一、员工奖励计划的种类

员工奖励计划从效用周期的角度来划分，可分为短期奖励和长期奖励两种类型。短期奖励包括针对生产人员的绩效奖励计划、绩效加薪、一次性奖金、收益分享计划、利润分享计划等，而长期奖励主要指的是股票期权计划等。

（一）针对生产人员的绩效奖励计划

针对生产人员的绩效奖励计划一般是指将员工的生产率作为绩效标准，按产量标准的完成情况支付奖金。产量（生产率）指标的设定有两种方式：一种是以单位时间内的产量（计件制）为标准，另一种是以生产单位产量所消耗的时间（计时制）为标准。

1. 计件制

1）直接计件工资计划

直接计件工资计划是使用最广泛的一种个人激励方式，它以单位时间内的产量为支付标准，对超额产量支付奖金。在操作上首先要确定计件工资标准（一般是一个单位时间内的产出量：m 单位/小时）作为绩效指标，这个计件标准值一般通过工作时间研究来确定；其次设定激励工资率，即员工产量超过 m 单位后每多生产一个产品所获得的奖金额（a），只要员工在单位时间内的产出水平高出 m 这个标准就可以获得奖金，多生产了 n 产品就获得 na 的激励工资。

直接计件工资计划很容易被员工理解和接受，支付计量简单易行。但是要使计件激励计划有效运行，就必须使绩效标准具有一致的认可性和公平性，这对工作时间研究提出了很高的要求。在美国，这个标准通常由工会和雇主方的集体谈判来制定。

2）泰勒差别计件工资计划和梅里克多重计件工资计划

泰勒差别计件工资计划和梅里克多重计件工资计划同直接计件工资计划一样，都是以单位时间的产量标准为绩效指标来支付奖金的，它们与直接计件工资计划最大的不同在于计件工资率有着层次区分。

泰勒差别计件工资计划是由科学管理的开山人泰勒所创立设计的。该计划在设定了标准产量（m 单位/小时）和单位产品标准工资率（y 元/单位）的基础上，使用了两个不同层次的工资率水平：当员工的实际产出水平高于 m 单位/小时，则该员工可以获得高于 y 元/单位的计件工资率；反之，当员工的实际产出水平低于 m 单位/小时时，他获得的计件工资率相应也就低于 y 元/单位。这样，员工所获得的计件工资变动性更大，工资的保底性变得更强，计件工资支付能增也能减，这在一定程度上对员工形成了更为强烈的激励性。

梅里克多重计件工资计划的设计原理和泰勒差别计件工资计划是相同的，只是在计件工资率层次的划分上更加细致，进行了三个层次的划分。

2. 针对生产人员的计时制

标准小时工资计划是以完成单位产量所消耗的时间为绩效标准来支付激励工资的形式。实行这种计划一般要求首先确定以正常的技术水平完成工作所需的时间（标准工时），然后确定这项工作的计时工资率，如经某搬运工种的时间动作研究发现，一个合格的搬运工人完成一份搬运工作的平均时间为 1 小时，确定标准工资为 p 元/小时，这样如果某位技术水平高、动作熟练、体力强于一般人的搬运工只用 40 分钟就完成了一份搬运工作，他仍然可以得到 p 元的小时工资，并且可以享受 20 分钟的闲暇或继续提高生产率以获得更高的奖励。

此外，有一种"贝多计划"（Bedeaux plan）作为标准工时计划的发展形式存在，它不计算完成一项完整工作的时间，而是将一项工作细分为简单的动作，然后以中等技术熟练水平工人的工作时间作为标准工时，确定标准小时工资。同样，如果工人完成工作的时间少于标准工时则可以获得激励工资，奖金额是缩短时间量的函数。

标准小时工资计划对于那些生产过程不是很容易具体控制、技巧要求较高、工作周期较长的工作和职位比较适用。

（二）绩效加薪

绩效加薪是最常用的一种加薪方式，它体现了对已发生的工作行为或已取得的绩效成果的认可和奖励。它的一个显著特点为增加部分是直接加到基本工资中去的，每一次加薪后基本工资额都获得增长，下一次加薪是在已经增加了的基本工资额的基础上进行的，也就是说，绩效加薪具有很强的累加性，它会增加基本工资的固定基数，同时不断增大工资支付成本。尽管如此，有关调查数据显示，美国有大约90%的企业运用了绩效加薪。

（三）一次性奖金

一次性奖金是一种没有累加性的绩效加薪方式，是对传统绩效加薪的一种改进。由于原来的每一次绩效加薪都要增加工资基数，工作资历长（经历了多次加薪）的员工工资基数会比较大，新进入者就难以较快地获得相当的工资水平。此外，那些已获得很高工资积累的员工可能目前的绩效并不是令人满意的。一次性奖金同样强调加薪与绩效评价结果的直接联系，但是在每次加薪时并不增加工资基数，而是在每一次加薪时按该周期内的绩效评价水平给予一次性的奖金，这部分奖金不累加到基本工资中去，下一次加薪仍然在原来基本工资额的基础上进行。因此，一次性奖金在一定程度上可以克服累加性绩效加薪带来的成本增加问题。

（四）收益分享计划

收益分享计划是通过提供给员工参与企业收益分享的权利来进行团队员工激励的一类分配方式的总称。一般而言，收益分享计划是在企业和员工之间分配由成本节省或者员工参与提出具有建设性的意见而带来的收益。这类分享计划通常有几种不同的方案，每种方案都有其自身的特点和适用性。

常见收益分享计划有：斯坎伦计划、拉克计划（Rucker plan）和提高分享计划。

1. 斯坎伦计划

斯坎伦计划是由联合钢铁工人工会的官员约瑟夫·斯坎伦于1937年首次提出的，该计划最核心的特点在于强调员工的参与及合作，它通过收益的分享与分配机制来推广员工间相互合作的管理哲学，同时推崇通过积极参与使个人目标与组织目标达成一致，激励员工通过实现个人目标进而实现团体目标，最终与员工分享因他们的成本节省建议而带来的收益。

由于该计划强调员工的参与，在具体的计划施行中，员工参与制度是斯坎伦计划的一个重要组成部分。员工参与制度包括两个层次的正式建议机构——部门委员会（或者是生产委员会）和行政委员会（或者是审查委员会），前者负责鼓励和帮助员工提出建议，并对建议进行收集和初步分析鉴定，然后把经过初步筛选的建议提交给后者，并且由后者决定是否采纳。一旦建议被采纳并且成功地发挥了节省成本的效用，全体员工都将获得收益分成。

斯坎伦计划在分享收益时，一般通过计算斯坎伦比率作为奖金支付的基准，基本公式为

$$斯坎伦比率 = 劳动力成本/产品的销售价值$$
$$产品的销售价值 = 销售收入 + 库存商品价值$$

其中，产品的销售价值（sales value of production，SVOP）是销售收入和库存商品价值之和，斯坎伦比率较小，说明劳动力成本相较 SVOP 而言较低，这个比率越小，劳动力成本就能获得越多的节省，节省而来的收益就作为奖金分配给大家。

2. 拉克计划

拉克计划是由艾伦·W. 拉克于 1933 年提出的，其基本原理类似于斯坎伦计划，都强调鼓励员工的合作与参与，只是在计算奖金支付基准时采用了更为复杂的公式。拉克计划使用一个增加值公式来计算生产力，以拉克比率作为奖金发放的基准，其计算公式为

$$拉克比率 = 增加值/雇用成本$$

其中，增加值是产品销售价值和产品原材料的购买价值之间的差额，即

$$增加值 = 净销售额 - 原料成本、购买供给和服务的成本$$

增加值与计划参与的人工成本的比值就是拉克比率，它实质上是以拉克比率作为衡量生产力水平的奖金支付基准的，其分配计算方式与斯坎伦计划大致相同。

可以看出，拉克计划和斯坎伦计划的关键不同在于拉克计划更关注多方面的成本节省，斯坎伦计划则只关注人工成本的节省。拉克比率越大说明公司的绩效水平越好。相反，斯坎伦比率越小说明人工成本得到了节约，对公司越有利。此外，两者都需要通过一些专门的委员会实施，这些委员会在组织这些奖金计划实施的同时也负责培养和营造这些计划背后所提倡的合作和参与氛围。

3. 提高分享计划

提高分享计划是由米歇尔·费恩于 1973 年提出的。该计划是根据劳动时间来衡量生产力水平的，而不是像上面介绍的两种计划那样以节约的成本来作为分配的收益。这一计划的目的是要激励员工用尽可能少的时间生产出尽可能多的产品，因此它更适用于激励生产性的员工团队。它的支付周期较上面的计划要短一些，一般是按周支付。

提高分享计划的奖金是通过劳动时间比率公式来进行计算的。它首先要求通过对一些工作的历史资料或相关研究进行分析，确定某种生产力标准，一般可以是生产单位产品的标准小时数，实际劳动时间与这个标准工时数的比率就是"劳动时间比率"，通过这

个比率来作为奖金支付的基准，任何少于预定标准时间完成工作所带来的收益将在员工中共享。

（五）利润分享计划

利润分享计划是当公司达到利润目标时，将一部分利润作为奖金分配给员工。利润分享计划一般是针对公司的全体员工的，所以也可以作为组织激励计划的一种类型。

利润分享计划有两种形式：一种是现金现付制，即每隔一段时间（通常是按季度或按年度）将一定比例（通常是15%~20%）的利润作为奖金发放给员工，其性质与一般的现金分红类似；另一种是延期支付制，就是把奖励给员工的现金存在某一账户中，等员工退休之后再支付给他们。

两者的差别不仅仅体现在支付时间上，在税收安排上也有差别，支付现金一般需要员工支付一定税额（个人收入所得税）；若采用存入账户的形式，则只有当员工取用这些钱时才上缴定税额（利息税）。

在具体计算利润分享额时，一般有三种计算方式。

1. 固定比例法

固定比例法是以税前的或者税后的利润为基数，通过确定一个固定的利润分享比例 $a\%$，计算出用以分享的利润额，作为奖金支付给员工。

2. 比例递增法

比例递增法的利润分享比例不是固定的，一般会随着利润额的增长而递增，如在利润为 A 万元的情况下，利润分享比例是 $a\%$；在利润为 B 万元时（$B>A$），利润分享比例就上升为 $b\%$（$b>a$）。

3. 利润界限法

利润界限法是公司事先设定好一个最低的利润标准作为下限，以保证股东的回报；同时也设定一个最高标准作为上限，当利润超过这个上限时，公司会认为这是由整体的技术革新等因素促成的利润突破，于是只有当利润的超额是在这个利润界限的范围内时才进行利润的分享。

（六）股票期权计划

股票期权计划是企业经理人股权激励的一种方式。经理人股票期权制逐渐为我国企业界所重视，并已开始付诸实践。"股票期权"就是由企业赋予经营者一种权利，经营者在规定的年限内可以以某个固定价格购买进一定数量的企业股票。经营者在规定年限内的任何时间，按事先规定的价格买进企业股票，并在他们认为合适的价位上抛出。股票期权实际上是一种选择权，即以一定的当前成本获得未来某一时间、按某一约定价格、买进（或卖出）一定数量的股票的权利。这一权利在未来可以行使也可以放弃，可以降低当前直接拥有股票可能造成的市场风险。"股票期权"的最大作用是按企业发展成果对经营者进行激励，具有"长期性"，使经营者的个人利益与企业的长期发展更紧密地结合在一起，促使经营者的经营行为长期化。

二、员工奖励计划设计实施的关键问题

员工奖励计划设计实施的关键问题是：奖励依据、奖励对象、奖励水平、奖励方式。这四个问题是相互关联的，管理者在奖励计划实施之前必须找到这些问题的解决方案。

（一）奖励依据

奖励的支付标准可以是绩效改进标准、技术进步标准、能力提升标准、知识学习认证标准等。支付标准问题是整个奖励计划的核心问题，它从实质上体现了公司奖励发放的根本目的和价值指向。一般情况下，支付依据和标准要求与整个组织的薪酬战略相适应，并且与其基本工资的设计导向相照应。绩效标准是最主要的，也是通用的奖励支付标准，但当基本工资的设计是基于能力、技能或知识的时候，奖励基准就可以在保持绩效标准的同时，相应地考虑引入技术基准和知识基准等。

（二）奖励对象

奖励对象主要涉及以下两个方面。

1. 奖励对象的层次和范围

奖励对象的层次和范围即要求考虑奖励设计是针对个人的、团队的还是组织全体的，奖励对象的层级不同，所使用的奖励计划也会相应有所不同，要有针对性地做出合适的选择或进行有效的综合安排。

2. 奖励对象的特别针对性

奖励对象的特别针对性即要求考虑针对哪几类特殊人员（公司董事、高层管理人员、技术研发人员及销售人员等），采用各自不同的报酬支付方案。

（三）奖励水平

奖励水平就是要求解决具体的奖励数量安排，也就是要求做好相关的支付额度预算。

（四）奖励方式

选择奖励类型支付方式，对奖励方式进行选择本身也就包含了对以上几个问题的回答，同时也包含了对支付期安排上的选择：是长期支付（1年以上）还是短期支付（1年以内）；是与考核期配套安排支付期还是为考核期设计合理的交叉。一些特殊的支付方式其支付期是难以确定的。

第五节　员工福利体系

一、福利的内涵

（一）福利的含义和特点

福利是指企业为实现战略目标，依据国家相关法律及组织自身情况，向员工提供的用以提高其本人和家庭生活质量的各种以非货币工资和延期支付形式为主的补充性报酬与服务的总称。

与其他形式的报酬相比，企业员工福利具有以下特点。

1. 补偿性

企业员工福利是对劳动者为企业提供劳动的一种物质性补偿，也是员工收入的一种补充分配形式，是额外的保障。

2. 均等性

均等性即履行了劳动义务的本企业员工均有平等享受各种企业福利的权利，它在一定程度上起着平衡劳动者收入差距的作用。

3. 集体性

企业兴办各种集体福利事业，员工集体消费或共同使用公有物品等是企业员工福利的主体形式，也是企业员工福利的一个重要特征，不存在单个员工享受福利的特例。

4. 多样性

企业员工福利的给付形式多种多样，包括现金、实物、带薪休假及各种服务，而且可以采用多种组合方式，要比其他形式的报酬更为复杂，更加难以计算和衡量。最常用的方式是实物给付形式,并且具有延期支付的特点,与基本薪酬差异较大,这样才能增强公司人性化的色彩。

5. 潜在性

福利消费具有一定的潜在性。基本工资、绩效工资及奖金是员工能拿到手中的货币工资,而福利则是员工所消费或享受的物质或者服务。所以,员工可能会低估企业的福利成本,并抱怨某些要求得不到满足。同样,管理人员也可能难以意识到福利的成本及作用。

6. 延迟性

福利中的很多项目是免税的或者税收是延迟的。这在无形中减少了企业的开支,使企业能把更多的资金花在改进工作效率或者改善工作条件、提高员工的福利水平上。

(二)福利的功能

1. 传递企业的文化和价值观

员工对企业文化和价值观的认同,关系到员工对企业工作环境和组织环境的认同。福利恰恰体现了企业的管理文化,能够传递企业对员工的关怀。

2. 为员工提供安全保障

企业的各种福利项目,如养老保险、医疗保险等,可以帮助员工应对患病等突发事件,也可为员工退休后的养老做好安排,从而使员工消除后顾之忧安心本职工作。

3. 增强员工的凝聚力和归属感

福利体现了企业的人性化关怀,有利于凝聚人心,增强员工的归属感,激发员工的动力和活力。

4. 增加企业的招聘优势

求职者在寻找工作时,并不完全"唯钱是从",考虑更多的是企业的知名度、工作的挑战性和薪酬福利等。好的福利规划不仅可以高效率地运用人力资源预算,而且可以增强企业的竞争力。

5. 留住企业核心员工

核心员工是企业发展的宝贵资本,关系到企业的成败。根据"80/20 定律",组织内部资源应该分配给能创造企业 80%利润的 20%的成员。因此,要充分重视对企业内部核心员工的福利安排,建立一套符合企业特性的福利规划,既可以适度提升员工士气,又可以达到留住核心员工的目的。

二、员工福利体系的组成和类型

福利管理的目的在于全面提高员工的生活质量,福利的形式和内容花样繁多,具体可以分为两大类:法定福利和企业福利(表8-3)。法定福利包括社会保险福利、住房公积金和法定休假。企业福利又分为经济性福利和非经济性福利两大类。

表 8-3 福利的类型

福利			
法定福利		企业福利	
社会保险福利和住房公积金	法定休假	经济性福利	非经济性福利
养老保险、失业保险、医疗保险、工伤保险、生育保险;住房公积金	国家公众假期	住房津贴、交通补贴、电话津贴、人寿保险、餐费津贴、节日费等	劳动保护、工间休息、内部医疗、培训、旅游、带薪假期等

(一)法定福利

1. 社会保险福利

包括养老保险、医疗保险、失业保险、工伤保险、生育保险。

2. 住房公积金

是由国家承办,单位及在职职工按照工资比例共同缴费的住房储蓄计划。

3. 法定休假

包括公休假日、法定休假日、探亲假、带薪年休假等。

(二)企业福利(非法定福利)

1. 经济性福利

1)补充保险计划
补充养老保险、补充医疗保险、集体人寿保险等。
2)额外及超时酬金
年终奖、法定节假日津贴、加班、分红、物价补贴、购物券、超时加班费。
3)住房性福利
住房贷款利息给付计划、住房津贴、免费单身宿舍、夜班宿舍、公房廉价出租或出售给本企业员工、提供购房低息或无息贷款、购房补贴。
4)交通性福利
免费通勤车、市内公交费补贴及报销、优惠车、船、机票、个人交通工具低息贷款或津贴，保养费或燃料费补助等。

5）饮食性福利

免费或低价的工作餐、工间休息的免费饮料、餐费报销、伙食补助、公关应酬饮食报销、免费发放食品、内部优惠、集体折扣代购食品等。

6）文体旅游福利

为员工祝贺生日，集体旅游，提供疗养机会，折扣价电影票、戏票、演出票和球赛票，体育锻炼设施购置等。

7）教育培训福利

在职或短期的脱产培训、企业公费进修（业余、部分脱产或脱产、出国深造）、员工子女入托补助、子女教育补助、报刊订阅补贴、专业书籍购置。

8）医疗保健、意外补偿福利

免费体检和防疫注射、药费或滋补营养品报销或补贴、职业病免费防护、免费或优惠疗养、举办健康讲座、意外工伤补偿费、伤残生活补助、死亡抚恤金等。

9）金融性福利

信用储蓄金、存款户头特惠利率、低息贷款、预支薪金、额外困难补助等。

10）特种福利

针对特殊优秀人才设计的高档轿车服务、出差时的星级宾馆住宿；针对有特殊贡献的人才设计的股票期权、股票优惠购买权、高级住宅津贴；为有特殊困难的员工提供的困难补助。

11）其他生活福利

洗澡理发津贴，降温、取暖津贴，生日礼金，结婚礼金，服装津贴或直接提供的工作服，优惠价提供本企业产品和服务等。

2. 非经济性福利

1）咨询性服务

免费为员工个人职业发展设计的咨询服务，心理健康咨询，法律咨询等。

2）保护性服务

平等就业权利保护（反种族、性别、年龄、歧视等）、投诉检举反报复保护、隐私保护、性骚扰保护等。

3）工作环境保障

实行弹性工作时间、缩短工作时间、进行工作环境设计、实施企业内部提升政策、员工参与民主化管理等。

4）文体娱乐性服务

免费提供计算机或其他学习设施，免费制订教育培训计划，免费使用文体娱乐性服务设施（运动场、游泳池、健身房、阅览室，书法、棋、牌、台球等活动室），组织文体活动（晚会、舞会、郊游、野餐、体育竞赛等），免费娱乐票，等等。

（三）员工福利体系的设计步骤

1. 进行福利调查

员工福利调查包括了解与福利相关的国家法律法规，竞争对手的福利组合、福利水平等，企业福利计划设计的必要性、福利计划涉及人员的规模等。

2. 确定员工福利的目标

员工福利的目标应当与企业的薪酬策略保持一致。员工福利设计的目的一般是对员工产生激励作用，促进企业战略发展目标的实现。

3. 选择员工福利方案

方案选择的前提是进行成本预算，以员工工作业绩和工作能力为基础，确保员工的需求。员工福利方案如下。

（1）固定项目福利方案。企业设计一系列固定不变的福利项目。
（2）自助项目福利方案。员工根据自己的喜好，自由挑选福利项目。
（3）固定加自助项目福利方案。福利项目中，一部分是企业所有员工都可以享受的，另一部分是企业部分员工可以享受的，享受这部分福利项目的员工可根据自己的喜好自由挑选。

4. 制订员工福利计划

员工福利计划应当建立在员工福利需求和薪酬策略的基础之上。员工福利计划的内容不仅包括各项福利内容、发放时间、发放原则及其负责人，还应当包括福利成本。

5. 计算员工福利成本

员工福利成本应该计入企业人工成本，并合理选择员工福利发放的形式，以节约税务产生的费用。员工福利成本的承担方式主要有三种：一是完全由企业承担，二是由企业和员工分担，三是完全由员工承担。

6. 实施员工福利方案

（1）传递企业福利理念。及时、准确地让员工了解企业的福利政策和福利成本开支情况。
（2）编写福利手册。应用通俗的语言编写福利手册，解释企业提供给员工的各项福利计划，让所有员工理解。
（3）信息化管理平台的建设。组建内部局域网，发布福利信息，开辟专门的福利板块，及时与员工沟通，了解员工对福利方案实施的感受，减少由沟通不畅导致的福利纠纷。

7. 评估福利方案实施的效果

该项内容具体包括劳资关系协调情况的评估、员工福利满意度的评估、福利设计目标实现程度的评估及福利享受者工作效率的评估。

三、弹性福利体系的设计

（一）弹性福利计划的含义

弹性福利计划又称"自助食堂计划""自助餐式的福利管理方式"，源自20世纪70年代的美国。弹性福利计划是指企业为满足员工的多样化需求，提供列有多种福利项目的"菜单"，员工可以从中自由选择自己需要的福利，组合自己"专属"的福利"套餐"，使福利效用达到最大化。弹性福利计划与传统福利计划最大的区别在于给予员工选择权和决定权，最大限度地满足员工个性化需要，大大提高员工对福利的感知度与体验值。

（二）弹性福利计划的类型

由于企业经营环境的多样化和企业内部的特殊性，弹性福利在实际操作过程中逐渐演化为以下几种有代表性的类型，企业可以根据自身特点选择合适的类型。

1. 附加型

附加型是最普遍的弹性福利，即在现有的福利计划之外，再提供其他不同的福利措施或提升原有福利项目的水准，让员工去选择。例如，某家公司原先的福利计划包括房租津贴、交通补助费、意外险、带薪休假等，如果该公司实施附加型弹性福利制度，便可以将现有的福利项目及其给付水准全部保留下来当作核心福利，然后根据员工的需求，额外提供不同的福利措施，如国外休假补助、人寿保险等，但通常都会标上一个"金额"作为"售价"；根据每一位员工的薪资水准、服务年资、职务高低或家眷数量等，发给数目不等的福利限额，员工再以分配到的限额去认购所需要的额外福利。有些公司甚至规定，员工如未用完自己的限额，余额可折发现金，不过现金部分于年终必须合并计算缴纳所得税。此外，如果员工购买的额外福利超过限额，也可以从自己的税前薪资中抵扣。

2. 核心+选择型

它由两部分构成：核心福利和选择福利。核心福利是基本保障型福利，所有员工都必须拥有的，不能随意选择；弹性福利包括可自由选择的项目，并附有购买价格。员工所获得的福利限额，通常是未实施弹性福利前所享有的，福利总值超过其所拥有的限额，差额可以折发现金。

3. 弹性支用账户

这是一种比较特殊的弹性福利。员工每年可从其税前总收入中拨取一定数额的款项作为自己的"支用账户",并以此账户去选择购买雇主所提供的各种福利措施,投入支用账户的金额无须扣缴所得税,不过如果账户中的金额未能于年度内用完,余额就归公司所有,既不可在下一个年度中并用,也不能以现金的方式发放。各种福利项目的认购款项如经确定就不能留用。此制度的优点是福利账户的钱不必缴税,等于增加净收入,所以对员工极具吸引力,不过行政手续较为烦琐。

4. 福利套餐型

福利套餐型是指由企业同时推出不同的、固定的福利组合,每一种组合所包含的福利项目和优惠的水准都不一样,员工只能自由选择某种福利组合,而不能选择每种组合所包含的内容。企业在规划此种弹性福利时,可依据员工群体的背景(如婚姻状况、年龄、有无眷属、住宅需求等)来设计。

5. 积分型

积分型的弹性福利计划是体现业绩激励的福利制度。它是按福利项目的内容、成本设立不同的分数,然后结合业绩考核评价分数抵兑福利项目分数,次年进行积分累计。员工随时可以根据抵兑的福利分数,享受抵兑的福利项目。这样不仅与业绩挂钩,同时也与在企业的年限相关,可完善企业的留人机制。

6. 选高择低型

它是在现有的固定福利的基础上,推出几种项目不等、程度不同的福利组合供员工选择。如果员工选择价值较高的组合,需从工资中扣除比原固定福利高的差额;如果员工选择价值较低的组合,可以得到比原固定福利低的差额,但员工必须对所得差额纳税。

(三)弹性福利体系设计的步骤

(1)系统地清点企业目前所提供的有关法律、税制的福利项目和自行设立的福利项目。

(2)查明自行设立福利项目的原因。

(3)对按规定向员工个人和员工整体提供的和自行设立的福利项目进行精确的年度预算,包括绝对数值和所占的百分比(如占工资总额、销售额、盈利和行业平均数的比例)。

(4)定期开展员工调查,了解他们对所设立的福利项目的重要性和满意程度的意见。

(5)定期将公司的福利政策与工会和其他行业协会政策及人力资源市场上存在竞争关系的企业的政策进行比较。

(6)为了达到随时为员工提供有吸引力的福利的目标,需要不断调整企业的福利政策以适应环境条件的变化，当然这样做必须符合经济原则。

（7）为保证福利政策和实践的统一，必须将其全面、系统地编写到员工手册中。

【本章内容小结】

薪酬的概念有狭义和广义之分，外延和内涵都有差别。影响薪酬的因素很多，主要有环境因素、组织因素、工作因素和个人因素四个方面。薪酬设计的理论基础有传统的薪酬理论和薪酬理论的新发展，薪酬设计主要指薪酬总额、薪酬结构及薪酬形式的设计，设计原则主要有公平性原则、经济性原则、激励性原则、合法性原则、补偿性原则、战略导向性原则、外部竞争性原则。常见的企业工资制度有岗位工资制、技能工资制、绩效工资制、结构工资制。员工奖励计划的种类有针对生产人员的绩效奖励计划、绩效加薪、一次性奖金、收益分享计划、利润分享计划、股票期权计划。员工福利是指企业为实现战略目标，依据国家相关法律以及组织自身情况，向员工提供的用以提高其本人和家庭生活质量的各种以非货币工资和延期支付形式为主的补充性报酬与服务的总称。企业员工福利具有补偿性、均等性、集体性、多样性、潜在性、延迟性等特点，可以分为法定福利和企业福利。法定福利包括社会保险福利、住房公积金和法定休假。企业福利又分为经济性福利和非经济性福利两大类。

【讨论思考题】

1. 举例说明货币性报酬和非货币性报酬都包含哪些主要内容，以及它们在企业管理中分别发挥什么作用。
2. 设计企业薪酬制度时应考虑哪些主要因素？
3. 谈谈大数据时代薪酬和福利管理的新趋势及应用。

【案例分析8-2】

西飞公司薪酬体系的精细化管理

中航工业西安飞机工业（集团）有限责任公司（简称西飞公司）是科研、生产一体化的特大型航空工业企业，我国大中型军民用飞机的研制生产基地。21世纪以来，西飞公司以"建设新西飞"战略为导向，以"精心工作、精细管理、精益生产、精致产品、精益求精"的文化理念，努力打造新的发展平台，企业得到了快速发展，各项经营指标持续高速增长。西飞公司实现快速发展得益于创新发展模式，也得益于推进薪酬制度改革，实行薪酬体系的精细化管理。

一、薪酬体系精细化管理的内涵

精细化管理是现代化管理的一个理念，也是一种先进的管理文化和管理方式。精细化管理的本质意义就在于它是一种对战略和目标分解细化、落实的过程，是让企业的战略规划能有效贯彻到每个环节并发挥作用的过程，同时，也是提升企业整体执行能力的一个重要途径。天下大事，必作于细，"精"就是抓住要点，抓住关键环节；"细"，就是对管理的各个环节细化、量化、规范化。精细化管理最基本的特征就是把工作做精、做细、做实、做到位，将管理的规范性与创新性相结合，提升企业的管理品质。全面提高企业管理水平和工作质量，是企业超越竞争者、超越自我的需要，也是企业追求卓越，确保在激烈的市场竞争中实现发展战略的必然选择。精细化管理的核心在于实行刚性的制度，规范人的行为，强化责任的落实，以形成优良的执行文化，使组织管理各单元精确、高效、协同和持续运行。薪酬管理的目标是稳定职工队伍，吸引高素质人才；激发职工的工作热情，创造高绩效，实现组织和职工个人目标的协调发展。薪酬管理是对职工报酬的支付标准、方法、计发水平、岗位分析、绩效评价、劳动要素等进行确定、分配和调整的过程。薪酬管理的精细化管理，就是随着企业的改革发展进程，针对分配过程中出现的新情况、新问题，适时调整完善，精化细化分配的各个环节，保证分配的公开、公正、公平，充分发挥薪酬分配的激励和保障作用，促进企业发展。

二、薪酬体系改革及优化过程

企业工艺技术创新、产品结构调整、组织机构变化，公司薪酬体系也需要同步配套进行改革，改革薪酬体系是实施薪酬体系精细化管理的基础条件。薪酬管理的精细化管理，包括岗位管理精细化、绩效管理精细化和内部分配精细化。为了做好薪酬体系精细化管理，必须首先对整个薪酬体系进行配套改革。

1. 构建岗位等级体系

构建岗位等级体系是改革优化薪酬体系的基础环节。基本的做法是对比分析目前机构岗位和人员状况，对各单位岗位设置进行全面梳理，规范岗位名称，将岗位划分为管理、技术、操作三大类别，编写全部岗位的岗位说明书，岗位说明书的主要内容包括基本情况、岗位设置的目的、岗位与公司内外部工作关系、工作环境与工作班制、任职资格等内容。在此基础上遴选有广泛代表性、可比性的标杆岗位。由领导、专家、职工代表采用因素综合评价法进行测评排序，各单位内部自测排序工作以岗位承担的职责和所需完成的任务为对象进行客观评估排序，然后再将各单位自测的非标杆岗位按照分层、就近、综合的原则，逐一插入公司测评的标杆岗位序列中，最终形成公司统一的岗位等体系。

（1）编制岗位说明书。岗位说明书包括四种要素四个方面的内容，具体来说：一是基本情况，包括岗位名称、所属部门、岗位编号、岗位编制；二是岗位设置目的；三是工作职责与内容；四是工作关系。

（2）单位内部自测排序。单位内部自测排序就是将本单位所有岗位的岗位责任、工作强度、知识技能、岗位人员可替代程度等作为评估因素，按岗位的重要程度依次排列。自测排序结果可体现单位内部各岗位间的价值平衡关系。自测排序工作以岗位承担的职责和所需完成的任务为对象进行客观评估，充分运用岗位说明书，在全面、准确地理解岗位说明书的基础上对本单位各岗位按岗位的重要性程度进行自测排序，确定本单位内部各岗位先后顺序，形成本单位的岗位价值体系。

（3）遴选标杆岗位。标杆岗位是指在公司各单位内部组织体系中工作性质、劳动特点、人员分布等方面具有代表性、可比性和广泛性的岗位。经岗位评价，在明确标杆岗位的相对价值的基础上，其他岗位参照标杆岗位相应确定本岗位的岗位层级。遴选的标杆岗位测评结果将反映公司各单位有代表性岗位间的价值平衡关系，便于非标杆岗位归入相应岗位等级。在选取各个序列的标杆岗位时，各单位内部各序列间最重要岗位和最低层次岗位原则上应选为标杆岗位，应选取通用性、可比性和稳定性强的岗位。标杆岗位强调的是代表性，标杆岗位中既要有重要岗位，也要有一般岗位。

（4）标杆岗位测评。在确定标杆岗位的基础上，编制岗位评价指导手册，建立测评机构级，并将非标杆岗位与标杆岗位等级对接，确定公司岗位等级整体划分标准，选取岗位测评委员，实施对公司标杆岗位的评价工作。综合各系列岗位的评价结果。

（5）完成全部岗位划岗归级，在标杆岗位测评和划岗归级的基础上，将其他非标杆岗位合理划归相应岗位等级。在将非标杆岗位划岗归级时参照本单位自测排序，参照标杆岗位的定位保持各方面的合作关系。保持部、总厂与分厂之间，主业单位与非主业单位之间，单位内部可比或近似专业工种之间的相互平衡、协调。各单位标杆岗位的岗位等级是非标杆岗位插入相应岗级的主要依据，根据单位内部自测排序结果，待插入岗位与本单位标杆岗位在同一平台上的，原则上归入相同岗级，各非标杆岗位插入后，单位内部纵向岗位关系参照自测排序结果，对于本单位没有可对应的同岗级标杆岗位的，参照与其他单位类似相近的标杆岗位插入。

2. 科学设计薪酬分配制度

科学设计薪酬分配制度是改革优化薪酬体系的核心内容。薪酬分配制度的精细化管理就是要通过加强岗位分析，区别岗位之间的劳动差别，建立科学的绩效考核体系，将职工的工资收入与单位、个人的绩效挂钩，与劳动力市场价位逐步接轨，建立起薪酬分配的激励机制和约束机制，使薪酬分配对外具有市场竞争力和吸引力，对内具有公平性和激励性，形成对公司发展战略强有力的支持体系。

西飞公司的基本工资制度是岗位绩效工资制，岗位绩效工资制由三部分构成：岗位工资、绩效工资和津贴。

岗位工资是以岗位测评为基础的，主要体现岗位责任大小和技术复杂程度等岗位劳动价值度的工资单元。首先，公司通过严格规范的岗位测评和划岗归级工作，确定了各类职工的岗等（岗级），按照不同岗等（岗级）确定不同的岗位工资系数标准，合理区分岗位劳动价值的高低差别，以起到激励职工努力向高岗等（岗级）晋升的作用。其次，公司按照一岗多薪的方式在相同岗等（岗级）上设置若干个档次的岗位工资系数标准，根据在相同岗等（岗级）上工作的职工的工作业绩，确定相应的岗位工资系数标准，为职工提供工资的横向提升空间，以起到激励职工不断提高本岗位工作能力和工作水平的作用。

绩效工资是体现公司经济效益、激励单位及职工提高绩效水平、全额浮动的工资单元。公司将各类职工的绩效工资按其岗位工资的一定比例确定，与职工个人绩效、单位绩效和公司经营效益水平紧密挂钩，实行动态管理、考核发放。根据绩效考核结果，在一定程度上体现职工的工资差别，使职工的工资水平与公司效益水平相适应，起到以岗定薪、按绩取酬、工效挂钩、能增能减的作用。

津贴是根据职工特殊的工作条件，支付给职工的补偿性报酬，津贴包括保密津贴和重点工程特种津贴。

3. 创新绩效管理制度

创新绩效管理制度是确保薪酬体系运行的基本保障。

（1）整合公司现行的五大绩效管理体系为三大绩效管理系统，即包括公司级绩效管理系统、部门（单位）级绩效管理系统和职工绩效管理系统。西飞集团成立了绩效管理委员会，主任由集团总裁担任，副主任由主管绩效副总裁担任，成员由集团办公室、战略规划部、人事保卫部、财务中心、监控部等部门领导组成。绩效管理委员会下设组织绩效管理办公室作为绩效管理委员会的日常办事机构。各部门分别成立绩效管理工作组，工作组负责领导本单位的绩效管理工作。

（2）提取各层级的关键绩效指标。公司绩效管理系统的依托和载体是关键绩效指标，从公司发展战略的维度理解、设计指标体系，形成统一关联、方向一致的绩效目标与指标链。按照平衡计分卡的思路，关键绩效指标分为价值与目标、客户与评价、流程与标准、学习与成长四个维度。关键绩效指标包括公司整体关键绩效指标和各部门关键绩效指标。通过公司级关键绩效指标并结合部门职能分解提取部门关键绩效指标，通过部门关键绩效指标并结合岗位职责分解提取岗位关键绩效指标。用指标的层层分解，明确各单位、个人的绩效指标，确保岗位关键绩效指标覆盖部门关键绩效指标，部门关键绩效指标覆盖公司关键绩效指标，从而岗位绩效的达成可以保证部门绩效的达成，部门绩效的达成可以保证公司整体绩效的达成，最终保障公司发展战略的实现。

（3）重构绩效管理制度，加强闭环管理，将绩效考核上升到绩效管理的高度，建立绩效管理闭环系统，使绩效计划、绩效实施、绩效考核、绩效反馈和绩效改进及结果运用紧密衔接，环环相扣，建立绩效管理部门和绩效执行部门的双向沟通机制，共同构成一个完整的管理系统。

（4）打造以绩效为导向的绩效管理文化。在公司绩效管理体系构建过程中，通过培训、宣传等多种形式，使各单位领导和职工明白什么是绩效管理，如何搞好绩效管理，使得新的绩效管理体系在公司高层达成一致，上下达成一致，转变公司传统的绩效考核观念，所有职工都以绩效为导向，都有明确的绩效目标和责任。在公司建立以绩效为导向的绩效管理文化氛围，既要"做正确的事"，还要"正确地做事"，在此基础上，理顺企业的管理流程，规范管理手段，提升管理者水平，提高职工自我管理能力，打造以绩效为导向的绩效管理文化，推进企业绩效的整体改进和提高，实现企业价值最大化。

三、薪酬体系精细化管理内容

在分配制度改革的实践中，精细化管理的细化过程是改革的关键，正所谓"细节决定成败"，薪酬分配的精细化管理从本质意义上讲，是职工利益格局的重新调整。薪酬分配的依据比薪酬的多少更重要。西飞公司薪酬体系精细化管理的做法是：按层次，公司一次分配到单位；单位二次分配到个人，分层进行分配；按领导干部、专业技术人员和服务人员、生产操作人员四类进行管理；按当期（月、季度）、年度、长期，分期进行激励。

1. 分类管理

在岗位绩效工资制实际运行中，根据领导干部、专业技术人员和服务人员、生产操作人员这三类人员的岗位责任、工作特点和绩效考核形式，以岗位绩效工资制为基本分配模式，结合岗位工作特点，分别实行不同的薪酬精细化管理办法。

（1）领导干部的主要职责是对本单位的绩效结果负责，履行组织、指挥、协调、控制的职责。对领导干部实行绩效薪酬制度，领导干部按月预发岗位工资，年末根据其岗位责任、生产任务和经营目标完成情况、单位及个人绩效考核结果，拉钩结算领导干部本人全年总收入。

（2）专业技术人员和服务人员的主要职责是对工作计划完成的及时性、差错率、质量负责，履行科研、技术、生产管理和服务职位。专业技术人员实行岗位绩效工资，根据其工作任务完成情况和绩效考核结果，按岗位绩效工资管理办法确定实际发放标准。

（3）生产操作人员的主要职责是完成单位下达的生产任务，以实物量体现其劳动成果，业绩考核其工时定额完成情况。对生产操作人员实行以计时工资为主的分配办法。

2. 分期激励

（1）当期激励是指按月计发的岗位工资、绩效工资、津贴和一次性奖金。这部分收入是按岗位绩效工资制度，根据对其当期（月、季度）的绩效考核结果计发的劳动报酬，是用以调动职工劳动积极性的主要经济杠杆，当期激励是正常的劳动回报。

（2）长期激励主要是指企业为鼓励职工长期为企业服务，根据职工在较长一个时期的贡献所给予的报酬。长期激励是稳定骨干，增强企业凝聚力、向心力的重要措施，有利于企业的长期稳定持续发展。公司实行的企业年金、期权激励、经营者年薪制、住房公积金等都属于长效激励措施。

3. 分层分配

薪酬分配与绩效考核相对应，实行分层逐级分配。公司考核部门和单位绩效指标，根据考核结果，将绩效工资一次分配到单位；单位考核职工绩效业绩，根据考核结果二次分配到个人。单位的绩效工资由西飞集团公司依据公司经济效益水平、工资总额计划情况及单位绩效考核结果确定；职工的绩效工资由所在单位根据本单位绩效考核结果和职工个人的绩效考核结果及职工个人绩效工资系数等确定。

随着公司发展战略的推进和运行机制的改革，及时细化薪酬运行的各个环节，使薪酬体系的管控模式、岗位设置、绩效考核等适应管理流程的新变化，形成公司发展战略与薪酬子战略联动机制。在持续进行的精细化管理过程中，薪酬体系通过不断改进而日臻完善，有效地支持了公司总体战略的系统推进，为公司实现跨越式发展注入了新的活力，公司的科研生产进入了快速发展轨道。

资料来源：《西飞公司：薪酬体系精细化管理》，发表于《中国劳动》2012年第3期，作者常畅、肖峰、杨志杰。

问题：西飞公司薪酬精细化管理有什么特点？对企业薪酬管理有什么借鉴意义？

参 考 文 献

安索夫 I. 2010. 战略管理[M]. 邵冲，译. 北京：机械工业出版社.
拜厄斯 L L，鲁 L W. 2017. 人力资源管理[M]. 9版. 李业昆，等，译. 北京：人民邮电出版社.
蔡治. 2016. 大数据时代的人力资源管理[M]. 北京：清华大学出版社.
常金玲，任照博. 2016. 移动互联网时代的档案培训研究[J]. 浙江档案，（12）：6-8.
陈谏，叶曙光. 2015. 卓越绩效——互联时代的绩效管理[M]. 北京：企业管理出版社.
陈维政，余凯成，程文文. 2016. 人力资源管理[M]. 4版. 北京：高等教育出版社.
储节旺，张静. 2016. 开放式协同产品开发的知识管理机制研究[J]. 情报理论与实践，（7）：61-66.
德斯勒 G. 2017. 人力资源管理[M]. 14版. 刘昕，译. 北京：中国人民大学出版社.
邓欣. 2019. 人工智能对企业人力资源管理的影响研究[J]. 中国市场，（34）：112-113.
董克用. 2007. 人力资源管理概论[M]. 2版. 北京：中国人民大学出版社.
董治委，刘志斌. 2018. 知识、技能与能力：英国与德国职业教育与培训差异化研究[J]. 职教论坛，（4）：166-171.
杜启杰. 2017. 大数据大战略[M]. 北京：中国言实出版社.
杜瓦 C，凯勒 S. 2013. 高绩效文化三部曲[EB/OL]. https://www.hbrchina.org/2013-12-24/1745.html[2013-12-24].
方振邦，刘琪. 2018. 绩效管理——理论、方法与案例[M]. 北京：人民邮电出版社.
房鑫，刘欣. 2019. 论人工智能时代人力资源管理面临的机遇和挑战[J]. 山东行政学院学报，（4）：104-109.
格雷弗斯 C. 2016. 好好说话才能改变他人想法[EB/OL]. https://www.hbrchina.org/2016-12-09/4777.html[2016-12-09].
格林豪斯 J H，卡拉南 G A，戈德谢克 V M. 2006. 职业生涯管理[M]. 3版. 王伟，译. 北京：清华大学出版社.
格罗特 D. 2017. 这3种目标设置技巧管理者一定要慎用[EB/OL]. https://www.hbrchina.org/2017-02-06/4946.html[2017-02-06].
龚海婷. 2017. 职业分层对城镇职工基本养老保险制度整合的制约研究[D]. 重庆工商大学硕士学位论文.
郝人缘，吴雪萍. 2018. 第四次工业革命背景下的职业教育改革[J]. 职业技术教育，（28）：12-16.
何普. 2016. 案例精解代驾司机的劳动关系认定[EB/OL]. http://www.360doc.com/content/16/0113/21/15244237_527707427.shtml[2016-01-13].
黄诗龙，项杰. 2013. "大数据"点亮人力资源管理系统的"大智慧"——结合新华社人力资源大数据实践探析[J]. 中国传媒科技，（23）：76-78.
霍尔沃森 H. 2014. "如果–那么"计划弥合知行鸿沟[EB/OL]. https://www.hbrchina.org/2014-05-06/2037.html[2014-05-06].

江青. 2018. 数字中国：大数据与政府管理决策[M]. 北京：中国人民大学出版社.
蒋科蔚，张建栋. 2012. 企业信息化培训中知识管理策略探析[J]. 企业经济，（1）：42-44.
卡佩利 P，塔维斯 A. 2016. 绩效究竟该如何评价？这真的是一个世纪难题！[EB/OL]. https://www.hbrchina.org/2016-12-27/4851.html[2016-12-27].
李福海. 2002. 管理学新论[M]. 成都：四川大学出版社.
李佳. 2019. 人工智能对人力资源管理的影响探讨[J]. 时代金融，（30）：140-141.
李静. 2015. 基于知识管理的人力资源管理体系探究[J]. 中国成人教育，（14）：23-25.
李利香. 2019. "互联网+"和大数据环境下的人力资源管理创新路径[J]. 知识经济，（16）：11，13.
李蓉. 2013. 知识管理在员工培训中的应用探析[J]. 现代情报，（3）：119-122.
梁楠. 2013. 构建以"学习发展体系"为中心的企业培训管理[J]. 中国人力资源开发，（19）：45-53.
林枚，李隽，曹晓丽. 2010. 职业生涯开发与管理[M]. 北京：北京交通大学出版社.
刘善仕，王雁飞. 2015. 人力资源管理[M]. 北京：机械工业出版社.
刘泽双. 2009. 人力资源管理[M]. 大连：东北财经大学出版社.
牛明杰，周正，李国成. 2018. "一带一路"战略对大学生就业的影响[J]. 教育现代化，（27）：238-240.
诺伊 R，霍伦贝克 J R，格哈特 B，等. 2018. 人力资源管理：赢得竞争优势[M]. 9版. 刘昕，柴茂昌，译. 北京：中国人民大学出版社.
潘泰萍. 2011. 工作分析：基本原理、方法与实践[M]. 上海：复旦大学出版社.
卿涛. 2007. 人力资源管理[M]. 成都：西南财经大学出版社.
冉军. 2017. 人力资源管理[M]. 北京：清华大学出版社.
任正臣. 2012. 工作分析[M]. 南京：江苏科学技术出版社.
石恒. 2019. 大数据时代A水泥制造企业人力资源管理的优化研究[D]. 北京邮电大学硕士学位论文.
孙德强. 2004. 劳动争议仲裁的受案范围对劳动争议诉讼的影响[J]. 中国劳动，（6）：37-39.
孙蕴. 2019. 人工智能对人力资源管理的影响[J]. 合作经济与科技，（19）：86-87.
万希. 2017. 工作分析：人力资源管理的基石[M]. 北京：电子工业出版社.
王臣. 2015. 实施柯氏四级评估提升培训质量[J]. 经贸实践，（10）：4-5.
王金波. 2012. 柯氏四级培训评估模式对我国干教培训评估工作的启示[J]. 北京石油管理干部学院学报，（1）：78-80.
王元元. 2017. 大数据时代互联网企业人力资源管理研究——以JCTS公司为例[D]. 中央民族大学硕士学位论文.
文革. 2019. 量化与细化管理实践[M]. 成都：西南财经大学出版社.
文跃然，刘莹，吴开超，等. 2018. 人力资源管理学习精要：基于人工智能的方法[M]. 上海：复旦大学出版社.
吴必善. 2012. 人力资源管理理论与实务[M]. 大连：东北财经大学出版社.
萧鸣政. 2004. 人力资源管理[M]. 北京：中央广播电视大学出版社.
徐群. 2013. 基于柯氏四级评估理论倒置运用的培训项目设计[J]. 中外企业家，（9）：164-166.
杨光. 2011. 柯氏四级培训评估模式[J]. 企业改革与管理，（3）：60-61.
杨健. 2016. 降维打击：互联网+大数据时代颠覆性变革的力量[M]. 北京：北京时代华文书局.
姚凯，桂弘诣. 2018. 大数据人力资源管理：变革与挑战[J]. 复旦学报（社会科学版），（3）：146-155.
叶红春，王昕正. 2019. 大数据背景下企业人力资源管理应用研究[J]. 人才资源开发，（11）：65-67.
伊万切维奇 J M，赵曙明，程德俊. 2011. 人力资源管理（原书第11版）[M]. 北京：机械工业出版社.
于宛灵. 2019. 大数据智能时代下企业人力管理的发展之路[J]. 营销界，（22）：67-68.
余沛. 2016. 人力资源管理[M]. 北京：电子工业出版社.

袁庆宏，付美云，陈文春. 2009. 职业生涯管理[M]. 北京：科学出版社.
袁燕. 2019. 人工智能时代对企业人力资源管理的影响研究[J]. 营销界，(43)：41，43.
张建国，夏青. 2012. 新编人力资源管理[M]. 成都：西南财经大学出版社.
张心怡. 2019. 人工智能时代对于人力资源从业者的挑战[J]. 湖北经济学院学报（人文社会科学版），(6)：60-62.
张欣瑞，范正芳，陶晓波. 2015. 大数据在人力资源管理中的应用空间与挑战——基于谷歌与腾讯的对比分析[J]. 中国人力资源开发，(22)：52-57，73.
赵曙明. 2012. 人力资源战略与规划[M]. 3版. 北京：中国人民大学出版社.
赵曙明，赵宜萱. 2018. 人才测评理论、方法、实务[M]. 北京：人民邮电出版社.
赵曙明，赵宜萱. 2019. 人力资源管理——理论、方法、工具、实务[M]. 北京：人民邮电出版社.
赵伟. 2007. 腾讯：与年轻员工一起成长[J]. 东方企业文化，(4)：70-71.
赵宜萱，赵曙明，栾佳锐. 2020. 基于人工智能的人力资源管理：理论模型与研究展望[J]. 南京社会科学，(2)：36-43.
赵志伟. 2019. 人工智能对人力资源管理的影响及应用对策分析[J]. 人才资源开发，(16)：73-74.
周军. 2019. 论人工智能对人力资源管理的影响及对策[J]. 现代经济信息，(21)：92.
周施恩. 2017. 人力资源管理高级教程[M]. 北京：清华大学出版社.
周文霞. 2006. 职业生涯管理[M]. 上海：复旦大学出版社.
邹开敏. 2006. 职业生涯规划、管理、发展的概念和内涵辨析[J]. 职业技术教育，(34)：62-64.
Borman W C, Motowidlo S J. 1993. Expanding the criterion domain to include elements of contextual performance[C]//Schmitt N, Borman W C. Personnel Selection in Organizations. New York：Wiley：71-98.
Smith R E. 1984. Employee orientation：10 steps to success[J]. The Personnel Journal 63：46-48.
Talaga J A, Beehr T A. 1995. Are there gender differences in predicting retirement decisions? [J]Journal of Applied Psychology, 80 (1)：16-28.
Voermons M，van Veldhoven M. 2007. Attitude towards E-hrm：an empirical study at philips[J]. Personnel Review, 36 (6)：887-902.
Way P. 2002. HR/IR professional's educational needs and master's program curricula[J]. Human Resource Management Review, 12 (4)：471-490.